本书得到成都医学院学术著作出版基金资助

网络著作权刑法保护研究

杨加明——著

知识产权出版社
全国百佳图书出版单位

图书在版编目（CIP）数据

网络著作权刑法保护研究 / 杨加明著．—北京：知识产权出版社，2019.6

ISBN 978-7-5130-6215-2

Ⅰ.①网…　Ⅱ.①杨…　Ⅲ.①著作权—刑法—保护—研究—中国　Ⅳ.①D923.414

中国版本图书馆 CIP 数据核字（2019）第 072511 号

责任编辑： 刘　睿　刘　江　　　**责任校对：** 潘凤越

封面设计： 张　冀　　　**责任印制：** 刘译文

网络著作权刑法保护研究

杨加明　著

出版发行： 知识产权出版社有限责任公司　**网　　址：** http://www.ipph.cn

社　　址： 北京市海淀区气象路 50 号院　**邮　　编：** 100081

责编电话： 010-82000860 转 8344　**责编邮箱：** liujiang@cnipr.com

发行电话： 010-82000860 转 8101/8102　**发行传真：** 010-82000893/82005070/82000270

印　　刷： 保定市中画美凯印刷有限公司　**经　　销：** 各大网上书店、新华书店及相关专业书店

开　　本： 720mm×1000mm　1/16　**印　　张：** 16.75

版　　次： 2019 年 6 月第 1 版　**印　　次：** 2019 年 6 月第 1 次印刷

字　　数： 252 千字　**定　　价：** 66.00 元

ISBN 978-7-5130-6215-2

本书得到成都医学院学术著作出版基金资助

前　言

随着信息网络传播技术飞速发展，人们从“触网”再到“入网”，活在“网”中央，现在已逐渐发展到“融网”。网络已成为人们生活和工作密不可分的重要组成部分。网络在不断改变人们的思想观念和思维方式，给人们的日常生活带来快捷、方便、高效与舒适的同时，也不可避免地被利用为犯罪的工具，网络空间成为新的犯罪“集散地”，滥用信息网络传播技术平台严重侵犯他人著作权就是典型例证。在国家推行对知识产权“强”保护战略的当下，面对侵犯他人网络著作权的行为链条如何整合民法、行政法和刑法保护，清晰划出犯罪圈；在网民法治观念和规则意识普遍淡薄于传统空间的情形下，应否将“以营利为目的”作为相关犯罪的主观要件；在现有刑法框架下，法定犯罪主体范围和行为类型双双扩大有无正当依据；在特定空间，刑法跟进对著作权的保护应当采取何种方式和路径？显然都需系统准确作答。过去相当长一段时间，基于市场主体无序竞争、“经济人”逐利特性、法治重点规制公权力的运行等种种原因，知识产权的法律保护一直是我国法律体系中的短板，刑法对著作权的跟进保护更显薄弱。而且无论是刑法理论还是知识产权理论，对其系统的和具有深度的研究成果极为少见。基于此，有必要将研究的眼光往返于刑法规范与网络空间的侵权事实，通过析疑解难划出行为禁区，完善最后保障法加大对知识产权的法律保护力度。

全书共六章。

第一章，界定网络著作权刑法保护的核心、基础和载体，通过简要归纳相关概念及链条，奠定全书讨论的基础。首先，界定网络著作权及特征。

在网络空间跟进刑法规制基于三个必要条件，即网络传播技术的运用、网络使用者的增加、互联网空间的形成。没有网络环境中的著作权，不会产生刑法保护网络著作权的问题。其次，梳理著作权由民法保护到刑法保护的历程，剖析法律保护的重要层级，有助于清晰著作权刑法保护与网络著作权刑法保护的关联。最后，分析行为对象即网络作品与保护对象网络著作权的关联。由于网络环境下生产和使用的作品是传统作品数字化后的产物或直接网络数字化创作产生的作品，网络著作权成为著作权的特殊形式。

第二章，考察网络著作权刑法保护的进程。首先，从法律层面考察第一层次的《刑法》和《著作权法》，考察网络著作权刑法保护的思路、基础和开启。1997 年《刑法》第 217 条设置侵犯著作权罪奠定了刑法保护著作权的基础，2001 年修订的《著作权法》开启网络时代网络著作权刑法保护之先河。其次，从行政法规层面考察第二层次的《信息网络传播权保护条例》充实侵犯著作权罪构成要件内涵的程度，考察相关配套行政法规从哪些层面细化了刑法对网络著作权的保护。最后，从司法解释层面考察第三层次的四个司法（性）解释对上述法律法规相关规定的解释力度。2004 年、2005 年以及 2007 年三个司法解释明确了网络著作权的刑法保护在哪些方面及何种程度上落实刑法相关规定，2011 年《关于办理侵犯知识产权刑事案件适用法律若干问题的意见》使网络著作权刑法的保护在上述法律法规及解释的基础上有所深化。基于前述三个层面（次）的考察，现有刑事立法方式和跟进解释的程度仍不能满足网络时代对著作权保护的要求，为应对“互联网+”时代的挑战，刑法应强化对网络著作权的保护。

第三章，设定利益平衡语境下刑法保护的著作权。利益作为一种价值，是人们的诉求和期许。利益平衡是利益各方追求利益，实现利益最大化，博弈搏杀的结果；平衡利益是为了解决利益纷争，实现利益平衡。利益平衡在社会中无处不在，是一项立法司法原则，是知识产权法的基石，是著作权法的精髓。围绕著作权行使存在的利益，出现利益共享与冲突，冲突下的利益平衡问题决定了刑法介入的时机与程度，著作权的制度设计和发展变化也都是围绕利益平衡这一基本准则展开的。在国家知识产权保护战略下，网络著作权刑法保护中利益平衡具有整体性和动态性，随着国家战略的调整而调整。我国已成为知识产权大国，对知识产权保护战略已由“弱”保护转向“强”保护，强化刑法对网络著作权的保护是利益平衡后的必然选择。为此，坚持对传统现实环境的著作权提供刑法保护，并将著作权的刑法保护扩张至网络空间，不仅是国家知识产权强保护战略的要求，也是利益各方博弈的结果，从而实现动态平衡各方利益的刑法适度保护。

第四章，在侵犯网络著作权的行为人范围内廓清犯罪主体及类型。任何犯罪都是人的犯罪，因此，研究讨论侵犯网络著作权的犯罪行为绕不开对犯罪人的考察，在整个侵犯网络著作权的犯罪过程中，有三类人参与其中：一是网络信息内容的上传者，这是最有可能成为侵犯网络著作权的犯罪主体。二是为信息传播提供服务的网络服务者；网络服务者不仅为信息网络传播提供硬件服务，还为信息网络传播提供软件服务，提供广告推广等帮助服务，因而可能成为侵犯网络著作权的犯罪主体。三是接收并最终使用信息的终端使用者。接收并最终使用信息的终端使用者在一定条件下也可能成为侵犯网络著作权的犯罪主体。

第五章，侵犯网络著作权罪犯罪的方式与结果。首先，无行为无犯罪，侵犯网络著作权的行为是刑法规制的对象。侵犯网络著作权的行为是未经允许擅自实施信息网络传播的行为，所以对侵犯网络著作权犯罪的认定，需以界定信息网络传播行为作为前提。其次，传统著作权的刑法保护重在规制复制发行权的正当行使，网络空间著作权的刑法保护重在规制信息网络传播权的正当行使。未经允许擅自实施信息网络传播行为包括直接侵犯网络著作权的实行行为、帮助行为、引诱行为、教唆行为以及后续扩大侵权损害的帮助行为。作品内容提供行为和 P2P 用户侵犯网络著作权的行为是典型的实行行为，规避技术保护措施的行为是典型的帮助行为，视频分享网站侵权行为、WAP 转码侵权行为、提供网页快照的行为和深度链接的行为既可能是实行行为，也可能是帮助行为，除视频分享网站侵权行为之外的侵权行为都是搜索引擎类侵权行为，因而认定究竟是实行行为还是帮助行为，以是否替代第三方网站内容作为判断的一般原则，具体从三方面考察判断：一是作品是否需要授权；二是作品是否加工编辑；三是作品是否永久复制。最后，根据量决定质，准确运用《刑法》第217条划出犯罪边界，《刑法》第217条主要将违法所得数额作为衡量犯罪侵害程度的标准，这一规定具有操作性，但它只能间接反映行为侵害法益的程度，偏重于客观危害程度细化的“严重情节”可以弥补立法不足。

第六章，探讨侵犯网络著作权罪的主观要素，集中探讨“以营利为目的”。著作权延伸至网络空间，保留还是废止“以营利为目的”这一主观限制要素是著作权刑法保护的焦点、热点问题之一。废止论有利于刑法全面保护网络著作权，但犯罪圈的过度扩大可能导致刑法过度保护传统现实环境下的著作权；保留论扩张解释“营利”也不能实现刑法全面保护网络著作权，限制缩小了犯罪圈；折中论对刑法保护著作权，作了现实与网络不同环境下著作权的区分并作差别对待。从（加）重量刑情节论对侵犯著作权行为的规制，既过度扩大了犯罪圈，又过度加大了刑罚力度。因而需要另辟蹊径，针对现实与网络环境，分别设置特有的主观要件，以实现网络著作权刑法的适度保护。

结论，设立新罪是网络著作权刑法保护的方向。设置《刑法》第217条之一，“侵犯网络著作权罪是指未经著作权人许可，通过信息网络向公众传播他人文字作品、音乐、电影、电视、美术、摄影、录像作品、录音录像制品、计算机软件及其他作品，情节严重的行为”。

拙作由笔者的博士学位论文适当修改而成，书名也采用了博士学位论文题名。博士学位论文曾获得五位外审“盲评”专家的好评，以及答辩专家的肯定，他们分别是：重庆大学陈忠林教授，中国政法大学于志刚教授，清华大学黎宏教授，中央财经大学李邦友教授，吉林大学徐岱教授，南京师范大学刘远教授，中国检察出版社安斌教授，西南政法大学梅传强教授、朱建华教授和高维俭教授。拙作也充分采纳和吸收了这些专家的有益建议，在此向各位专家表示衷心感谢！

拙作得以顺利出版，在资金上，首先得到了成都医学院学术著作出版基金的资助，在此感谢！在出版工作上，知识产权出版社刘睿主任、刘江博士为拙作按时保质出版付出了辛勤汗水，谢谢你们！

拙作是侧重于规范研究的成果，是网络著作权刑法保护的阶段性研究成果，拙作出版面世对该问题的研究作了一个阶段性的小结。如果对该问题进行实证研究则情况又如何呢？这确实也是一个问题，值得进一步深入研究。因此，在现有研究成果的基础上，对该问题展开实证研究是将来研究的一个重要方向，进而使该问题研究更加深入全面。

目　　录

引　言

一、研究背景与目的

网络及网络传播技术的诞生与发展，把这个纷繁复杂的世界搅得天翻地覆，网络不仅拉近了人们之间的距离，把地球变成了地球村，改变着人们的生活，更为重要的是，颠覆着人们的观念，改变着人们的思维。控制思维意味着控制了一切，互联网思维的形成与发展，必然要求在法律规范的视野下来观察、分析研究和规制互联网思维下的网络行为。研究刑法保护网络著作权问题，从刑法的视角来分析研究刑事规制网络传播行为也正是这一必然要求的应有内涵。

1994 年 4 月 20 日，对中国人来说是值得铭记的日子，一根带宽 64K 的国际专线在中关村接入互联网，中国的互联网被世界承认，中国正式迈步进入互联网时代，从此中国与世界同步互联相通。1997 年，互联网开始走进老百姓家，中国互联网络信息中心❶（CNNIC）首次发布了中国互联网络发展状况统计报告，截至 1997 年 10 月 31 日，中国上网的计算机已达 29.9 万台，网民达 62 万户。1997 年 5 月，网易公司作为中国第一家提供新闻与资讯服务的门户网站在广州成立。1997 年被誉为“中国互联网元年”。

截至 2018 年 12 月，我国网民规模达 8.29 亿，全年新增网民 5 653 万人，增长率为 3.8%；互联网普及率为 59.6%，全年提升 3.8 个百分点；中

---

❶ “中国互联网信息中心”的英文全称为：China Internet Network Information Center，简称 CNNIC。

国农村网民占总网民数的26.7%，规模达2.22亿，全年新增网民1 291万人，增长率为6.2%，农村地区互联网普及率为38.4%，全年提升3.0个百分点；中国手机网民规模达8.17亿，全年新增手机网民6 433万人，增长率为8.5%，手机上网使用率为98.6%，全年提升1.1个百分点；通过台式电脑接入互联网的比例为48.0%，全年下降5.0个百分点；通过笔记本电脑接入的比例为35.9%，全年提升0.1个百分点；电视上网使用率为31.1%，半年提升2.9个百分点。❶

网络技术不断升级换代，历经Web1.0的门户网站时代，Web2.0的搜索与社交时代，Web3.0的云计算、大数据时代。互联网由被动地承受传统领域进入的“+互联网”，发展成为今天主动向各个领域“进攻”的“互联网+”时代。在犯罪领域，网络由“犯罪的对象”发展成为“犯罪的工具”，再发展成为“犯罪的空间”。网络由最初的“联”而不“互”发展到又“联”又“互”，再发展到智能化。智能设备、终端的广泛应用，特别是智能手机的投入使用，带动了移动互联网的高速发展，使得全民皆网民。网络空间也由虚拟空间发展成为网络现实空间，再发展成为现实网络空间，特别是网络平台由人工智能（AI）❷升级转向VR❸会加速这一进程。人们由“触网”到“入网”再到“融网”，生活在了网中央。网络与

---

❶ 引自：2019年2月28日，由中国互联网信息中心发布的《第43次中国互联网发展状况统计报告》。第1~38次中国互联网络发展状况统计报告皆由中国互联网络信息中心独自发布。第39~42次中国互联网发展状况统计报告由中央网络安全和信息化领导小组办公室、国家互联网信息办公室和中国互联网信息中心联合发布。在这里，对该数据进行了动态观察，采用本书出版前最新发布的权威数据。

❷ 人工智能，即Artificial Intelligence，缩写为AI。

❸ 一般是指虚拟现实，VR是Virtual Reality的缩写。有人认为，2016年是VR元年，Oculus Rift的上市就是开启VR时代的历史性标志，未来5~10年，VR够像Uber颠覆全球出租车行业一样颠覆全球娱乐产业。参见：王冉．一个“奥酷拉思”的未来——为什么我相信VR会改变娱乐业以及这个世界［EB/OL］. 36氪微信号：wow36kr，2015-10-05。也有人对VR提出质疑，认为刚刚诞生的VR产品，无法给观众带来良好体验，接连出现公司濒临倒闭和VR视频平台不再更新等，阵亡在起跑线上。参见：韩轩．2016是VR元年，也是卒年？［N］. 北京日报，2016-12-22（15）.

人们的工作和生活不可分割。俗话说，有人的地方就是江湖，网络也就成了一个江湖，网络江湖的利益纷争反映了人们在网络空间的利益诉求。

面对网络时代的诉求和呼唤，法律制度必须做出符合网络时代的回应。为此，面对网络空间的著作权诉求，著作权制度首当其冲，必须对此予以回应。著作权的发展史就是一部科学技术的发展进步史，也是一部复制权的扩张史，著作权被深深地打上了技术的烙印，所以，每一次科学技术的革命都会冲击著作权制度，但从来没有哪种科学技术像互联网技术那样对著作权制度的影响如此深刻。网络的传播使得著作的复制发行发生了颠覆性的改变，这就注定了著作权的一些制度只能作古。

网络及其传播技术同样冲击、挑战着刑事法律制度，著作权刑法保护制度在网络时代接受着新的考验与检视，为此，我们必须思考网络环境下著作权的刑法保护问题。在网络环境下，刑法是否可以或应当介入著作权的保护？如果回答是肯定的，那又应当如何介入？凡此种种，皆需予以认真回应。

从国家宏观战略的角度来看，一个国家发展在积贫积弱时期，对知识产权保护通常选择“弱”保护战略，以满足国家和社会对知识在特定历史时期的需要。随着知识积累程度的变化，国家会调整知识产权的保护战略。对“山寨”、模仿的摒弃，转向对知识创新发展保护的鼓励，是一个国家知识产权保护战略调整的一般规律。在对知识产权的保护上，我国也经过了这样的战略转变历程。如今，作为一个新兴的知识产权大国，我国选择“强”保护战略保护知识产权，是国家和社会发展到一定阶段必然的战略调整。2008 年，国家着手实施《国家知识产权战略纲要》。2014 年，国家为进一步贯彻落实《国家知识产权战略纲要》，制定《深入实施国家知识产权战略行动计划（2014～2020 年）》，全面升级对知识产权的保护，完成了国家对知识产权的“弱”保护向“强”保护的战略转变。这对我国网络时代著作权的强化保护提出了更新、更高和更严的要求。刑法作为一种保护网络著作权的强力手段不仅是一种选择的必然，亦高度契合我国知识产权“强”保护战略。

从网络著作权法律保护的演进来看，历经了司法先导→立法规定→司法保护，民事、行政保护→刑事保护的历程，并且随着网络侵权盗版问题日趋严重，网络著作权的刑法保护不断被细化、实化和深化，日益强化。

最早涉及网络著作权纠纷案的司法裁判出现在 1999 年，一个是“陈卫华案”❶，另一个是“六位作家案”❷，主要表现为传统作品在网络空间的民事权利纠纷。两案司法裁判为网络著作权的法律确认提供了先例。

我国首例涉及网络著作权的刑事判决是 2006 年的“黄毅龙、陈赠才案”❸，是涉及音乐作品网络传播的案件，该案引发的焦点问题在于：被告人的行为是否具有构成侵犯著作权罪的“其他严重情节”。虽然该案可以非法经营数额或复制品数量来认定违法所得，但这与其他严重情形一样，司法机关不能直接适用，而是需要通过司法解释才能够直接适用，否则会违背《刑法》第 3 条规定的罪刑法定原则。尽管该案被告最终获罪，但侵犯网络著作权入罪所涉的对象、数额、金额以及其他情形的法律适用问题被提了出来，需要研究思考以应对。

---

❶ 即“陈卫华诉成都电脑商情报社侵犯著作权纠纷案”，1999 年 4 月 28 日，北京市海淀区人民法院对该案作出一审判决。

❷ 即“王蒙等六位作家诉世纪互联通讯技术有限公司侵犯著作权纠纷案”，1999 年 7 月 15 日，北京市海淀区人民法院对该案作出一审判决。

❸ 该案被称为全国首例因网络传播侵权被判刑的案件，于 2006 年 10 月，被厦门法院一审作出被告构成侵犯著作权罪的判决。案情大概为：2004 年 9 月，被告黄毅龙、陈赠才合谋，由黄毅龙向厦门鑫飞扬信息系统工程有限公司租赁服务器，建立音乐网站。该网站未经录音制作者授权许可，从“百度”等网站下载大量音乐作品，然后向该网站的注册会员（其中包月会员收费 5 元、半年会员收费 30 元、包年会员收费 50 元、永久会员收费 200 元）提供搜索网址、音乐在线收听、下载等服务，从中收费牟利。该网站注册会员 12 708 人，其中收费会员 1 544 人，歌曲数为 10 847 首。网站建立以来，黄、陈二人共赚取 57 095. 24 元。2005 年 10 月 25 日，黄、陈二人被公安机关抓获。2006 年 10 月，厦门法院一审判决被告人黄毅龙、陈赠才分别被判处有期徒刑 1 年，并分别处罚金 1 万元。参见：刘旦．全国首例网络传播侵权案 被告侵犯著作权获刑［N］. 广州日报，2006-10-10.

我国首例网络文学侵权刑事案件是2008年的“云霄阁案”[1]，被告人姚国祥、刘开山构成侵犯著作权罪而获刑。该案除涉及严重情节适用等问题之外，还涉及“未经许可”的网络传播适用，更引发了“复制、发行”与网络传播行为的关系，网络“以营利为目的”的存废等问题的论争。

2008年的“珊瑚虫QQ案”[2]是影响和争议都很大的侵犯软件作品的刑事案件，该案涉及众多第三方软件在网络中的利益、前途和命运，冲击和挑战网络空间里侵犯著作权犯罪中“以营利为目的”的认定。

2009年一审作出有罪判决的“番茄花园案”[3]是我国首例软件网络盗

---

[1] 云霄阁网站由姚国祥、刘开山共同出资，于2004年1月建立，主要刊载网络文学作品，提供网上在线阅读。两负责人在未经著作权人许可的情况下，擅自复制传播起点中文网拥有版权的1 339部网络文学原创作品，2007年2月被起点中文网举报，7月两被告被涵江区警方抓获，2008年10月，莆田市涵江区人民法院判两被告人犯侵犯著作权罪，判处有期徒刑1年6个月，并各处罚金10万元，两被告不服，提起上诉，12月，莆田市中级人民法院维持原判。参见：胡嫚. 网络文学的盗版之痛［N］. 中国知识产权报，2008-11-19（6）.

[2] 珊瑚虫QQ增强包是基于腾讯QQ制作而成的QQ插件，集成了网上最新流行的功能，受到网络热烈追捧。2001年，北京理工大学老师陈寿福推出该版QQ，于2002年11月停止更新和传播，但2003年后再度开始更新。2006年8月20日，陈寿福被腾讯公司起诉，12月20日，被北京市海淀区人民法院判败诉，向腾讯赔偿经济损失50万元；2007年9月8日，陈寿福被当地公安局羁押，12月19日，在深圳南山区法院开庭审理，陈寿福一度认罪，12月24日，该案再度开庭审理，2008年3月6日，该案第三次开庭，3月7日，陈寿福一审被判犯侵犯著作权罪，判处有期徒刑3年，追缴117万元，并处罚金120万元，涉案金额总共达237万元，陈寿福不服，提起上诉，8月，二审维持了原判。参见：王晓玥. 珊瑚虫版QQ作者一审被判三年［N］. 北京商报，2008-03-21（3）；王晓玥. 腾讯将全面屏蔽非法QQ外挂［N］. 北京商报，2008-11-25（3）.

[3] 2004年5月11日，洪磊注册域名番茄花园网站，为学习研究者提供免费下载，该网站未经微软公司授权，擅自修改了Windows XP操作系统，捆绑商业公司软件，插入广告地址等之后供免费下载，下载量十几万次，洪磊获取巨额广告利润。2008年6月，番茄花园被微软公司投诉，8月15日，洪磊被苏州警方拘留审查，9月18日，被苏州市人民检察院批捕。2009年8月20日，苏州市虎丘区人民法院判成都共软网络科技有限公司和洪磊等构成侵犯著作权罪，判处洪磊、孙显忠有期徒刑3年6个月，并处罚金100万元；判处张天平、梁焯勇有期徒刑2年，并处罚金10万元；判处成都共软网络科技有限公司罚金877万余元，并罚没违法所得292万余元。参见：付秋实. 软件盗版患得失［N］. 金融时报，2009-08-26（9）.

版案，该案揭示了网络盗版新的盈利模式，也对网络空间侵犯著作权犯罪的“复制发行”和“以营利为目的”的认定带来冲击。2009年的“威海爱昵奔案”❶ 涉及的非法网络传播作品则为影视作品，同时还具有涉外因素。

上述典型刑事案件，涉及网络音乐、文学、软件和影视等作品的网络传播，网络著作权案件类型呈现多样化，且有的网络传播侵权于2001年已发案，但直到8年后才被追究刑事责任，这也从某种程度上反映了刑法介入网络著作权保护的滞后。刑法如何介入才能更好地保护网络空间的著作权，这不仅需要回答上述案例中所遇到的问题，而且需要体系化、科学合理、前瞻性地预判网络传播技术的升级换代可能带来的问题。

有学者曾统计分析了2005~2013年的100个涉及网络著作权的犯罪案（见表引-1），反映了网络著作权犯罪的状况及其发展规律，也反映了刑法保护网络著作权的状况。

表引-1　2005~2013年100个网络著作权犯罪案件年度分布❷

年份	2005	2006	2007	2008	2009	2010	2011	2012	2013
案件（件）	2	2	3	9	7	10	27	30	10❸

从表引-1可以看出：第一，从网络著作权犯罪案件的发展趋势来看，案件基本上逐年在增加，总体上呈上升趋势；第二，从案件的绝对数量来

❶ 本案韩籍被告人金辰泰，从2007年9月起，在威海市租赁经营场所建立网站，并于2007年11月以他人名义注册成立威海爱昵奔网络有限公司，以营利为目的，未经著作权人授权或许可，向网站上传50部电视剧及其他韩国影视作品，为注册会员提供有偿在线播放服务，截至2008年8月案发，该公司先后收取会员费人民币76万余元、美元1.3万余元，构成侵犯著作权罪，被告于2009年2月被判有期徒刑4年，并处罚金人民币40万元。参见：赖名芳．全国“扫黄打非”办公布8起重点案件［N］．中国新闻出版报，2009-09-17（2）．

❷ 于志强．网络著作权犯罪的实证分析与司法应对——基于100个网络著作权犯罪案件的分析［J］．上海大学学报·社会科学版，2014（2）：106.

❸ 当时只能统计到前6个月的数据。

看，网络著作权犯罪案件数量不多；第三，2011 年，网络著作权犯罪案件增长很快，2012 年在高位继续增长，2013 年有所回落，仅 6 个月的案件数量就达到了 2010 年案件总数，还是保持着相对较高的位置。

从中国信息通信研究院发布的《中国网络版权保护年度报告》[1] 来看，2013~2018 年，传统作品延伸至网络空间的著作权纠纷案依然大量存在，网络空间创作的网络作品的著作权纠纷也不断产生，网络及网络传播技术催生的各种新型著作权案层出不穷。

2013 年，移动客户端领域的视频播放器版权浮现，移动电商版权侵权问题显现，微信成为版权侵权的新地带，OTT 业务平台和互联网电视“盒子”带来新的版权纠纷。在 2013 年 4 个月的“剑网”专项行动中，有 50 起重大、重点网络侵权盗版案件由国家版权局单独或联合其他部委挂牌督办[2]。全国涉及侵犯网络著作权的民事案件 1 388 件，审结有关侵犯网络著作权刑事犯罪案件近 30 起，均为网络游戏和文学领域。[3]

2014 年，新闻客户端、自媒体、网盘等扩大的网络版权保护载体引发了新旧媒体之间的版权之争。新的网络技术，如云存储、网页转码、深度链接等，使网络著作权的保护更复杂。打击网络侵权盗版的“剑网”专项行动的力度超过前 9 次。[4] 全国共有涉网络版权相关的民事案件 1 650 件，比 2013 年同期增长 18.8%，审结近 30 起有关侵犯网络著作权刑事犯罪案

[1] 2014 年 7 月 16 日，中国信息通信研究院发布 2013 年《中国网络版权保护年度报告》，这是中国信息通信研究院首次发布《中国网络版权保护年度报告》；2015 年 4 月 24 日，中国信息通信研究院发布 2014 年《中国网络版权保护年度报告》；2016~2018 年的 4 月 26 日，又分别发布了 2015 年、2017 年和 2018 年的《中国网络版权保护年度报告》。从近 3 年来看，上一年度的报告都在次年 4 月 26 日发布。

[2] 国家版权局与全国“扫黄打非”办公室、公安部、最高人民法院和最高人民检察院联合挂牌督办 8 起重大案件，国家版权局挂牌督办 20 起重点案件，公安部挂牌督办 22 起重点案件。

[3] 参见中国信息通信研究院于 2014 年 7 月 16 日发布的《2013 年中国网络版权保护年度报告》。

[4] “剑网”行动 10 年，累计查办互联网侵权盗版案件 4 681 起，移送司法机关追究刑事责任案件 388 件。

件，并普遍加大了赔偿和处罚力度。❶

2015 年，全国涉网络版权相关的民事案件 2 118 件，比 2014 年同期增长 28.3%，“剑网 2015”移送司法机关刑事处理案件 59 件，《中华人民共和国刑法修正案（九）》明确了网络帮助侵权行为的刑事责任。❷

2016 年，全国涉网络版权相关的民事案件 4 459 件，比 2015 年同期增长 110.5%，“剑网 2016”移送司法机关的案件 33 件，涉网络文学版权的刑事案件占总案件数量的 42%，涉网络游戏版权的刑事案件占总案件数量的 31%。❸

2017 年，全国涉网络版权案件中，文字作品案占 48%，图片作品案占 26%，影视作品案占 17%，音乐作品案占 9%，“剑网 2017”移送司法机关的案件 57 件，网络游戏成为网络版权刑事司法案件的高发领域。❹

随着侵犯网络著作权的刑事案件数量的不断攀升，侵犯网络著作权类型翻新、方式多样，越来越严重的侵犯网络著作权问题对刑法跟进保护提出了新要求。

综上可见，随着网络及网络传播技术的不断发展，网络著作权刑法保护不断地面临着新的挑战，这种挑战是全方位和系统的。因此，本课题研究的最终目的是：结合网络环境对著作权影响的实际，立足于我国现有的著作权刑法保护制度，体系化深入研究所面临的主要问题，探寻应对刑法保护网络著作权的策略，探求网络著作权刑法保护的走向，平衡社会公众与著作权人之间的利益，实现各方共赢，实现网络著作权的刑法保护，实现国家的知识产权保护战略。

---

❶ 参见中国信息通信研究院于 2015 年 4 月 24 日发布的《2014 年中国网络版权保护年度报告》。

❷ 参见中国信息通信研究院于 2016 年 4 月 26 日发布的《2015 年中国网络版权保护年度报告》。

❸ 参见中国信息通信研究院于 2017 年 4 月 26 日发布的《2016 年中国网络版权保护年度报告》。

❹ 参见中国信息通信研究院于 2018 年 4 月 26 日发布的《2017 年中国网络版权保护年度报告》。

二、研究综述

与人权保护、毒品问题治理一样，知识产权包括网络著作权保护是当代国际社会寻求法律合作的重要话题，因而也是国内外法学研究的热点。相对民事法研究而言，尽管国内外学者对刑事法关注度略低，但围绕网络著作权刑法保护的研究仍取得了一定进展。

欧美发达国家的法学界（包括刑事法学者）较早和较普遍关注网络著作权保护的问题，在法治理念相对成熟和私权理论相对系统的基础上，法律保护理念和目标隐入话语背景，相关的规范和判例分析成为主要研究方法。

一是在规范层面的研究上，重视对网络环境下刑法保护著作权的相关刑事法律条款的研究。1998 年《美国数字千禧版权法》[1] 关于著作权刑法保护条款的规定引起学者持续热议。其研究主要涉及著作权犯罪“蓄意”的阐释、著作权保护体系的完整性、著作权权利管理信息完整性的保护、网络契约给合理使用制度带来的挑战等，对与合理使用有关的数字图书馆、暂时复制等问题进行了较深入的研究，取得了一些成果，但争议仍然很大。

二是通过判例研究，针对网络环境下侵犯著作权行为的刑法惩治解答具体适用问题。少数学者由此延展到从道德维度研究网络著作权犯罪的机理，或者从经济学的角度分析网络著作权犯罪的成因。大部分刑事法学者的研究视野集中于网络侵犯著作权具体手段、主体类型和主观明知等构成要素展开研究，在具有英美法系传统的国家和地区，这类研究更是明显带有判例法的特色。

围绕网络著作权刑法保护的问题，国内刑事法研究取得了两个进展：一是形成专论，二是相关认知和建议散见于著作权或知识产权研究之中。由于整个研究归属应用法学的范畴，研究者非常关注保护著作权的相关法律法规的修改与完善，相关研究受到既有司法解释的影响也较为明显。早

[1] 也有人翻译为“数字千年版权法案”或“千禧年数字版权法”，英文全称“Digital Millennium Copyright Act”，简称 DMCA。

在2001年修改《著作权法》前夕，知识产权理论界就有学者主张，在网络时代到来之际，虚拟空间中不断出现的侵犯著作权的行为已在挑战现有法律底线，刑法介入这一领域保护网络著作权已迫在眉睫（黄桂兰，2001）；有学者提出，应当针对“复制发行”“以营利为目的”“违法所得数额”等刑法规范表述作出扩大解释，由此对应评价花样翻新的网络侵犯著作权的行为，构织刑事法网保护网络环境下的著作权体系（朱铁军、王静，2001）。但这类研究只是传统版权理论的延伸，且体系性不强，笔者以“著作权”或“版权”为主题、以“网络”并且“犯罪”或“刑法”为篇名关键词在中国知网和其他数据库搜索得知，截至2016年年底，这类期刊论文约70余篇，硕士论文22篇，博士论文和专著付之阙如。与主题和内容密切相关的博士论文和专著有蒋廷瑶博士的《数字化环境下中国著作权的刑法保护》（2007）、邵小平博士的《著作权刑事保护研究》（2011）、贺志军博士的《我国著作权刑法保护问题研究》（2009）及其与博士学位论文同名的专著（2011）。

通观关于网络著作权刑法保护的既有研究成果，倍受关注而又颇具争议的热点主要涉及“未经著作权人许可”的辨识、“以营利为目的”的存与废、“复制发行”行为的含义，以及“入罪标准”统一等问题。

第一，“未经著作权人许可”如何确权认定，一直是争议的热点、难点。2011年最高人民法院、最高人民检察院和公安部联合发布的《关于办理侵犯知识产权刑事案件适用法律若干问题的意见》第11条对此作出了回应。有学者结合实践对此作了全面的解读（罗东川，2011；逄锦温，等，2011）；有学者提出了实践中确权证明责任如何分配（陈晨、刘砺兵，2014）；至于行政执法部门能否认定“未经著作权人许可”，有学者提出了自己的看法（刘仁文，2014），但这些观点要么是对现有规范解释的再解释，要么仅是意见，未得到理论质证和实践检验。

第二，针对“以营利为目的”展开存与废的论争。对立观点之间的鸿沟显而易见。即使同是主张废除“以营利为目的”，论者提出的依据也并不相同，主要有：刑法条款协调论（邸瑛琪，2002）、有利诉讼证明论

（赵国玲、刘东根，2002）、法律体系协调论（张志勋、黄淑彬，2004）、国际趋势和潮流论（任军民，2006）、与 TRIPS 协定协调论（赵秉志，2010）。主张保留“以营利为目的”的一方，论者提出的理由也不尽相同：有学者认为，保留“以营利为目的”，能够体现著作权刑法保护的重点、严厉性和最后性（卢建平，2006），能够保持刑法保护著作权的水平（曹刚、周详，2005），具有社会的相当性（葛磊，2007），与著作权立法目的相符合（高荣林，2009）。至于以存废论两大基本立场为前提的折中论和从（加）重量刑情节论，具体主张也有区别，前者主张在传统现实环境下和网络环境下分别保留和取消“以营利为目的”（邵培樟，2014），理由之一是侵犯著作权罪的主观目的——“以营利为目的”在网络中已经异化（于志刚，2008）；后者认为“以营利为目的”不是犯罪的基本构成要件，而是从（加）重量刑的情节（加重构成要件）（田宏杰，2003；刘科、朱鲁豫，2012；刘绍彬、张晓伟，2016）。

第三，对应“复制发行”规范含义与在网络空间的传播行为，辨析其刑法性质。对此，相关司法解释将“信息网络传播”解释为“复制发行”的形式之一。这一立场得到多数刑法学者的支持。张明楷教授从法益保护的角度肯定司法选择，如果未经著作权人许可的网上侵犯著作权的行为都不能够按照侵犯著作权罪论处，会不当缩小该罪的处罚范围，不利于著作权的保护（2011）；于志强博士以字义涵摄为由推导出这样的结论，即网络传播行为是侵犯著作权罪中复制行为在网络中的异化（2012）。黄京平教授主张，“通过信息网络传播”不宜被“视为复制发行”，其就是“发行”（2014）。有学者则明确持相反的观点，认为如此解释刑法规范违背了罪刑法定的原则，因而缺乏法理依据（王迁，2006、2008）。

第四，围绕“入罪标准”，展开定量要素的分析。在司法认定层面，一旦确认存在网络环境下的侵权行为，通常会采用“经营数额”“作品数量”“点击数”和“注册会员人数”等作为定性侵犯著作权的量化要素。但面对不断翻新的侵权类型，这些通行标准往往在实践运用中引发争议。比如，如果以作品的件（部）为计量单位，对于电视剧的计算单位是

“部”还是“集”，对漫画作品的计算单位是“集”还是“卷”，就都成了问题。正是不同理解意味着入罪门槛的高低和刑量的轻重，有人主张不宜刻板确定单一标准，而是在利益平衡之间作出选择（梁兆红，2014），有人认为把几十分钟的电影与几千分钟的电视剧解释为一件，是有失公允的（刘科，2014），保护应当平等。有人主张按“件”计量更能体现纪录片和电视剧保护同等（黄京平，2014）。

国内学者的研究除了上述热点问题之外，还有较多论著结合网络传播发展过程中出现的新情况，就“私服”“外挂”“视频分享”“WAP❶转码”“网页快照”“深度链接”“P2P”❷“技术措施”与“权利管理信息”的破坏等的刑事规制，以及国内外相关刑事立法规定的比较等问题进行了研究。

现有的研究无论在立法、司法实践上还是在理论上，都为网络著作权的刑法保护作出了特定的贡献，但还存在以下不足。

第一，对网络著作权的定性不清，值得商榷。网络著作权是传统著作权延伸至网络空间的俗称还是有别于传统著作权的一种特殊权利？不同的定性，直接关系到网络著作权刑法保护的理论架构、规范设置和司法适用。网络著作权刑法保护诸多理论和实践中的论争不休，与目前将网络著作权简单地定性为延伸至网络空间的传统著作权的俗称有关，如果将其定性为有别于传统著作权的一种特殊权利，那么“以营利为目的”“网络传播”与“复制发行”之间的兼容等诸问题将不复存在。只是刑法对其行为构成要素需予另行确定。

第二，在责任刑法理论中利益与法益的内在关联还需予以清晰论证。设计和构建符合国家知识产权保护战略的网络著作权刑法保护制度，不仅要明确以刑法谦抑思想为依归，以罪刑法定为基本原则，还需追问和认知著作权本身的含义和知识产权保护的本旨。质言之，比较哪些利益需予刑法保护，避不开著作权保护与知识共享的对立统一关系。利益平衡是著作

❶ 一般指无线应用通信协议，英文全称是 Wireless Application Protocol，简称 WAP。

❷ 被称为：点对点，英文全称是 Peer to Peer，简称 P2P。

权法的基石和精髓，基础研究还应当包括梳理我国刑事法律保护网络著作权的立法史，细致考察不同历史时期保护的主观目标和客观效果。但现有成果大多简单列举相关的法律、法规和司法解释，或者仅仅关注这些法律、法规和解释文件在网络著作权的刑法保护法律体系中的层次作用，对于立法者经不同历史时期立法与司法互动过程中何以调整保护力度，以及将来的立法趋势等，缺乏动态研究的意识和眼光。

第三，规范研究跟不上技术演进的步伐。对网络著作权刑法保护的研究，必然涉及对网络传播技术的研究。网络传播技术的不断发展必然不断地冲击、挑战著作权及其刑法制度：早期网络传播技术伴生了“私服”与“外挂”、破坏“技术措施”或“权利管理信息”等侵犯网络著作权的行为方式；“WAP 转码”涉及智能移动网络传播侵权；随着网络传播技术的发展，“网页快照”与“深度链接”侵权方式由间接侵害升级到直接侵害，侵害程度也在不断增加；“P2P”技术的出现、应用和升级，也推动了“UGC”[1] 向纵深发展，侵犯网络著作权方式更加复杂多样。但总的来看，现有研究对此尚未涉及或涉及不深，很多研究成果无法很好地应网络传播技术的发展对著作权及其刑法制度的冲击和挑战。随着网络传播技术的发展，还会出现未能预测侵害网络著作权的新情况，毕竟没有侵害就没有保护。新近出现的“聚合 APP”“OTT”[2] 和“VR”等应用、应用体验可能会给网络著作权带来什么样的侵害都值得关注、考察和研究。因此，网络著作权刑法保护永远是一个日久而常新的问题。

第四，网络著作权刑法保护的系统化研究欠缺。学界对网络著作权刑法保护研究局限在某一方面或几方面，研究缺乏全局性和针对性，研究的碎片化和应景式特点明显。在系统化研究中则是将其置于著作权或知识产权研究体系中，将其作为一个要素或部分研究，而没有将网络著作权刑法保护作为一个独立的体系展开纵深研究。鉴于此，根据一定的内在逻辑联

[1] User Generated Content，指用户原创内容，简称 UGC，或称 User-created Content，简称 UCC，是用户使用互联网的一种新方式。

[2] Over The Top，指通过互联网向用户提供各种应用服务，简称 OTT。

系，在一定的理论框架下形成一个相对独立的研究体系，使碎片化研究系统化，实属必要。否则，研究只见树木不见森林，因此，网络著作权刑法保护亟须系统化研究。

三、研究方法

本研究从著作权法学和刑法学的角度，以马克思主义的唯物辩证法和历史唯物论为指导，主要综合采用系统研究法、文献研究法、规范研究法、历史研究法等研究方法。

第一，系统研究法。系统研究法是刑法研究的一类方法，将研究的对象置于一定的理论体系中分析研究，有助于从宏观上全面掌握研究的问题。本研究首要采用该研究方法，将侵犯网络著作权行为的刑法规制问题置于我国传统刑法的犯罪构成理论体系之中进行系统研究。涉及侵犯网络著作权的主体、客体、主观和客观四个方面及其中的问题。即什么人在什么样的主观意识的支配下，采用何种方法或手段，针对什么对象，侵犯谁的著作权的严重行为，是否应当受到刑法规制，刑法是如何规制的，应当如何规制等，从而搭建起研究刑法规制侵犯网络著作权行为问题的理论框架，最终实现网络著作权的刑法保护。

第二，文献研究法。文献研究法是一种古老而又普遍适用的常规研究方法。本研究采用该研究方法，围绕本研究的目的和问题搜集、甄别、筛选、整理、分析综述相关文献资料，从而全面系统掌握国内外关于网络著作权刑法保护研究的历史和现状，研究主要涉及哪些内容，其中哪些问题是研究的热点、焦点问题，研究作出了哪些贡献，还存在哪些不足，以及研究的发展趋势等，为进一步深入研究指明方向。

第三，规范研究法。规范即标准，衡量判断事实的要求和尺度。规范背后体现了一定思想和精神，反映了一定的价值选择，因而规范是以一定的价值判断作为前提的。本研究采用该研究法研究侵犯网络著作权的行为目的在于：以国家知识产权保护战略为指导，以著作权的利益平衡理论为基础，以刑法谦抑思想为依归，以罪刑法定为基本原则，废除、修改或制定刑事法律规范，以此规范侵犯网络著作权的行为，从而保证网络著作权的行使符合相关刑事法律规范的要求和价值要求。凡是不符合规范和价值要求的侵犯网络著作权的行为均要受到严厉的刑事制裁，为网络著作权提供刑法保护。

第四，历史研究法。历史研究法是科学认识的一种方法，简单说，就是按照时间先后顺序去揭示研究对象发展规律的研究方法。由于历史研究是一种系统的文献研究，与前述系统研究法和文献研究法有一定的重叠。又由于历史研究涉及纵向比较研究，与比较研究法有一定的重叠。但采用各种研究方法的目的不同，因而不能混同。本研究采用历史研究法，在于揭示规制侵犯网络著作权行为的刑事法律规范发展变迁规律。本研究通过对规制侵犯网络著作权行为的刑事法律规范产生、发展和演变的过程进行系统客观的分析，研究其历史变迁、现状及其演变趋势，从而为制定科学、合理的网络著作权刑法保护制度提供一定的借鉴与参考，从而保证网络著作权健康、有序、高效的应用。

四、研究创新

与已有的研究成果相比，本研究在研究的视角、理论和学术观点方面都具有一定的创新之处，尽管如此，本研究也仅是浩瀚学海中的一滴微珠。

第一，研究视角创新。已有的侵犯网络著作权的犯罪研究，要么从著作权犯罪或知识产权犯罪的角度展开研究，要么从刑事侵犯网络著作权的局部展开研究。前者将侵犯网络著作权的犯罪作为著作权犯罪体系或知识产权犯罪体系的一个部分，即在网络环境下刑事侵犯著作权的部分；后者仅研究刑事侵犯网络著作权中的某一问题或几个问题。侵犯网络著作权的犯罪与侵犯著作权的犯罪虽然从逻辑上讲，前者包含于后者之中，后者是前者的上位概念，而实质上并非如此。虽然都是刑事侵犯著作权，但是前者是发生在网络空间，后者发生在传统现实空间。由于二者发生的空间环境具有质的差别，因而宜将侵犯网络著作权的犯罪作为一个独立犯罪体系，与侵犯著作权罪体系并列。本研究从此视角出发，将侵犯网络著作权犯罪置于我国传统的犯罪构成理论体系之中，通过犯罪构成理论将侵犯网络著作权罪体系内部的主体、客体、主观和客观诸要件有机地联系起来。从体系上全面掌握网络著作权犯罪，以更好地为网络著作权提供刑法保护。

第二，研究理论创新。理论创新之处有三个方面：一是在网络著作权刑法保护的制度变迁上，已有的研究从民事立法、行政立法和刑事立法去揭示网络著作权立法保护的规律；本研究则在该研究的基础上，单就刑法保护网络著作权的变迁作进一步的研究，揭示网络著作权刑法保护的内在联系，以及将来的刑事保护的选择。二是在利益平衡理论研究上，已有的研究主要对知识产权的利益平衡、传统著作权的利益平衡以及网络著作权的利益平衡原则进行研究；本研究则对网络著作权刑法保护中的利益平衡进行研究。三是在犯罪构成理论上，本研究将侵犯网络著作权犯罪置于我国传统的犯罪构成理论体系中系统研究，丰富和发展了我国传统的犯罪构成理论。

第三，学术观点创新。学术观点创新主要有以下几点：一是关于网络著作权的定性。已有的观点认为，网络著作权是传统著作权延伸至网络空间的俗称，本研究认为，网络著作权是网络空间中的著作权，是有别于传统现实空间中的著作权的一种特殊权利。二是关于网络著作权刑法保护的演进。本研究认为，2001 年《著作权法》，2004 年、2005 年以及 2007 年三个司法解释，2006 年的《信息网络传播权保护条例》[1]，2011 年《关于办理侵犯知识产权刑事案件适用法律若干问题的意见》分别开启、实化、细化、深化了刑法对网络著作权的保护，在新的网络时代还应强化网络著作权的刑法保护。三是关于网络著作权刑法保护中的利益平衡。本研究主张，以著作权的利益平衡理论为基础，以刑法谦抑思想为依归，以罪刑法定为基本原则，设计符合国家知识产权强保护战略的网络著作权刑法保护

[1] 2005 年 9 月 8 日，国家版权局起草并向社会公开征求意见。2005 年 12 月，向国务院法制办公室报审。2006 年 5 月 10 日，国务院通过。参见：郭寿康，万勇．信息网络传播权保护条例评介［J］．电子知识产权，2006（10）；2013 年 1 月 30 日对该《信息网络传播权保护条例》作了修订。

制度。四是关于复制发行权与信息网络传播权、“以营利为目的”。本研究认为，网络空间的信息网络传播权与基于传统现实空间设置的著作权的复制发行权是不同的权利，不能混为一谈。在传统现实环境下保留“以营利为目的”，仍然适用原有的侵犯著作权罪来打击严重侵犯复制发行权的行为；在网络环境下设立一个不以“以营利为目的”的侵犯网络著作权罪来规制侵犯信息网络传播权的行为。五是关于侵犯网络著作权的行为方式。本研究认为，随着网络传播技术的发展，我们无法预计会出现什么样的侵害网络著作权的行为方式，即使是已出现的侵害行为方式，其危害性也会出现不确定性，因而需要持续关注网络传播技术对网络著作权的冲击。

第一章　与网络著作权刑法保护相关的三个概念

网络著作权又称为网络版权[1]，是指在网络环境下，著作权人对受著作权法保护的文学、艺术和科学作品所应享有的权利，是著作权的特殊形式。网络著作权刑法保护是随着网络传播技术的运用和网络使用者的增加，网络空间形成，网络作品出现，网络著作权产生和著作权刑法保护之后的进一步要求。如果没有著作权及其法律保护，也无所谓网络著作权的刑法保护问题，所以刑法保护网络著作权是以著作权为前提的。同样，网络作品是网络著作权的载体，没有网络作品就没有网络环境中的著作权，网络著作权刑法保护问题也就无从谈起。因此，讨论网络著作权刑法保护问题必然离不开对网络著作权、著作权以及网络作品等三个概念的界定。本章首先界定网络著作权及特征，清晰网络著作权的产生与确认历程；其次，梳理著作权由民法保护到刑法保护的历程，剖析法律保护的重要层级，有助于清晰著作权刑法保护与网络著作权刑法保护局部与整体的关联；最后，分析行为对象即网络作品与保护对象网络著作权的关联。通过简要归纳相关概念及链条，有助于理解为什么说网络著作权是一种特殊形式的著作权，更重要的是为全书讨论网络著作权

[1] 1988年1月26日，最高人民法院《关于贯彻执行〈中华人民共和国民法通则〉若干问题的意见（试行）》第133条规定："……均享有著作权（版权）"，第135条规定："……著作权（版权）应当……著作权（版权）由……"，第136条规定："……著作权（版权）中由……"。2001年修订的《著作权法》第56条以及2010年修订的《著作权法》第57条都规定："本法所称的著作权即版权"。因此，在我国，著作权与版权系同义词，二者没有区别，可以通用。

刑法保护问题奠定基础。

第一节 网络著作权：网络著作权刑法保护的核心

网络著作权是著作权人在网络空间中所应当享有的权利，是一种特殊的著作权。随着网络传播技术发展到一定的阶段，形成网络空间，产生网络传播行为，作品在网络中传播，催生了著作权人在网络空间的利益主张和诉求，催生了网络著作权。法律是网络著作权得以实现和受到保障的强有力手段，为网络著作权的实现扫除障碍或在其受到侵害时提供救济。网络著作权因为法律的介入而演变为法律权利，即著作权人的法益，成为法律调整规范的对象。刑法为网络著作权提供保护，受到刑法规范保护的网络著作权，成为刑法法益，即为刑法所保护的客体❶。没有网络著作权就没有刑法保护该权利的问题。网络传播技术的运用、网络使用者的增加，互联网空间的形成，网络著作权的产生等是在网络空间跟进刑法规制的必要条件。网络著作权的刑法保护是紧紧围绕网络著作权这一核心权利而展开的。因此，有必要首先界定网络著作权的概念，分析其特点，把握其内涵，梳理网络发展简史，清晰网络著作权的产生与确认历程，为进一步研究著作权刑法保护打下重要的基础。

---

❶ 按照传统刑法理论，将犯罪客体界定为犯罪行为所侵害的刑法所保护的社会关系，由此来看，网络著作权作为犯罪客体时，也就成为刑法所保护的客体。又由于受到日本、德国等大陆法系刑法理论的影响，法益术语频见于诸多刑法理论与实务之中，大有取代犯罪客体之势，因而在此处回应网络著作权与法益之间的关系。一般情况，也没有明确区分犯罪客体与法益，认为两者是一回事，甚至直接将二者混用。不过笔者还是受传统刑法理论的影响大一些，更习惯性地用犯罪客体这一术语，因而用刑法保护的客体来表达网络著作权。另外，在著作权法理论中客体即对象，即网络著作权是法律保护的客体，也是法律保护的对象。

一、网络著作权的概念和特征

网络虽然是虚拟的，但与现实世界是紧密相连的，因而网络行为接受法律的规范和调整是必然的[1]。新技术革命推动著作权制度变革与创新，著作权制度也常常会为适应新技术变革而被修订调整。网络传播时代，在网络空间，未授权使用作品的行为，著作权人很难控制，其利益受到极大的损害。在网络环境下，需要建立新的著作权制度，既维护著作权人的利益，促进创作，又不妨碍文化传播，并促进网络传播业快速发展。自2000年12月21日起施行的《关于审理涉及计算机网络著作权纠纷案件适用法律若干问题的解释》，第2条规定网络作品应当受到著作权法的保护。2001年修改的《中华人民共和国著作权法》（以下简称2001年《著作权法》[2]）第10条第12项规定了“信息网络传播权”，承认在网络等电子环境下，传统著作权仍然应当受到法律保护。那么，究竟什么是网络著作权？有何特点？这是应当首要回答的基本问题，界定网络著作权及特征也就成为必然，否则，也不可能进一步深入研究网络著作权刑法保护的问题，因为刑法保护的网络著作权是什么都无从知晓，刑法对网络著作权的保护就毫无意义。

（一）网络著作权的概念

“网络著作权”，有的称为“网络环境下（中）的著作权”，不是一个法律术语，也不是一个法律概念，但法学研究中，可作为一个法学概念来进行界定。有人认为，“网络著作权”仅是部分学者和法律实务工作者对网络环境下的著作权的一种习惯称谓而已，因而，“网络著作权”不是一

---

[1] 张新宝．互联网上的侵权问题研究［M］．北京：中国人民大学出版社，2003：339.

[2] 2001年12月27日，由第九届全国人民代表大会常务委员会第二十四次会议通过并公布实施《著作权法》修正案。

种权利❶，由此可推论，“网络著作权”是著作权的命题也不成立。无论在理论界还是实务界，也无论是有意识还是无意识或潜意识之中，持此“网络著作权”观点者居多，只不过大多没有明确表明此立场而已。笔者与此“网络著作权”观点立场截然相反，不仅认为“网络著作权”是一种著作权，而且是一种特殊的著作权。

网络著作权是传统著作权延伸至网络空间的俗称还是有别于传统著作权的一种特殊权利？不同的定性，直接关系到网络著作权刑法保护的理论架构、立法规定和法律适用。网络著作权刑法保护在诸多理论上论争不休以及在实践中的问题不断，与目前将网络著作权简单地定性为延伸至网络空间的传统著作权的俗称有关。如果将其定性为有别于传统著作权的一种特殊权利，那么“以营利为目的”“网络传播”与“复制发行”之间的兼容等诸问题将不复存在。也正因为如此，本书持“网络著作权”是一种特殊的著作权的观点。这也是本书立论和问题探讨的基石。只有持“网络著作权”是特殊的著作权的立场，才能够科学合理地为网络环境下的著作权提供包括刑法在内的法律保护。

网络著作权是网络出现后，人们在网络空间享有著作权诉求的体现，所以，网络著作权本质上是著作权在网络空间的延伸，著作权从现实空间延伸到了网络空间。一是对在网络中产生的作品的著作权保护，二是传统作品数字化后在网络中受到著作权保护。尽管2001年《著作权法》规定了“信息网络传播权”，但该权利仅是著作权的财产权中的一项。在网络环境下，信息网络传播权不等于网络著作权的全部，网络著作权是一个更加宽泛的概念❷，除了包含信息网络传播权之外，还包括著作权人在网络中所享有的其他相关著作权。随着信息网络传播技术的不断发展，这样的权利已经突破了互联网的束缚，在一个更大的网络空间呈现，其权利也应当越来越丰富，最终也应当为法律所承认，成为一种独特的著作权。

---

❶ 文杰．网络著作权犯罪的司法困惑及解决途径[D]．长沙：湖南师范大学，2016：1.

❷ 郭延风．网络著作权的刑法保护问题探讨［D］．上海：上海交通大学，2011：4.

综上，笔者认为可以这样给网络著作权下定义：网络著作权是一种特殊的著作权，是指著作权人对受著作权法保护的文学、艺术和科学作品在网络环境下所应享有的著作权。在网络中传播的作品统称为“数字作品”或“网络作品”[1]，主要有两类：一是传统作品的数字化形式；二是以数字化形式创作的作品。对于前者，网络著作权主要是指数字化后的传统作品被上传至网络供网络用户浏览、下载时，该作品的著作权人在网络环境下所应享有的权利，该权利即为著作权中的“信息网络传播权”；对于后者，网络著作权不仅包括“信息网络传播权”，还包括传统作品著作权人也享有的发表权、复制权等著作权。

（二）网络著作权的特征

与传统著作权相比，网络著作权具有以下特征。

第一，对网络著作权的确认，法律比司法实践更滞后。无论是“陈卫华案”[2]

---

[1] 习惯上称“网络作品”，本书亦按此提法。

[2] 即1998年起诉，1999年作出一审判决的“陈卫华诉成都电脑商情报社侵犯著作权纠纷案”。该案情况大致如下：《戏说MAYA》一文由笔名“无方”的陈卫华于1998年5月10日发表在其个人主页“3D芝麻街”上，并注明“版权所有，请勿转载”。该文署以“无方”之名，被《电脑商情报》第40期（1998年10月16日）家庭版刊载，同时加注了编者按，称该文由一位铁杆读者、3D迷兼网虫极力推荐，但文章的出处也如同文中的3D发源一样不详。主办《电脑商情报》的成都电脑商情报社保留了“无方”的署名和栏目以及未付稿酬的信息。1998年11月，原告电邮告知被告说明其本人是《戏说MAYA》的作者，12月2日，原告通过传真，提出被告应承担侵权责任。原告的请求在被被告拒绝之后，向北京市海淀区人民法院起诉被告侵犯其著作权。因为当时《著作权法》尚未修订，信息网络传播权为代表的网络著作权还未得到法律的确认，法院判定该转载“扩大了该作品的传播范围，侵犯了原告的作品使用权和获得报酬权”。被告应依法承担侵权责任，停止侵权、向原告公开赔礼道歉，赔偿原告经济损失924元。此判例为立法确认网络作品的地位和保护作了有益的探索。参见：北京市海淀区人民法院（1999）海知初字第18号民事判决书。

还是“北京瑞得诉宜东方公司案”❶ 以及“六位作家案”❷ ”，尽管《著作权法》尚未修订，但法院仍然通过判决确认：著作权法应当调整网络空间的作品使用，认为虽然科学技术改变了作品的载体形式，也使作品的使用方式以及传播手段发生变化，但并没有改变作品本身，没有创造新的作品，作品在网络中传播仅仅是作品的一种使用方式，因而作者对其作品所应享有的专有著作权并不受影响。正是因为司法实践通过援用传统的著作权理论解决网络环境下的著作权问题的大量判例，确认了网络著作权，并进一步推动修订著作权法来确认网络著作权。网络著作权的确认直到 2001 年，“信息网络传播权”被修订的《著作权法》明确规定才得以实现。因此，确认网络著作权，著作权立法滞后于司法实践。

---

❶ 即 1999 年起诉并作出一审判决的“瑞得（集团）公司诉宜宾市翠屏区东方信息服务有限公司著作权侵权纠纷案”，该案被称为“中国网页侵权第一案”。参见：北京市海淀区人民法院（1999）海知初字第 21 号民事判决书。

❷ 该案是我国关于“网络传播权”的第一案。该案情况大致如下：被告“北京在线”未经原告王蒙等 6 位作家的同意，擅自先后刊登其 7 部小说，供网络用户上此网浏览和下载。6 位作家以侵犯自己的著作权为由，将主办“北京在线”的世纪互联通讯技术有限公司作为被告，于 1999 年 6 月 15 日向北京市海淀区人民法院提起诉讼。原告诉称：被告侵犯其作品使用权和获得报酬权，请求判令被告停止侵权，公开赔礼道歉，赔偿经济和精神损失。被告辩称：未征得著作权人同意，是因为作品由网友提供，无法知道作品是否征求了意见；作品已有署名，面对极小范围的网友，不可能以此营利；网上刊载作品，法无明文可依靠，不属于盗版，属新型作品使用问题，被告无侵权故意，出现问题是法律和实践原因所致。审理法院认为：数字化转换后的作品只是载体形式和使用手段的变化，并没有产生新的作品，作品权属不变，因此，在国际互联网环境下，6 位作家对网络刊登其作品依著作权法享有作品的使用权和获得报酬权；保护著作权人的正当权益是著作权法的核心，尽管著作权法并未明确界定“网上传播他人作品”性质，但网站未经许可使用他人作品，严重影响著作权人的经济利益，若不控制，互联网上的著作权则将形同虚设，因此，法院最后以“扩充解释”的方式为著作权人的权利内容作了补充。1999 年 9 月 18 日，北京市海淀区人民法院对此案作出一审判决，被告不服上诉；1999 年 12 月 17 日，北京市第一中级法院裁决驳回上诉，维持原判，明确指出，虽然著作权法对网络作品的使用未能预见性立法进行规制，但仍然应当规范使用他人网络作品。裁定驳回上诉，维持原判，认定被告侵犯原告的著作权，判令被告停止侵权、在被告主页上刊登致歉声明和赔偿经济损失。参见：北京市海淀区人民法院（1999）海知初字第 57 号民事判决书；北京市一中法院（1999）一中知终字第 185 号民事判决书。该案裁判回应了两个问题：一是原告是否享有其作品的网络著作权；二是我国著作权法规定的作品使用权中是否包括“信息网络传播权”。

第二，对于权利的专有性，网络著作权弱于传统著作权。专有权是权利人独自享有的某一种权利，专有权人有权允许或禁止他人使用该权利。著作权是一种专有权，未经著作权人同意或者法律许可，其他任何人都不得擅自使用权利人享有著作权的作品。由于网络传播的方便、快捷、高效和低成本，在网络环境下，著作权极其容易被他人侵犯，著作权人根本无法控制他人对著作权的非法或不合理的使用，因而从事实上削弱了权利人对网络著作权的独自享有，进而使网络著作权在法律上的专有性比传统著作权更弱。

第三，对于著作权的地域性，网络著作权不受地域性限制。由于传统媒体传播具有地域性，从而使得传统著作权的地域特征非常明显；网络传播具有全球性特点，超越时空，跨越国界，任何人在任何时间、任何地点都可以通过网络进行传播。

第四，对于著作权的表现形式，网络著作权具有无形性和多样性。著作权的客体是作品，而作品是无形的，只有通过一定的载体才可能被人感知和传播，因而承载作品的各种载体也就成为著作权的存在形式。传统意义上的作品主要以印刷品、音像制品或手稿等形式表现出来，可分为文字、图像、音视频等多种类型；网络作品则是以数字化的形式存在，可以是任何传统作品的类型，也可以是多类传统作品的任何结合。

第五，对作者的判定，在网络环境下更加复杂。在传统的环境下，作者较易确定，因为作者多以真名或笔名发表作品，即使没有署名或发生争议，也容易通过三个方面来判断作品的作者：一是通过作品原稿的归属；二是通过发行商；三是通过传统作品发行时的载体。在网络环境下，对网络著作权主体的认定复杂得多：一是网络的特性使得信息资源更容易被共享；二是网络信息传播不易控制；三是网络作品作者多以网名或无名发表作品，即使署上真实姓名，也很难证明其就是署名人。因此，无名发表网络作品或作者身份发生争议时，要确定网络作品作者的身份，显然要比在传统环境下更加困难和复杂。

二、网络著作权的产生与演变

没有互联网，就没有网络传播，也不会因为网络传播获得利益或损害他人的利益，因而，也就没有网络中的利益诉求，当然就没有网络纠纷，进而也不可能有网络中的著作权问题，网络著作权也不可能产生，也就没有网络著作权的法律保护，网络著作权刑法保护问题也无从谈起。网络著作权经历了司法裁判认定、司法解释确认、著作权法规定以及行政法细化和充实的演进过程。

（一）互联网的诞生及发展

网络著作权产生于互联网，没有互联网就没有网络著作权，互联网为网络著作权产生提供条件，因而有必要在此简要介绍互联网的产生发展历程。

1. 互联网的诞生

最早的网络即指计算机网络，是实现资源共享和信息传递的计算机系统❶，是指用通信设备和线路将处于不同地理位置且有独立功能的多台计算机及其外部设备连接起来，通过网络通信协议、信息交换方式及网络操作系统等功能完善的网络软件实现网络中资源共享的系统。❷

1969年，由美国加州大学洛杉矶分校和圣塔芭芭拉分校、斯坦福大学，以及犹他州州立大学的计算机主机四个节点组成的阿帕网❸（Arpanet），是第一个使用包交换技术❹的真实网络，标志着现代计算机网络的诞生，成为国际互联网（Internet）的先驱和雏形。阿帕网的构建是美苏之间冷战的产物，其主要目的在于防止美国集中的军事指挥中枢可能被

❶ 网络技术与信息传播技术发展到智能化的今天，网络终端已不仅限于计算机，包括智能电视、智能手机、iPad以及其他终端机，因而已不能简单概括为计算机网络系统，当然其本质核心内容是不变的。

❷ 马秋枫，江向阳．计算机信息网络的法律问题［M］．北京：人民邮电出版社，1998：1.

❸ 1969年10月29日，斯坦福大学和加州大学洛杉矶分校的计算机首次连接起来。

❹ 也称为分组交换技术，packet switching technology。

苏联的核武器摧毁，需要设计出一种分散的指挥系统❶，其设计的思想理念为“去中心化、平等与自由开放”，阿帕网试验在理论和技术上对异种机网络互联问题有着较好的解决，为国际互联网的存在和发展奠定了基础❷。

1983 年，阿帕网宣布将把 NCP❸ 向 TCP/IP❹ 过渡。数以百计的电脑都连接到了交换机上，标志着真正意义上的互联网产生。随后，美国国防部免费提供 TCP/IP 这一核心技术使国际互联网得到革命性的发展❺。域名系统于 1984 年创建，虚拟社区则于 1985 年开始运行，到 1987 年，互联网上有近 3 万台主机，打破了以前的阿帕网协议只能限于 1 000 台主机的限制❻。1991~1992 年，美国互联网民用部分的管理机构，从国防部变更为国家科学基金会，实现部分“军转民”。

2. 互联网的发展

1989 年，欧洲粒子物理研究所研制万维网技术并开发了浏览器。❼1990 年万维网协议由蒂姆·贝纳斯-李编写完成。此后互联网开始向社会大众普及。1991 年第一个网页诞生。1993 年第一个可以使非技术人员上网的浏览器 Mosaic 由马克·安德里森等人开发出来，后来 Mosaic 被作为领航者

---

❶ 该系统由一个个分散的指挥点组成，必须经受得住故障的考验而维持正常的工作，一旦发生战争，当网络的某一部分因遭受攻击而失去工作能力时，网络的其他部分应能维持正常的通信工作。

❷❼ 淳于穗.互联网发展历史［EB/OL］.［2016-07-01］. http://blog.sina.com.cn/s/blog_49b693d40100fceo.html.

❸ Network Control Protocol 的简写，即网络控制协议。

❹ Transmission Control Protocol/Internet Protocol 的简写，即名网络通信协议。

❺ 王永文，王阳元．十年磨一剑——集成电路产业历史回顾和发展规律探讨［J］. 中国集成电路，2007（3）：10.

❻ 1969~2009 互联网简史［EB/OL］.［2016-07-01］. http://wenku.baidu.com/view/b7299903Cc 175527072208d9. html.

（Netscape Navigator）推向市场，[1] 从此互联网火速普及。1995 年被称为互联网年。互联网商业化，带来了互联网发展史上一个新的飞跃。

20 纪 90 年代中期之后，互联网快速扩张，成为全球最大的、最流行的计算机信息网络，至世纪交替之际，互联网已将各国、各地区一“网”打尽。传统的地缘政治、经济和文化等概念被打破，跨国界、跨文化和跨语言的虚拟空间得以形成。[2]

第一代互联网在技术上处于 Web1.0 版，是门户网站的时代，在时间段上大致在 1994~2001 年这段时间。网站是信息源，向网络用户提供大量的网络信息。信息从网站流向网民是单向的线性传播，没有互动性，与传统媒体没有本质的区别，只不过是将传统媒体搬上网络而已。网络与传统媒体一样承担信息的审查义务，并承担相应的责任。[3]

第二代互联网在技术上处于 Web2.0 版，是搜索与社交的时代，在时间段上大致在 2001~2011 年这段时间。第二代互联网是交互式的，可谓真正的互联网，人人都可以上网。网络用户既是网络信息的接收者，也可能是网络信息的发布者。网络更贴近现实生活，现实生活的信息传播于网络之中。网络信息不仅是海量，而且复杂，审查难度大，网络快速地传播信息，也使危害加重的概率增大。[4]

第三代互联网在技术上处于 Web3.0 版，是大数据时代，其时代特征的技术代表如云计算、大数据，自 2011 年以来第三代互联网技术方兴未艾。多用途的智能移动设备的应用，使得信息传播应用进入新的时代，特别是智能手机的大量应用，网络数量从量的增加到了质的剧变，人人都方

---

[1] 马克·安德里森（Mark Andreesen）是伊利诺伊大学美国国家超级计算机应用中心的学生。参见：1969 ~ 2009 互联网简史［EB/OL］.［2016 - 07 - 01］. http://wenku.baidu.com/view/b7299903Cc 175527072208d9.html.

[2] 张辉．新媒介生态下网络新闻评论传播效果分析［J］. 今传媒，2011（11）：92.

[3] 杨加明．论信息网络传播权刑法保护的强化［J］. 重庆邮电大学学报·社会科学版，2017（2）：45-46.

[4] 杨加明．论信息网络传播权刑法保护的强化［J］. 重庆邮电大学学报·社会科学版，2017（2）：46.

便上网，网络空间成为生活工作空间，网络的虚拟性逐渐消退，现实性逐渐增加，网络空间与现实空间逐渐地融合❶。

3. 我国互联网的诞生及发展

1994 年 4 月，中国在中关村接入国际互联网，从此与国际互联互通，同步发展，中国也正式进入互联网时代，中国的互联网被国际上正式承认。之后，在全国相继启动多个互联网络项目，如中国公用计算机互联网、中国科技网、中国教育和科研计算机网、中国金桥信息网等❷，互联网发展迅猛，1996 年年底，网络用户数已达 20 万❸。1997 年以后，国内互联网用户的增长速度基本上每半年翻一番❹。1997 年 5 月，网易公司作为中国第一家提供新闻与资讯服务的门户网站在广州成立。1997 年被誉为“中国互联网元年”。1998 年 2 月，做搜索引擎服务起家的搜狐网站成立。1998 年 11 月，做即时通信业务为主的腾讯网成立。1998 年 12 月，对大中华地区和海外华人提供网络服务的新浪网成立。

互联网的产生使信息资源通过网络传递、共享成为现实。通过网络，信息从发布者到达接收者有一个过程，这一过程就是信息的网络传播过程，这种信息传播的方式有别于传统传播方式。

（二）网络传播的概念及特点

1. 网络传播的界定

什么是网络传播？首先涉及的是一个事实认定，然后才涉及价值判断。事实认定，即要求回答网络传播是什么。只有在回答这个问题的基础上，

---

❶ 杨加明．论信息网络传播权刑法保护的强化［J］．重庆邮电大学学报·社会科学版，2017（2）：46.

❷ 中国公用计算机互联网英文简写为 CHINANET，中国科技网英文简写为 CSTNET，中国教育和科研计算机网英文简写为 CERNET，中国金桥信息网英文简写为 CHINAGBN（已并入网通），此外还有中国联通互联网（UNINET）、中国网通公用互联网（CNCNET）、中国移动互联网（CMNET）等。

❸ 淳于穗．互联网发展历史［EB/OL］．［2016-07-01］．http：//blog. sina. com. cn/s/blog_ 49b693d40100fceo. html.

❹ 参见中国互联网信息中心（CNNIC）的《中国 Internet 发展大事记》。

我们才能进一步对该问题进行价值判断，判断网络传播是合法还是非法，前者是合法行使权利，后者是非法侵犯权利，即关系到我们要讨论的是否有侵犯网络著作权的犯罪问题，以及网络著作权的刑法保护问题。为此必须对网络传播进行界定，并将之与其他方式的传播区别开来。

对于网络传播的界定有很多种，很难说哪一种界定最权威。其中早期诗兰的观点很具有代表性，也产生了较为深远的影响。2000 年 9 月 15 日，现代传播评论探讨会在清华大学召开，诗兰在会上对网络传播做了界定，并总结了网络传播的基本特点。诗兰认为，网络传播是参与者之间的信息发布与对信息做出反馈，有三个特点：一是全球性；二是交互性；三是超文本链接方式❶。按照美国版权法，网络传播被定义为某种方式的一种传输，这种方式包括以数字化方式传输，也包括非模拟方式传输，既包括全部传输，也包括部分传输❷。在我国学术界，一般认为，网络传播是以计算机等作为信息传播终端，以互联网作为信息传播平台，以文字、声音、图像、动画等信息传递形式进行交流和利用的活动❸。无论从传播的广度上还是传播的深度上，网络传播都得到了有效的拓宽，将单向的大众传播和双向私人传播有机地融合，使得在传播的结构上由“一对多”演变成为“一对多”和“多对多”的交织。在这种传播结构中，任何一个网络的参与者既可能是网络信息的发布者，也可能是网络信息的接收者，只要存在两个或两个以上的网络参与者，就可能存在网络信息的发布与接收，在网络之中形成网络传播。

2. 网络传播的特点

网络是被称为继报纸、广播、电视等三大传统传播媒体之后的第四大媒体，一般认为，与传统媒体传播相比，网络传播具有以下特点。

第一，传播全球性。此处全球性是与区域性、局部性相对的概念，是

---

❶ 田发伟．崛起中的中国网络媒体——现代传播评论圆桌会发言摘要［J］．国际新闻界，2000（6）：49.

❷ 曹诗权，郭静．论网络侵权［J］．云南大学学报·法学版，2003（1）：53.

❸ 杨小兰．网络传播与网络著作权［J］．南方论刊，2011（9）：33.

一个空间性概念。与传统媒体的区域性、局部性相比，网络传播具有全球性。从技术层面讲，互联网是一个信息交流平台，是一个开放性的系统。不同的网络终端设备可通过网络协议在互联网上传输交流信息。全球的网络用户，不分民族、种族、文化和国家，可通过各种网络终端设备在网络空间相互联系、自由交流、共享信息。全球任何一个地方的网络终端设备，只要与互联网连接，就成为强大的互联网的一个组成部分，就与世界互联互通。任何一个国家或利益集团不可能通过某种技术手段来完全控制互联网。Internet 被称为“互联网”或“国际互联网”，这本身就说明：从一开始，网络传播就是全球性的传播，并且这种传播正逐步向纵深发展❶。

第二，传播方式多样性。与传统媒体相比，网络极具兼容性，兼容各种传播方式、形态。在技术上不仅可将网络、多媒体和超文本组织形成网状文本进行传播，而且可兼容一切常规媒介，汇聚成新的传播形态。在传播方式上，网络传播将“点对点”的人际传播、小范围的群体传播、各单位内部的局域网运作组织传播、“一对多”大众传播等多种传播方式集于一身传播。在传播的同步性上，网络用户可根据自己的实际情况，自由选择、转换同步或异步传播。

第三，传播交互性。与传统媒体相比，网络媒体最大的优势是可以交互式传播，即交流模式可“多对多”“一对多”和“一对一”，以区别于单向、线性的传统媒体传播。网络传播的交互性是指通过网络交流信息可实时交互操作，既可以实现人与机器的互动，也可以借助机器实现人与人的互动交流。在信息网络传播中，传播者和受众随时可角色互换，大众传媒演变为个人化的双向交流❷。传播者和受众之间在网络传播中形成的信息是对称的，而在传统媒体传播中，传播者和受众之间存在信息不对称。

第四，传播信息海量性。与传统媒体相比，网络还具有一大优势就是拥有超级大的信息资源存储量。一方面，超文本技术的运用，使得网络传

---

❶ 杜骏飞．网络传播概论［M］．福州：福建人民出版社，2004：73.

❷ ［美］尼葛洛庞帝．数字化生存［M］．胡泳，范海燕，译．海口：海南出版社，1997：4.

播中信息可以海量储存；另一方面，网络的非线性传播使得海量信息传播成为可能。超文本组织各种信息的基本单位是结点，各结点之间链接而成信息网络，并能够表达某种特定的内容。这种信息的网状结构，使得信息的网络传播不再像传统传播那样单向、线性传播，通过对相关链接的点击，特定的内容可以不受时间、空间的限制，在任意的时间、地点都可以获得，打破了传统传播时间顺序性和再现性的限制。信息来源和信息储存容量无限，使互联网信息资源丰富、数据庞大。互联网联上了全世界的网站，连接了网络终端，无限量吞吐信息，因此，无论是海量信息的存储还是传播，网络传播都体现了海量这一特性。

第五，传播影响的广泛性。与传统媒体传播相比，网络传播具有投入成本低、扩散速度快、受众多的特点，因而能产生广泛的影响。在网上，人人都有麦克风，人人都是无证的记者，人人都是网络的主播，人人都是无执照的电台、电视台，进入网络传播的门槛极其低，只要配备一台接入网络的电脑等网络终端设备，就可以实现信息的实时网络传播。网络通过比特传播，比传统媒体的复制更加方便，成本更低，比如在信息的更新、版面的调整上，网站可以随时修改，并不需要增加多少成本，十分方便。信息的价值与信息传播的时间密切相关，信息提供的时间越早、速度越快，信息所体现的价值就越大，所以信息的价值与信息传播速度成正比，信息传播具有极强的时效性。在传播的时效性上，传统媒体无法与网络相比，网络传播思想或信息更快、更直观、更有效，并且没有出版时间的限制，还可实时更新最新消息。前文已述，网络具有全球性，信息一旦提供到网络上传播，世界各地的网络用户随时都可获得网络所提供的信息，不受时间或地域的限制，而网络传播的参与者众多，有的网站所提供的信息被数万人次，甚至数十万、百万人次点击浏览。网络传播的这种影响，传统媒体根本无法企及。

（三）网络著作权的产生与演变

网络成为人们传播、获取信息的主要途径，网络传播成为人类有史以来发展最快的传播手段，相对于报纸、广播和电视三大传统的大众传播媒体而言，互联网有许多新特点[1]，是一个极具魅力的综合传播平台，其迅速渗入世界政治、经济、思想、文化等诸多领域，影响着人们的生活方式、思维方式，影响着人们对知识的组织、传递和获取，改变着人们的生活，也改变着世界的面貌。网络需要海量的作品供给网络用户利用，海量的作品信息亦可借用网络快捷、方便、高效地传播。网络、作品、网络用户与现实世界紧密相连，形成利益及对利益的诉求。这种利益及对利益的诉求需要法律来规范和调整。

对于传统作品而言，由于数字化技术将其上传至网络进行传播，著作权人提出在网络环境下著作权保护的诉求，将传统现实环境下的著作权延伸至网络，要求法律予以肯定和固定，这个权利即信息网络传播权。同样，在网络中创作、传播的各种数字化形式的作品，著作权人（创作者）也要求与传统作品一样，受到同等法律保护。也就是说，无论是传统作品还是网络作品，也无论是在现实环境中还是网络环境下，只要符合法律规定，均受著作权保护，未经著作权人许可，都不得擅自复制、转载、传播。

判例是网络著作权立法保护的先导，如前提及的 1998 年的“陈卫华案”、1999 年的“北京瑞得诉宜东方公司案”和“六位作家案”等，这些判例不仅在司法的层面认定了“网络著作权”，而且通过司法裁判孕育了网络著作权保护制度的雏形。

2000 年《关于审理涉及计算机网络著作权纠纷案件适用法律若干问题的解释》是首次确认“网络著作权”的规范性法律文件，将“网络著作权”的确认提升至司法解释的层面。该《解释》还规定了网络转载、摘编，网络著作权侵权行为的认定，网络著作权的诉讼管辖和网络服务提供者法律责任的承担和追究等问题。该解释使网络著作权成为“法律”权利，并为其提供“法律”保护，因而在我国网络著作权的保护史上具有重要意义。

2001 年《著作权法》规定“信息网络传播权”，首次以全国人民代表

---

[1] 李亮．网络媒体对传播领域的冲击［J］．浙江省政法管理干部学院学报，2001（5）：95.

大会立法的形式规定“网络著作权”，将“网络著作权”提升至法律的层面，意味着网络著作权获得了法律的正式确认，网络著作权成为真正的法律权利，并获得著作权法的保护。《著作权法》的规定使“网络著作权”的保护发生了质的飞跃，因而在我国网络著作权的保护史上具有重大意义。

2006年《信息网络传播权保护条例》对限制和保护信息网络传播权作了系统、全面的规定，从行政法的层面对“网络著作权”进行了细化和充实。该《条例》对于网络传播权的内涵、限制以及保护等问题做了全面而详细的规定，为追究侵犯信息网络传播权的法律责任提供了细则，确立了操作性很强的法律依据。

正如我国著名的知识产权法学家吴汉东教授所言：“现代信息技术的发展是现代著作权制度变革的引擎和驱动器。”[1] 科学技术的发展与著作权制度紧密相连，著作权法自产生之始便持续受到科学技术的冲击与挑战，并不断地调整、适应和发展。无论是作品的创作与承载还是作品的传播和复制，数字、网络技术对其都有着深刻的冲击和影响，冲击挑战传统的著作权制度。当代作品传播很大部分通过网络传播，在互联网上，如何规范大量网络作品的使用和传播，避免网络盗版，保护著作权人的权利，如何平衡兼顾社会公众的利益与著作权人的利益，都需要著作权法律制度适时做出回应。“网络著作权”的产生和演变是传统的著作权扩张延伸至网络空间的必然结果，也正是著作权法律制度对数字化、网络技术产生和发展所作的时代回应。

通过立法确认和保护网络著作权，主要需要解决好以下几个方面的问题：(1) 网络作品创作的大众化与著作权制度的复杂化和专业化相适应的问题。(2) 关于看门人制度问题：传统传媒是专职看门人，对信息进行专业的选择、判断和过滤后进行传播，我们看到的只是一个结果；在网络传播中，网络看门人的地位下降和作用弱化，不可能再专职化，信息源自多方，很难选择、过滤后传播，我们并不是只看到一个结果，还能看到信息

[1] 吴汉东．中国知识产权制度评价与立法建议［M］．北京：知识产权出版社，2008：66.

传播过程中各方博弈的过程，需要重构看门人制度。（3）关于设立著作权权利的种类：根据媒体的传播途径，传统著作权可设置不同种类的著作权权利，而网络兼具传统传媒的功能，又具有新的功能，一体化的网络仍然按照传播途径来设置著作权权利种类则会带来诸多困难，需要进一步在理论上予以解决[1]。

综上，网络著作权的产生为法律的调整规范提供了新的客体，法律对网络著作权的规范和调整使网络著作权上升为法律权利，使网络著作权受到各种法律的保护。随着信息网络传播技术的不断发展进步，网络著作权对法律介入提供保障的要求也相时而变。对于网络著作权，不管是民事的、行政的还是刑事的法律保护如何变化，首先得有网络著作权这一要求保护的客体，否则法律保护就没有了目标，当然网络著作权的刑法保护问题也就无从谈起。

第二节　著作权：网络著作权刑法保护的基础

网络著作权是著作权，是存在于网络空间的著作权，即著作权人在网络环境下对作品依法应当享有的权利。刑法是否为著作权提供保护意味着网络著作权是否可能得到刑法的保护。显然，没有著作权的刑法保护则不可能有网络著作权的刑法保护，所以，网络著作权是否可能得到刑法的保护，需以刑法为著作权提供保护为前提。著作权的法律保护历经从无到有，从民法保护到刑法保护的历程。因此，简要梳理著作权由民法保护到刑法保护的历程，并剖析法律保护的重要层级，有助于厘清著作权刑法保护与网络著作权刑法保护的关联。

---

[1] 吴伟光．数字技术环境下的版权法——危机与对策［D］．北京：中国社会科学院研究生院，2008：32.

一、著作权的民法保护*

1949年10月1日至1994年7月5日《关于惩治侵犯著作权的犯罪的决定》❶之前，著作权的民法保护大致可分为两阶段：第一个阶段是民法保护著作权阶段；第二个阶段是著作权专门法保护阶段。

（一）著作权的《民法通则》保护

从1949年10月1日中华人民共和国成立之日起，到1986年4月12日《中华人民共和国民法通则》❷（以下简称《民法通则》）通过之前，我国没有一部法律为著作权提供保护，著作权处于无法律保护时期。《民法通则》的通过实施，告别了著作权无法律保护的历史，《民法通则》对著作权的规定，开启了民法保护著作权的新纪元。

《民法通则》第94条明确规定："公民、法人享有著作权（版权），依法有署名、发表、出版、获得报酬等权利。"虽然只有一条法律条文，35个文字和标点符号，但关于著作权内容的规定在当时已相对丰富。首先，规定了著作权的主体，不仅是公民，还包括法人，但对于非法人组织是否能够成为著作权的主体没有规定；其次，既规定著作权中的人身权，即署名权和发表权，还规定了著作权中的财产权，即出版权和获得报酬权；最后，在立法技术上一是处理著作权与版权同义的关系，二是在列举具体的著作权时用"等"字为以后著作权的扩张提供了可能。《民法通则》的立法主体是全国人民代表大会，因而，著作权的民法保护，一开始层级起点就很高，也很有权威性。

---

* 此处所指著作权的民法保护仅指著作权获得刑法保护之前的民事法律对著作权的保护。

❶ 1994年7月5日，由第八届全国人民代表大会常务委员会第八次会议通过并公布实施。

❷ 1986年4月12日，由第六届全国人民代表大会通过《民法通则》，自1987年1月1日起施行。2009年8月27日，第十一届全国人民代表大会常务委员会对《民法通则》第7条作了修改，并删去第58条第1款第6项。

为了更好地贯彻执行《民法通则》，最高人民法院出台了一个司法解释[1]，该解释第133~136条共计4个条文对《民法通则》第94条规定著作权进行了详细的解释，具体如下：第133条规定著作权（版权）的享有[2]；第134条规定共同创作作品的认定；第135条规定合著作品著作权（版权）的共享；第136条规定著作权（版权）中财产权利的继承。民法对著作权的保护因该司法解释而更具有可操作性，使著作权的民法保护落到实处。

（二）著作权的《著作权法》保护

从1949年10月1日中华人民共和国成立之日起，到1990年9月7日《中华人民共和国著作权法》[3]（以下简称1990年《著作权法》）通过之前，我国没有一部专门系统保护著作权的法律。1990年《著作权法》的通过实施，使著作权的民法保护在《民法通则》保护的基础之上获得了突破，作为专门针对著作权的立法，其在著作权立法史上具有里程碑意义。

1990年《著作权法》是新中国成立以来首部全面、系统规定著作权的专门法，使著作权法律保护进入法制化轨道，但对著作权侵权行为只规定了民事责任和行政责任，没有规定刑事责任。在立法主体上，1990年《著作权法》与《民法通则》一样，都是全国人民代表大会，其立法的层级和权威性并没有降低。

为了更好地贯彻实施1990年《著作权法》，1991~1992年，国务院颁

---

[1] 1988年1月26日，最高人民法院审判委员会通过《关于贯彻执行〈中华人民共和国民法通则〉若干问题的意见（试行）》。2008年12月8日，最高人民法院审判委员会通过的《最高人民法院关于废止2007年底以前发布的有关司法解释（第七批）的决定》第24条规定，与物权法有关规定冲突，废除该文件中的第88条、第94条、第115条、第117条、第118条、第177条。

[2] 第133条规定：作品不论是否发表，作者均享有著作权（版权）。

[3] 1990年9月7日，由第七届全国人民代表大会常务委员会通过《中华人民共和国著作权法》。2001年10月27日，第九届全国人民代表大会常务委员会第一次修正《著作权法》；2010年2月26日，第十一届全国人民代表大会常务委员会第二次修正《著作权法》。2012年3月31日，又开始了第三次修正《著作权法》，2018年1月3日，中国法学会张文显副会长主持《著作权法（修订草案送审稿）》专家咨询会。

布了3个行政条例和法规：《著作权法实施条例》[1]，为全面细化实施1990年《著作权法》提供了可操作性的依据；为保护计算机软件的著作权，专门规定了《计算机软件保护条例》[2]；《实施国际著作权条约的规定》[3]为我国履行国际著作权条约所规定的义务而作，对外国作品著作权提供专门的保护，当然，《著作权法》《著作权法实施条例》和《计算机软件保护条例》对外国作品著作权亦同样给予相关保护。

《民法通则》及其司法解释，1990年《著作权法》《著作权法实施条例》《计算机软件保护条例》和《实施国际著作权条约的规定》共同构建起我国著作权的民法保护基本框架和体系。

二、著作权的刑法保护*

刑法为著作权提供保护历经了由间接保护到直接保护，从单行刑法保护到刑法典保护的过程，呈现出不断强化的趋势。

（一）著作权的刑法间接保护

针对《民法通则》对著作权的民法保护，1987年11月27日由最高人民法院颁布《最高人民法院、最高人民检察院关于严惩非法出版犯罪活动的通知》[4]规定非法出版犯罪行为以投机倒把罪论处：第一，该犯罪行为所侵害的法益是市场秩序；第二，该犯罪行为的主观方面是故意并且以牟

---

[1] 该条例1991年5月30日以国家版权局令第1号发布。

[2] 该条例于1991年5月24日由国务院通过，自1991年10月1日起施行。2001年12月20日国务院重新制定公布，2011年1月8日《国务院关于废止和修改部分行政法规的决定》第1次修订，2013年1月30日第2次修订。

[3] 1992年7月10日和30日，中国政府分别申请加入《伯尔尼公约》和《世界版权公约》，同年10月15日和30日获得批准为两个公约的成员，为适应加入《国际版权公约》的新要求，同年9月25日国务院颁布该规定。

* 此处所指的著作权的刑法保护仅指网络著作权获得刑法保护之前的刑事法律对著作权的保护。

[4] 1991年1月30日由最高人民法院、最高人民检察院、公安部颁布；《最高人民法院、最高人民检察院、公安部严厉打击非法出版犯罪活动的通知》，再次重申各级法院、检察院和公安机关对该通知务必严格执行。

取暴利为目的；第三，该犯罪行为表现为非法出版物的出版、印刷、发行、销售活动；第四，对该犯罪行为的刑罚惩处，根据非法经营或者非法获利的数额以及情节分别适用《刑法》第 117 条（数额较大，情节严重的）、第 118 条（数额巨大的）和 1982 年《关于严惩严重破坏经济的罪犯的决定》❶（情节特别严重的）的规定。该司法解释尽管直指非法出版行为“严重危害市场秩序”应当以投机倒把罪论处，其目的并非要保护著作权及其相关权利，但在客观上使 1979 年的《刑法》和 1982 年的《关于严惩严重破坏经济的罪犯的决定》，间接为著作权提供了刑法保护，至少起到了促使著作权刑法保护制度诞生的作用，因而，对著作权刑法保护具积极的进步意义。

（二）著作权的单行刑法保护

1994 年 4 月 15 日，我国签署《与贸易有关的知识产权协议》（TRIPS 协议），根据该协议第 61 条❷，我国肩负履行对著作权提供刑事保护的国际义务。

1994 年《关于惩治侵犯著作权的犯罪的决定》正式确定了侵犯著作权犯罪，开启了对著作权的刑事保护，规定“以营利为目的”，违法所得数额较大或巨大的 4 类侵犯著作权的行为，以及销售明知是前 4 类侵权复制品的行为入罪。对此，有人认为，1994 年《关于惩治侵犯著作权的犯罪的决定》增设了 5 个新罪名❸。学理上一般认为，前 4 类犯罪行为可归入非法复制发行、出版、制作、出售他人作品罪，后一罪命名为销售侵犯著作权复制品罪❹。

根据全国人大法工委原主任顾昂然关于《惩治侵犯著作权的犯罪的决

---

❶ 1982 年 3 月 8 日，由第五届全国人民代表大会常务委员会通过，自 1982 年 4 月 1 日起施行。

❷ TRIPS 协议第 61 条规定：“对于有意以商业规模假冒商标或对版权盗版”，“全体成员均应提供刑事程序及刑事惩罚”。

❸ 牛建华．关于惩治侵犯著作权的犯罪的决定评述［J］．法律适用，1995（2）：23-24.

❹ 何秉松．刑法教科书［M］．北京：中国法制出版社，1995：579-582.

定（草案）》的说明，侵犯著作权犯罪所要保护的法益，包括两个方面：一是“作者的著作权以及与著作权有关的权益”，二是“社会主义文化市场和经济活动的正常秩序”❶。与1987年《关于严惩非法出版犯罪活动的通知》规定相比，既承接了对市场秩序的刑法保护，又更加明确地突出了对著作权的刑法保护。1994年《关于惩治侵犯著作权的犯罪的决定》不仅是我国对著作权提供刑事保障义务承诺的兑现，而且是首次以单行刑法的形式宣告了我国对著作权的法律保护水平达到了一个新高度❷。这标志着我国对著作权的刑法保护逐渐走向规范化、成熟化，并开始与国际接轨❸。

（三）著作权的刑法保护

1997年修订的《中华人民共和国刑法》（以下简称1997年《刑法》）第217条规定了侵犯著作权罪，第218条规定了销售侵权复制品罪，将1994年《关于惩治侵犯著作权的犯罪的决定》规定的侵犯著作权犯罪纳入分则体系，标志着侵犯著作权犯罪的法典化。侵犯著作权罪和销售侵权复制品罪的关系十分密切，销售侵权复制品的行为以侵犯他人著作权的行为为前提，行为人只有销售侵权复制品才能达到营利之目的。销售者在非法复制者和消费者之间起到了桥梁的作用，对侵权复制品的传播、泛滥起到了推波助澜的作用。❹

将侵犯著作权犯罪置于破坏社会主义市场经济秩序类罪的侵犯知识产权罪之中，表明1997年《刑法》在重视对著作权人、邻接权人的著作权、邻接权的刑法保护的同时，依然重视刑法对市场文化管理秩序的保护，具有历史的继承性。其在销售明知是侵权复制品的法定刑的规定上有所调整。1994年《关于惩治侵犯著作权的犯罪的决定》规定了两个罪刑单位，即有

---

❶ 顾昂然．关于惩治侵犯著作权的犯罪的决定（草案）的说明——1994年5月5日在第八届全国人民代表大会常务委员会第七次会议上［R］．中华人民共和国全国人民代表大会常务委员会公报，1994（5）：55-56.

❷ 黄韦．强化版权保护的有力武器——王化鹏谈关于惩治侵犯著作权的犯罪的决定［J］．中国出版，1994（12）：26.

❸ 马洪涛．浅谈我国著作权的刑法保护［J］．出版科学，2003（1）：41.

❹ 高格．定罪与量刑：上卷［M］．北京：中国方正出版社，1999：562.

两个有期徒刑的量刑幅度，而1997年《刑法》第218条对此调整为一个罪刑单位，只有一个有期徒刑的量刑幅度。前者从轻到重，首先适用“2年以下有期徒刑”，如果不足以刑量罪责，则适用“2年以上5年以下有期徒刑”，后者即“处3年以下有期徒刑”。

另外，在某些情况下，侵犯著作权犯罪适用1997年《刑法》第225条规定的非法经营罪，从此意义上讲，该条依然对著作权提供了刑法保护。1998年12月23日开始实施《关于审理非法出版物刑事案件具体应用法律若干问题的解释》❶，该解释第2~5条详细规定了适用1997年《刑法》第217~218条的数额和情节问题，为侵犯著作权犯罪的罪与刑提供了具体、明确的标准，有助于将著作权的刑法保护落到实处。

综上，著作权的法律保护历经从无到有，从民法保护到刑法保护的历程。在对著作权的民法保护中，从《民法通则》对著作权的附带保护到专门保护，再到专门保护中的针对性特殊保护，从粗略保护发展到细实保护；在对著作权的刑法保护中，从刑法对著作权提供间接保护到直接保护，从单行刑法保护发展到刑法典保护。我们可以清晰地看到：无论是著作权的民法保护还是著作权的刑法保护，以及由民法及刑法的保护，法律对著作权法的保护力度越来越大，越来越强，呈上升趋势。从这个趋势可以推论：著作权从传统现实空间延伸至网络空间，刑法为网络著作权提供保护是著作权刑法保护发展的必然；刑法对网络著作权的保护不断强化也是网络著作权刑法保护发展的必然。

第三节　网络作品：网络著作权的载体

作品是智力创作成果，不仅表达作者的思想或感情，展现作者的创作意图，还必须具有独创性，否则不可能获得著作权保护。网络作品同样是智力创作的成果，具有作品的全部特性，只不过是数字化了的作品而已，

❶ 该《解释》于1998年12月11日由最高人民法院通过，自1998年12月23日起施行。

所以理应获得著作权的保护。网络作品是著作权的载体，是著作权保护的对象。数字化后的网络作品毕竟与传统作品有差异，也需要一种特殊的著作权为网络作品提供保护。网络著作权就是这样一种特殊的著作权。据此，网络作品是网络著作权的载体，是网络著作权保护的对象，刑法保护网络著作权，网络作品则亦是刑法保护的对象。实现网络著作权刑法保护，有赖于深入理解和把握网络著作权为何成为一种特殊的著作权，为此，还需界定网络作品的概念与特点，并从网络作品的主要类型，分析行为对象即网络作品与保护对象网络著作权的关联，进而考察分析网络作品保护的法律实质，这也有助于从一定意义上证明网络著作权是一种特殊的著作权。

一、网络作品及主要类型

（一）网络作品的概念

数字技术是通信、微电子和计算机等技术的总称，其所具有的数字化等功能，深刻地改变了作品的创作、传播及使用❶。随着数字化技术的发展，保护网络作品的问题也随之浮现，引起世界各国的重视。那么，首先应当回答什么是网络作品，否则也无所谓网络作品的保护问题。毫无疑问，网络作品是作品，因而要界定网络作品，也有必要了解什么是作品，也就是传统著作权法意义上的作品❷。

依据《著作权法实施条例》❸ 第 2 条对作品的界定❹，只有同时具备以下四个条件才构成著作权法上的作品：（1）就作品所属的领域而言，只能是科学作品、艺术作品或文学作品。（2）就作品的形成而言，必须是智力

---

❶ 吴汉东，等．走向知识经济时代的知识产权法［M］．北京：法律出版社，2002：101.

❷ 立法上可以界定什么是作品，但立法的界定并不能否认对界定的争议。参见：杨述兴．论作品与载体的关系［J］．知识产权，2012（6）：40.

❸ 该《条例》于 2002 年 8 月 2 日由国务院公布施行；2011 年 1 月 8 日第一次修订；2013 年 1 月 30 日第二次修订。

❹ 著作权法所称作品，是指文学、艺术和科学领域内具有独创性并能以某种有形形式复制的智力成果。

创造的成果。（3）就作品是否具有独创性而言，作品必须具有独创性。（4）就作品的可复制性的形式而言，只能是以有形的形式复制。

根据对传统作品的界定，结合互联网的特点，早期有学者对网络作品进行了界定：网络作品是指计算机互联网上出现的符合著作权法规定的文学、艺术和科学作品❶。这个界定具有一定的代表性。网络作品存在的形式是二进制编码等数字化形式，存储介质是光、磁等，传播的环境是计算机网络，阅读使用的设备是计算机等。

网络作品是数字化作品，但不能说数字化作品是网络作品，在学界的研究中时常出现将者二者混用的现象，其实二者有区别，不能混用。在形式逻辑上，网络作品与数字化作品之间是种属关系，网络作品包含于数字化作品，即数字化作品包含网络作品。数字化作品是上位概念，网络作品是下位概念，前者比后者的含义更为宽泛。所有通过二进制或其他编码形式存在的作品，都可称为数字化作品，比如储存在光盘或其他介质上的作品，只要不与网络连接，那只能是数字化作品，而不能称为网络作品，只能说部分数字化作品是网络作品。任何一种或几种著作权法所列举的作品都可成为或结合成为网络作品。

如何把握网络作品的范围，国外早有学者对该问题进行研究，认为以下几个方面的问题应该考虑：（1）数字作品或类似数字作品，有哪些种类为著作权法所保护；（2）提供保护的标准如何；（3）是否是原创作品；（4）作品的作者是谁；（5）作品是否需要固定或持续存在；（6）提供保护需要满足哪些合格的要素；（7）保护的期间，相关其他权利或邻接权如何保护❷。

国内学者对此有广义和狭义之说，前者认为，一切在网络上传播的作品都是网络作品，包括网上作品和上网作品。如有学者认为，网络作品是

❶ 陈永苗．网络作品的版权［J］．知识产权，2000（2）：13.

❷ Simon Stokes，Tarlo Lyons. Digital Copyright：Law and Practice［M］. Oxford：Tottel Publishing Press，2002：23.

指在电子计算机信息互联网上出现的作品[1]。后者认为，只要在网络上发表，并传输或流通的作品就是网络作品。采用广义说作为判断是否是网络作品的标准更为可取。直接在网络上创造产生的数字化作品固然是网络作品，有著作权的传统作品数字化后上传至网络也应当归为网络作品。广义说明确将此类作品纳入网络作品的范围，扩大了网络环境下著作权法律保护的适用范围，否则，无法在网上保护传统作品的著作权。[2]

从内容和形式上看，网络作品既可能是单一的网上数字作品，也可能是多类型作品结合而成的多媒体作品，前者如文字、图片等，后者如网页等[3]。其范围相当广泛，包括受著作权法保护的在网络上传播的一切作品：(1) 用于网络传播的数字化的传统作品；(2) 网络原创作品；(3) 在网络环境下的某些智力创作成果，既属于能够复制且具有独创性的科学、艺术和文学作品，却又无法归于著作权法所列举的作品范围的作品。网络作品最典型的是第二种，广义的还包括第一种，通常是指前两种，第三情况则极大地扩大了网络作品的范围，加深了著作权的法律保护。不管网络作品如何产生，在网络环境下都受到同等的法律调整和保护。

从前文也可知，早在著作权法修订之前，我国人民法院在涉网络著作权案的审判实践中，就网络作品是否存在及其范围作了确认。随后的著作权法修改，以及相关的司法解释，都将此问题纳入著作权法的调整范围。尽管如此，法律法规或相关司法解释却从没有明确界定什么是网络作品及其特点和范围等问题，显然，这些关于网络作品的基本问题，还有待于加强研究并予以科学地回答。[4]

(二) 网络作品的特点

毫无疑问，作为一种新型作品，网络作品与传统作品一样，具有作品

---

[1] 蒋志培．入世后我国知识产权法律保护研究［M］．北京：中国人民大学出版社，2002：177.

[2] 刘春霖．网络著作权侵权行为的认定研究［J］．河北经贸大学学报·综合版，2008 (2)：30.

[3] 杨坚争．经济法与电子商务法［M］．北京：高等教育出版社，2004：498.

[4] 丛立先．作品的数字化与网络作品［J］．理论界，2006 (10)：125.

应有的特性，所以应当获得著作权法的保护，但是网络作品本身还具有传统作品所不具有的特性。

第一，网络作品具有高技术性。传统作品要适用于网络，必须数字化后才能够实现，才能够成为网络作品，直接在网络中创作的作品本身就是数字化的作品，因此，无论是传统作品还是直接在网络中创作的作品，作为网络作品必须以数字化的形式表现出来。作品可以通过二进制或其他编码实现数字化，但是为了信息的交换、处理方便，因而必须采用统一的编码方法。二进制电路逻辑功能很强，并且简单、可靠，因此，统一的二进制编码作为计算机识别代表码。数字化的网络作品要被计算机识别，表现为 0 和 1 数字代码，通过数字代码的转换，实现信息的网络复制、传输和传播。另外，网络作品的高技术特点还体现在其构成要素多媒体化。网络作品更容易被复制，保护起来更为艰难，与该高技术性特点也有莫大的关系。

第二，网络作品难以类型化。按照一定的标准，可以将作品分为不同的类型，根据我国著作权法的规定，作品可以按照所属的领域分类[1]，也可按照其表现形式分类，不同类型的作品区分度高。与传统作品类型可作泾渭分明的区分不同，网络作品采用的是超文本结构，一件网络作品可能是一件传统作品的形式，也可能是几件不同类型的传统作品的综合，因而可能涵盖若干传统作品类型，如果要对网络作品进行如传统作品那样的类型化，很难找到适合的标准，即使按照一定的标准对网络作品进行分类，也很难截然区分不同的作品类型。

第三，网络作品与载体的联系淡化。作品的载体是指承载作品的形式，传播作品的媒介，因此作品与其载体联系非常紧密，载体是形式，是媒介，只有通过一定的载体，作品方能表现和传播，才能够为人所感知和识别。传统作品通常以报纸、杂志、书籍或其他有形物质媒介为载体，作品与载体之间联系紧密，通过有形的载体了解作品，在一般人的观念中，作品与载体不分，将载体当作品，如误将书籍当作书。由此可见，传统作品与其

---

[1] 文学、艺术和自然科学、社会科学、工程技术等作品。

载体之间的联系非常紧密。网络作品是以数字化的形式存在，在网络中复制、传输或传播，只有通过转码技术处理为计算机等设备识别才为我们感知认识，数字化的网络作品存在于无形的网络之中，显现于计算机等设备。与传统作品相比，网络作品与其载体之间的联系已淡化，并不像传统作品那样直观。

第四，网络作品具有交互性。前文曾述，交互性是网络传播的一个极其重要的特点，网络作品在创作或传播过程中也具有交互性，特别是直接在网络中创作产生的网络作品更是如此。在网络作品的创作过程中，将作品发表于网络，公之于众，往往会引起浏览者的关注、评论甚至讨论，读者可以充分表达自己的观点，与作者通过网络相互交流等。这些交流常常激发作者的创作灵感，拓展作者的思维，激发作者进一步创作的激情，也有助于将网络作品进一步完善。网络作品的这种交互性使得作者与作品的浏览者之间实现双向、多向互动，而传统作品则难以实现类似的互动。

（三）网络作品的主要类型

信息传播技术的发展使传统作品的创作、使用和传播发生了彻底的改变，作品从传统现实空间进入网络空间，扩大了作品的适用范围。关于是否应当给予网络作品著作权保护，以及如何保护网络环境下的著作权等问题为理论和实务界所广泛讨论，网络作品不仅进入了著作权法的视野，也进入了刑法的视野。尽管网络作品难以类型化，但习惯中，常见的网络作品主要有多媒体作品、数据库以及博客等。著作权如何保护这些网络作品，在此予以简要地介绍和讨论。

1. 多媒体作品

（1）多媒体作品的概念。

多媒体作品是常见的网络作品，究竟该如何界定多媒体作品，至少在法律上并没有对此予以一个明确的定义。要定义什么是多媒体作品，应当对其核心的概念——多媒体进行界定。什么是多媒体？也没有一个明确的界定，而且各自理解上的差异也在所难免，但日本通产省调查会对此所做的界定值得借鉴，其认为：“利用数字技术将文字、图形、声音、图像等符号表现方法进行统一处理而有效表示信息的手段；并且使无线、有线、程序包等最适合的传递手段成为可能。”[1] 由此可见，多媒体是一种技术手段，多媒体作品则是运用多媒体技术而创作产生的网络作品。有学者对多媒体作品作了这样的定义：“所谓多媒体作品，简而言之，即是运用多媒体技术，通过文本、图片、计算机图形、动画、声音、视频等任何几种的多媒体作品的组合，创造出的作品。”[2] 多媒体作品最大的特点在于其交互性，以区别于电视、电影、录像和光盘等多媒体的组合，因此，笔者认为将该定义中的“作品”替换成为“网络作品”则为对多媒体作品的较为准确的界定。

在网络传播中，可运用多媒体技术制作吸引网民眼球的网页和网络游戏。多媒体网页和游戏是常见的多媒体作品。多媒体作品作为网络作品，具有网络作品的特点，特别是其作品信息的交互性，使多媒体作品与影视作品区别开来。即使从多媒体作品作为智力创作成果的角度来看，其创作与其他作品的创作也有区别，制作多媒体作品系统而复杂，既涉及作品的总体策划者，也涉及软件的开发者，还涉及文本编创者等，是这些创作者共同智力创造的结果。

（2）多媒体作品的法律保护。

著作权法保护多媒体作品，严重侵害多媒体作品的行为也应当受到刑法规制，问题的关键在于如何对多媒体作品归类定性，否则难以有效地对多媒体作品提供法律保护。

前文所提及的1999年“北京瑞得诉宜东方公司案”的判决中，虽然认定著作权应当保护网页，但网页属于何种类型的作品并没有指明。多媒体作品并不属于《著作权法》第3条所列举的作品，法院依据2000年《关于审理涉及计算机网络著作权纠纷案件适用法律若干问题的解释》第2条的规定，将其作为“其他智力创作成果”受到保护，究竟如何定性多媒体作品，依然没有明确，严重影响多媒体作品法律保护的可操作性。

---

[1] 陈昌柏．知识产权战略——知识产权资源在经济增长中的优化配置［M］．北京：科学出版社，1998：68.

[2] 鲍永正．电子商务知识产权法律制度研究［M］．北京：知识产权出版社，2003：72.

随着网络传播技术的不断发展，涉及多媒体著作权的纠纷越来越多，为了更好地保护多媒体作品的著作权，避免法律适用上的混乱，相关法律和司法解释应当对多媒体作品予以定性。为此学界有必要对多媒体作品的性质进行讨论，为相关立法或司法解释提供理论支持。学界对多媒体作品如何定性，多有分歧，主要有以下方案[1]。

第一，创设“多媒体作品”作为一类法定的作品类别。此种方案的优点在于：为多媒体作品法律保护提供明确的法律依据；缺点在于：多媒体作品是多种传统作品类别的组合，厘清相关交叉的法律问题，较为复杂。显然该方案的严谨性值得商榷。

第二，分项保护方案，即将多媒体作品按照其组成部分进行拆分，分开保护。此种方案的优点在于：多媒体作品的每一组成部分都具有法定类别作为保护的依据，分项保护方案便于在涉及侵犯哪一部分时明确保护该部分；缺点在于：多媒体作品作为一件作品，符合作品的形式和实质要件，多媒体作品各组成部分有机组合，形成一个有机体，具有整体性，拆分、肢解后的多媒体作品是否还成为作品都是一个问题。因此，该方案的缺陷明显。

第三，取消所有作品的分类。此方案的优点在于：不管是什么作品都可以纳入法律的保护，无论科学技术如何发展，以及可能会产生什么样的作品类型，都不存在因此不便保护或保护不能的情况，具有极大的包容性；缺点在于：没有科学合理的分类指导，在司法实践中容易造成适用的混乱，缺乏保护标准的统一性，保护的任意性、选择性和随意性的情况也可能出现，结果甚至可能走向保护的反面，因为立法对作品分类的取消可能在司法实践中损害作者的权益，也从而损害法律和司法的权威性、严肃性。因此，该方案看起来美好，实则有害，不可取。

第四，归属于某一类著作权作品，比如，将多媒体作品归属于视听作品或计算机软件。此方案的优点在于：为多媒体作品适用法律保护提供了

---

[1] 郑成思．知识产权文丛：第 1 卷［M］．北京：中国政法大学出版社，1999：36.

明确的法律依据；缺点在于：将多媒体作品无论归属于哪类作品进行法律保护，均属于挂一漏万，是不周延的做法。当然，在没有更好的方案之前，也可采纳适用该方案。

第五，按汇编作品给予保护。根据《著作权法》第 14 条的规定，汇编作品是由若干要素汇编而成，只要任意一种或几种要素汇编成为具有独创性的作品就构成汇编作品，法律为汇编作品提供保护。多媒体作品与汇编作品具有相似的构造，因此可将多媒体作品纳入汇编作品进行保护。该方案在著作权法律制度上的可操作性强，有利于对多媒体作品的法律保护。

2. 数据库

（1）数据库的概念。

信息网络传播技术的发展、互联网络的形成，使得信息资源的交流与共享得到极大的实现，也促使了一个新的产业的产生与发展，这个新兴的产业就是数据库产业，主要从事收集、加工、整理和传播信息。在网络传播中，如何为使用数据库提供有效的法律保护则为世界各国所重视。

什么是数据库？对数据库的界定同样得首先界定什么是数据。一般认为，数据就是事实，是一种观察的结果，也是对客观事物的逻辑归纳，还是一种原始素材。数据本身虽然没有任何意义，但是信息的表现形式和载体，能够表达信息，数据一旦对实体行为产生影响就成为信息，信息则成为数据的内涵。由此可见信息与数据之间的紧密关系。按照字面的含义，数据库就是数据的仓库，是数据的集合。

欧美以及世界知识产权组织（WIPO）的法律文件中对数据库的界定几无分歧。1996 年的《欧洲议会与欧盟理事会关于数据库法律保护的指令》率先对数据库进行了界定："数据库，是按照系统或有序的编排，并可通过电子或其他手段单独加以访问的独立的作品、数据或其他材料的集合。"[1] 欧盟对数据库的界定得到了《WIPO 数据库条约草案》的支持。二

[1] 《欧洲议会与欧盟理事会关于数据库法律保护的指令》第 1 条第 2 款。

者界定基本相同。不过《伯尔尼公约》对此则有不同的意见，其议定书专家委员会主张，不管其是何种形式，数据库就是所有的信息的编纂物。1999 年的美国 H. R. 354 法案❶将数据库界定为信息集合体，是指被收集和组织起来，放置于某处供人访问的作品、数据、事实或任何其他能够被系统地收集和组织的无形材料。

（2）数据库的法律保护。

数据库有传统数据库与电子数据库之分。对于前者，主要通过著作权法提供法律保护。在 TRIPS 协议、《伯尔尼公约》、《世界知识产权组织版权条约》❷（WCT）以及英、美、澳、日等国的著作权法律制度中，数据库都是被作为汇编作品加以保护。对于电子数据库，欧盟对此提供了更广泛有效的保护。随着电子数据库在网络中的应用，在欧盟，为了对数据库提供更广泛、有效的保护，逐渐形成特殊的权利保护制度。为了保护数据库制作者的利益，《欧洲议会与欧盟理事会关于数据库法律保护的指令》赋予数据库制作者以特殊权利，阻止第三人对数据库提取或利用。这种特殊保护制度独立于版权保护，我国及其他发展中国家都没有这种保护制度。

目前，我国主要通过著作权法对数据库提供法律保护，同时以反不正

---

❶ 即 1999 年 1 月提出的《信息集合体反盗版法案》（The Collection of Information Antpiracy Act of 1999）。

❷ The WIPO Copyright Treaty（WCT）is a special agreement under the Berne Convention which deals with the protection of works and the rights of their authors in the digital environment. In addition to the rights recognized by the Berne Convention, they are granted certain economic rights. The Treaty also deals with two subject matters to be protected by copyright:（i）computer programs, whatever the mode or form of their expression; and（ii）compilations of data or other material（“databases”）. From the Summary of the WIPO Copyright Treaty of WORLD INTELLECTYAL PROPERTY ORGANIZATION'S website.

《世界知识产权组织版权条约》（WCT）是《伯尔尼公约》下的一项特别协议，涉及保护作品及其作者在数字环境中的权利。除伯尔尼公约承认的权利外，还授予他们一定的经济权利。该条约还涉及两个受版权保护的主题：（i）计算机程序，无论其表达方式或形式如何；以及（ii）数据或其他材料汇编（“数据库”）。摘自《世界知识产权组织版权条约》网站摘要。

当竞争法提供法律保护为补充。著作权法律对数据库的保护不充分，很多数据库都不能达到汇编作品所要求的“选择和编排体现了独创性”，从而使著作权法对这些数据库不能保护。另外，著作权制度对数据库保护还有一个缺陷，即只保护数据库的结构，不保护其内容。因而，由反不正当竞争法弥补著作权法保护的不足。通过《反不正当竞争法》的第 2 条第 1 款的规定，制止窃取数据库的不正当竞争行为，制止违反诚信原则利用数据库的不正当竞争行为，从而为保护数据库制作者的利益提供了法律依据，也为法律保护数据库提供了补充。

对于电子数据库的法律保护问题，由于数据库产业不发达的国家或地区不具备建立特殊法律制度来保护数据库的条件，如何保护尚需继续探索。在我国，只有在现有的法律框架下，不断完善《著作权法》《反不正当竞争法》的相关条款来加强对数据库的保护。而在当今大数据时代下，数据库更多更复杂，如何保护需要持续关注和研究。

数据库性能上的全面要求，必须加强对数据库的法律保护，但目前我国保护数据库的法律制度还很不完善，著作权法律制度仅对具有独创性的数据库提供保护，显然无法完成保护数据库的任务；虽然反不正当竞争法做了一些弥补，但保护的权利和具体的保护规则并没有直接规定，还不足以为数据库的发展保驾护航。因此，还亟须探索对数据库提供全面的法律保护。

3. 博客

（1）博客的概念和特点。

20 世纪末，继 Email❶、BBS❷、IM❸ 之后出现的博客❹被称为第四种网络沟通工具，是个人作品传播的一种方式和重要的信息源头，影响社会

---

❶ 电子邮件，Electronic Mail 的缩写。

❷ 电子公告牌系统，Bulletin Board System 的缩写。

❸ 即时通信，Instant Messaging 的缩写。

❹ “博客”的称谓是由方兴东和王俊秀首创的，源自英文 Weblog，也被译为网络日志、部落格或部落阁等，人们更习惯于使用它的简称，即 Blog。

生活[1]，涉及著作权等权利问题。因此，博客的著作权保护研究也成为必要。

对“博客”的界定因为侧重点不同而有所不同。如方兴东认为，博客就是个人的网站、个人网上的家，“是一种可以让任何一个普通用户实现‘零编辑、零技术、零成本、零形式’个人表达的网络出版方式”[2]，这是从侧重于网站的角度来做的界定。如在《博客服务自律公约》中，称博客是指互联网服务提供者提供给网络用户的自主网络空间。

博客作为网络作品，与多媒体作品和数据库虽多有交叉重叠之处，但也具有其自身的特点。

①自主性。博客很能体现博主个性的追求。与传统网页不同，博客无论是网页的设计风格，还是博文的写作更新，都是博主的思路和兴趣的反映。通过浏览博客，能够深刻地体会博主的个性。博客成为个人交流沟通、知识管理、传播出版的中心。[3]

②即时、便捷性。与其他个人作品区别的关键在于，博客具有即时通信功能，博主可以不受时间、地域的限制，随时登录，非常方便、快捷、不断更新和持续积累博文。

③兼有开放性与隐秘性。博客可以对网络用户开放，也可以封闭，博主可根据自己的意愿设置网络用户浏览其博文的权限。因而博客具有开放性，也可以具有隐私性，是否开放，以及开放的程度，影响并不一样，也会影响涉此问题的法律评价。

（2）博客的法律保护。

随着中国博客群体的规模日益壮大，其公众话语权也在不断增大，也带来诸多法律问题，尤为突出的是博客著作权问题。未经授权转载，或转

---

[1] 杨小兰．博客版权探析［J］．理论界，2012（2）：51.

[2] 方兴东，王俊秀．博客：E时代的盗火者［M］．北京：中国方正出版社，2003：94.

[3] 罗皓菱．网络时代的麦哲伦——博客现象分析［EB/OL］．（2005-12-06）．http：//news. xinhuanet. com/newmedia/2005-12/06/content_ 3881659. htm.

载不支付报酬等侵犯博客权利的行为曾在网络盛行，2006年，“秦涛诉搜狐案”❶引发了博客“维权”热潮。究竟博客具有怎样的法律属性，成为是否侵害博客，以及侵害了博客何种权利的关键。

博客是由若干网页构成，网页的核心内容是博文，博文和载有博文的若干网页按照一定的结构组合成为博客网站。而作为博客网站基本元素的网页主要由博文、网页版式设计和网页源程序等三部分构成。从某种意义上讲，博客的法律属性就是博客网页的法律属性，而网页属于多媒体作品，因而博客同样具有多媒体作品的法律属性，对多媒体作品的法律保护，当然适用博客。但博客网页有其自身的特点，下文结合博客的构成简要逐一分析。

①博文。博文是博客的核心内容，涉及博主生活、工作、情感等诸方面，表达某一主题。博文属于作品的领域。独立构思和完成的博文具有独创性。不管博文是上传的传统作品还是直接于网络创作的作品，都可通过网络传播、下载和打印，因而具有可复制性。因此，博文本身可构成著作权法上意义上的作品，可独立获得著作权保护。

②网页版式设计。网页版式设计是博客网页的设计人根据设计主题和视觉需求，在页面内，巧妙运用色彩、字体、图片等视觉传达信息要素，就使用模式和操作控制、网页组织和屏幕显示等进行的设计。博客网页的版式设计的作用表现在三个方面：一是彰显博主的个性；二是吸引网民；三是扩大博客的影响力。博文可独立获得著作权保护，那么以博文为核心组成的网页也应该获得著作权保护，对此应该争议不大，但并不意味着网页版式设计受到了著作权保护。根据我国《著作权法》第36条的规定，版

---

❶ 本案被称为“首例博客著作权案”。2006年3月15日，秦涛以未经许可转载其在个人博客上写的文章，侵犯其著作权为由，将北京搜狐互联网信息服务有限公司诉至北京市海淀区人民法院，请求法院判令被告立即停止侵权行为，删除相关侵权内容，并在被告网站www.sohu.com刊登道歉声明，公开向原告赔礼道歉，赔偿原告经济损失，支付本案相关的合理费用。2007年6月8日，法院判决搜狐公司败诉。参见：北京市海淀区人民法院（2007）海民初字第6419号民事判决书。

式设计可获得著作权保护。那么，网页版式设计在何种情况下才应当获得著作权保护？应该说版式设计有内、外的两个追求，对外追求的是视觉的冲击效果，对内则是设计师审美的表达。网页版式设计属于图文版式设计，因而当版式设计的审美的表达具有独创性时，则应以美术作品获得著作权保护❶。

③网页源程序。网页源程序是指使用 html 编写的文档，不管设计网页的内容还是网页的界面，最终形成网页的组成部分，都有源程序与网页对应。网页与网页源程序之间对应关系如下：一是，相同的网页，相同的网页源程序；二是，相同的网页，不相同的网页源程序，反之亦然；三是，不相同的网页，相同的网页源程序，反之亦然。应该说，源程序属于计算机程序，理所当然应当获得著作权保护，而事实上由于上述网页与网页源程序之间复杂的对应关系，也会出现一些问题。比如，设计的源程序有著作权，产生的网页也具有著作权，他人独立设计的源程序也产生相同的网页，对于前者，源程序和网页都获得著作权保护，而对于后者仅源程序获得著作权保护，这是一种情况；另外一种情况是：设计的源程序有著作权，产生的网页不具有著作权，则他人设计的源程序不管是否具有著作权，都可产生相同的网页。至于其他情况，源程序与网页要么都获得著作权保护，要么都可以自由使用❷。

二、网络作品保护的法律实质

网络作品是适用于网络传输、传播的数字化作品，对网络作品的保护，实质上就是要求保护网络环境下的著作权，并且用网络著作权这一特殊著作权来专门保护网络作品。

网络传播技术的发展，催生了网络著作权，以满足网络空间著作权保护的诉求，使著作权延伸至网络空间，所以网络空间的著作权保护首先还

❶ 何怀文．版式设计的著作权法保护：排版劳动与审美表达——兼评吉林美术出版社诉海南出版社再审案［J］．华东政法大学学报，2015（5）：154.

❷ 冯刚．浅谈网页的知识产权保护［J］．著作权，2001（3）：25.

是保护享有著作权的传统作品。当然，传统作品要能够适用于网络传播必须采用适用于网络的形式，而数字化技术为此提供了可能，所以享有著作权的传统作品数字化后能够在网络传播，如果在网络环境下不保护其著作权，同样会给享有著作权的传统作品造成损害，其损害结果甚至可能大于传统现实环境下的损害。传统作品数字化后适用于网络传播成为网络作品，对此类网络作品的著作权保护正是传统作品著作权享有人要求把著作权的适用空间领域扩张。所以，保护网络环境下的著作权，早期首先保护的是传统现实空间中著作权人在网络空间的著作权。

既然在传统现实空间享有著作权的传统作品数字化为网络作品要求在网络环境下获得著作权保护，那么，在网络中直接以数字化技术创作的网络作品亦应与前者享有同等的待遇。因而该类网络作品的创作者不仅要求其在网络空间同前类网络作品一样享有著作权，而且要求网络作品转为传统作品同样享有著作权保护。不管是如何产生的网络作品，对其保护确保了网络空间的著作权，成功地实现了传统现实空间的著作权扩张至网络空间，使传统现实空间与网络空间都享有著作权，而不是作品在传统现实空间有著作权保护，在网络空间著作权保护则是一片空白。

随着科技的发展，在网络空间对网络作品的保护范围有不断扩大之势，降低了法律介入保护网络作品的门槛，强化对网络作品的保护，实质上进一步扩张了网络著作权。

只要网络作品符合我国著作权法规定的“独创性”和“可复制性”这两个要件，就能获得著作权的保护。在网络环境下，“数字技术正在逐步地切断以往传统的著作物商业交易中所见到的无体物对有体物的寄生关系……著作物不再借用有体物的外衣而独立存在”。[1] 作品和载体之间逐渐淡化联系，独创性作为作品受法律保护所必须具备的条件的地位有所动摇。前文曾论及数据库，有些数据信息具有独创性，有的数据信息则缺乏独创性，运用各种现代网络传播技术所形成的网络作品是否具有独创性，有时

[1] ［日］北川善太郎．网上信息、著作权与契约［J］．外国法议评，1998（3）：42.

很难界定。因此，一些发达国家对于数据库受法律保护不再要求必须具备独创性，而是给予特殊的法律制度保护，并且扩大了数据库保护的内容，作为数据库构成部分的数据或材料本身也能够享有法律的保护❶。

通过特别法律制度保护数据库对发达国家有利，对于发展中国家则刚好相反。制定统一的数据库保护标准条件也不成熟，不能一刀切，每一个国家采用什么的法律制度保护网络作品，与其国家的发展阶段或国家知识产权保护战略相关，如我国，实行知识产权强保护战略，是否应当或能够对数据库给予特别的法律保护值得深入探讨。

综上，主张并保护网络环境下的著作权是网络作品保护的法律实质，从大的发展趋势来看，这种著作权还要不断地扩张，也需要强化对该权利的保护。

❶ 董炳和．论数据库特别保护［J］．著作权，1998（1）：19.

第二章 网络著作权刑法保护的演进

随着信息网络传播技术不断升级换代，网络时代变迁，发生于网络空间的纠纷越来越多，愈演愈烈，网络空间成为网络违法犯罪的一个重要的集散地。面对网络时代的挑战，立法、司法必须做出回应，以解决纠纷，打击犯罪，规制网络空间的行为，维护网络空间安全，保障网络空间和谐有序。著作权延伸至网络空间，当民事、行政立法、司法都不足以为网络著作权提供保护时，需要通过刑事规制网络著作权的行使，并随着侵犯网络著作权行为的发展状况，不断地通过强化刑事立法、司法来应对。当下，立足于大数据、云计算，网络著作权的刑法保护又应当如何面对"互联网+"时代的挑战？我们有必要考察网络著作权刑事规制的进程，梳理回顾网络著作权刑事立法和司法保护的历史，分析网络著作权刑事立法、司法保护的现状，为探索制定适合保护网络著作权的刑法制度提供一定的借鉴与参考。本章首先从第一层次的《刑法》和《著作权法》，考察在法律层面网络著作权刑法保护的基础和开启。1997 年《刑法》第 217 条设置侵犯著作权罪奠定了刑法保护著作权的基础，2001 年修订的《著作权法》开启网络时代网络著作权刑法保护之先河。其次，从第二层次的《信息网络传播权保护条例》，考察在行政法规层面充实侵犯著作权罪构成要件内涵的程度，相关配套行政法规从哪些层面细化了刑法对网络著作权的保护。最后，从第三层次的四个解释文件，考察在司法解释层对上述法律法规相关规定的解释力度。2004 年、2005 年以及 2007 年三个《司法解释》明确了网络著作权的刑法保护在哪些方面和何种程度上落实刑法相关规定，2011 年《关于办理侵犯知识产权刑事案件适用法律若干问题的意见》使网络著作权刑法的保护在上述法律法规及解释的基础上有所深化。基于前述三个层面（次）的考察，现有刑事立法方式和跟进解释的程度仍不能满足网络时代对著作权保护的要求，为应对“互联网+”时代的挑战，刑法应强化对网络著作权的保护。

第一节　网络著作权刑法保护的开启

2001 年，为顺应社会的发展、时代的要求，我国第一次修正《著作权法》，规定 5 类侵犯网络著作权的行为可能构成犯罪，追究刑事责任，从而可依据 1997 年《刑法》第 217 条规定的侵犯著作权罪打击严重侵犯网络著作权的行为，符合著作权立法保护思路，回应了网络时代的要求，开启了网络时代网络著作权刑法保护之先河。

一、网络空间侵权现象及特点

从 1991 年实施《著作权法》始，到 2001 年修订《著作权法》之前的 10 年间，由 1990 年《著作权法》《著作权法实施条例》《计算机软件保护条例》《实施国际著作权条约的规定》、1994 年《关于惩治侵犯著作权的犯罪的决定》《民法通则》和 1997 年《刑法》等，构建起著作权法律保护的基本框架❶。这些法律或制定于互联网之前，或正值互联网开端和发展初期，对“触网”缺乏前瞻性，显得有些滞后。随着网络传播技术的迅猛发展，上网计算机以及网民迅速增加，在网络空间主张相关权利则成为必然，需要修订相应的著作权法律制度，规范调整网络传播的无序状态。

从表 2-1 可以看出：第一，自 1994 年 4 月中国接入互联网起到 1997 年 10 月 31 日止，中国拥有 29.9 万台上网计算机和 62 万户网民，表明尽管我国在互联网发展初期，需要做许多准备和探索，但仍然取得了长足的进步；第二，自 1997 年 10 月 31 日之后，上网计算机台数和网民用户数以

❶ 沈仁干．谈我国著作权法的修改［J］．知识产权，2001（6）：3.

近150%的增长速度发展，可谓发展迅猛；第三，截至2000年12月31日，无论是上网计算机台数还是网民用户数都达到了一定的量级，以此为基础，高速增长的绝对数可超过以往的总和。不断发展的网络传播技术和高速增长的网络设备支撑着越来越大的网络空间，高速增加的网民在网络空间必然存在利益的纠纷与冲突，因而网络空间权利的主张与诉求成为必然，也必然要求立法作出相应的回应。

表2-1 1997~2000年我国上网计算机及网民统计❶

统计截至年月	上网计算机（万台）	增长率（%）	网民（万户）	增长率（%）
1997/10/31	29.9		62	
1998/12/31	74.7	149.83	210	238.71
1999/12/31	350	368.54	890	323.81
2000/12/31	892	154.87	2 250	152.81

1998年3月，国家专利局更名为国家知识产权局，成为国务院直属机构。自1998年始，国家知识产权局每年发布中国知识产权保护状况的白皮书。从知识产权白皮书可了解我国1998~2001年的各类著作权案件情况（见表2-2）。

表2-2 1998~2001年全国各地版权局受理各类著作权案件统计❷

年月	总量（件）	结案（件）	结案率（%）	移送司法（件）
1998	1 208	1 082	89.6	28
1999	1 616	1 515	93.75	39
2000	2 457	2 433	99.02	103
2001	4 416	4 306	97.5	66

❶ 该数据来源于中国互联网信息中心（CNNIC）第1、第3、第5、第7次中国互联网发展状况统计报告，增长率为笔者计算。

❷ 该数据来源于中国国家知识产权局1998~2001年发布的知识产权白皮书，增长率为笔者计算。

从表 2-2 可以看出：第一，全国著作权纠纷不断增多，增长速度较快，案件绝对数量增长快；第二，每年著作权案件能够得到及时处理，案件的结案率很高，最低达 89.6%，最高达 99.02%，这表明无论是通过行政处罚，还是民事调解结案，都能够及时、高效地解决问题；第三，尽管著作权纠纷案件数量增长很快，但移送司法立案侦查的案件数并没有随比例增长，增长的案件数量不多，甚至偶有降低，在受理的案件中比例越来越小，或许与相关网络立法的缺失有一定关系。

快速增长的著作权纠纷案与互联网的发展是否有关系呢？虽然从上述数据还不能直接得出结论，但可以间接推断，这些著作权纠纷案的增长与互联网的发展息息相关，只不过并没有如前文所提到的“陈卫华案”以及“六位作家案”那样凸显网络著作权的诉求❶。我们还可以以网络著作权案件在著作权案中所占的比例来间接说明著作权纠纷案与网络的关系。2009 年，全国法院涉及网络的著作权案件占著作权案件的 40% 以上。仅北京市海淀区人民法院当年前 11 个月涉及网络著作权的案件就占所有著作权案件收案数的 66.7%，2009 年比 2008 年增长 83.2%，2008 年比 2007 年增长 233.33%❷。所以，涉网络著作权的相关问题日渐突出，据不完全统计，人民法院受理的网络著作权纠纷案已达全部著作权案件的 50% 左右❸。其实从 20 世纪 90 年代以来，著作权和邻接权的纠纷增多，部分主要案件都涉及了互联网，也正因为涉网，著作权案件数量的增长速度才会如此之快，2013~2014 年，全国地方人民法院审理的网络著作权案件约占全部著作权案件的 50%❹。

---

❶ 1999~2002 年，网络著作权纠纷案，仅北京各法院受理的就有 40 件，其中有 19 起涉内容纠纷，有 7 起涉网页纠纷，有 3 起涉网站链接纠纷。参见：钟瑛，李茂娟．信息网络传播权保护条例解读［J］．信息网络安全，2006（9）：26.

❷ 王斗斗．全国著作权纠纷案四成“涉网”［N］．法制日报，2010-02-04（5）．

❸ 李娜．上半年全国法院新收著作权一审案件 16160 件同比增长 36.64% 涉网著作权纠纷增多审理难度大［N］．法制日报，2011-07-23（5）．

❹ 蒋志培．我国网络版权司法保护的回顾与展望［EB/OL］．［2016-08-08］．http：//www.Chinaiprlaw.cn/index.php？id=3515.

正如郑成思教授所言，“网上盗版的现实，已经使法律不得不涉足这一领域了。如果我们不依法打击网上盗版，那么在有形市场中打击盗版的活动就在很大程度上落空。因为盗版者将大量转移到法律够不着的网络空间”[1]。因此，面对网络空间中对著作权人造成的损害无力保护，需要有关法律制度对网络侵权行为进行规制，保护网络著作权。自 2000 年 12 月 21 日起施行的《关于审理涉及计算机网络著作权纠纷案件适用法律若干问题的解释》首次在规范性法律文件中对“网络著作权”予以确认，正是对网络时代要求的回应。

随着网络用户的猛增，网民在网络空间的诉求越来越多，也越来越强烈，网络纠纷必然大增，成倍增长的著作权纠纷案从一个侧面反映了网络著作权的诉求。这也从某种程度反映出：一方面，人们需要法律保护网络著作权，同时也不满足于民事法律和行政法律对于网络著作权的保护，具有要求更加强有力的刑事法律来保护网络著作权的需求；另一方面，承继过去、面对现实、着眼未来，民事法律和行政法律无法圆满保护网络著作权，需要刑事法律适度的介入。2000 年前后，正是互联网络由第一代向第二代升级换代之际，要求刑事法律保护网络著作权的呼声在网络代际更替时期尤显强烈。

二、《著作权法》的跟进规制

2001 年修订的《著作权法》，使我国著作权法律制度更加完善，标志着我国著作权保护上了一个新台阶[2]。其对著作权法进行全面系统的修改，包括增设侵犯信息网络传播权的刑事责任，正是对网络时代要求的回应。

2001 年《著作权法》对 1990 年《著作权法》大部分条款作了增删修改，条文由 56 条增加到 60 条，在修正的诸多内容中增设“信息网络传播

---

[1] 郑成思．从“入世”及法学研究角度看中国两部法的修改［J］．中华商标，2001（11）：18.

[2] 宋木文．完善我国版权保护制度的重要决策——我国著作权法修改的主要内容及其意义［J］．中国出版，2001（11）：5.

权”这一网络著作权的重要内容，意味着网络著作权获得了法律的正式确认[1]，网络著作权从此成为真正的法律权利，并获得著作权法的保护，发生了质的飞跃，因而在我国网络著作权的保护史上具有重大意义。但在当时，如何在网络环境下保护著作权是一个全新的课题，还有诸多内容需要不断去探索，需要保持必要的审慎，因此，我国对网络著作权，结合《世界知识产权组织版权条约》和《世界知识产权组织表演和录音制品条约》[2]（WPPT）的规定，规定得比较原则。

信息网络传播权是2001年《著作权法》规定的著作权人的14种财产权利之一，并在立法上做了界定。该法第10条第1款第12项规定："信息网络传播权，即以有线或者无线方式向公众提供作品，使公众可以在其个人选定的时间和地点获得作品的权利"，为著作权人的网络著作权提供了清晰的法律依据。表演者的信息网络传播权规定在第37条第1款第6项[3]之中。录音录像制作者的信息网络传播权规定在第41条第1款[4]之中，第2款还规定了信息网络传播者的义务。

1990年《著作权法》规定侵犯著作权的法律责任只有民事责任和行政责任，而没有刑事责任。尽管1994年《关于惩治侵犯著作权的犯罪的决定》、1997年《刑法》补足了侵犯著作权的刑事责任，但还不能对网络环境下的著作权提供刑法保护。2001年《著作权法》将1990年《著作权法》第46条修改为第47条，对侵犯著作权的法律责任，首先保留民事责任，其次强化行政责任，最后新增刑事责任，规定“构成犯罪的，依法追究刑

[1] 杨小兰．中国信息网络传播权立法的回顾与展望［J］．当代传播，2015（1）：70.

[2] The WIPO Performances and Phonograms Treaty（WPPT）deals with the rights of two kinds of beneficiaries, particularly in the digital environment:（i）performers（actors, singers, musicians, etc.）; and（ii）producers of phonograms（persons or legal entities that take the initiative and have the responsibility for the fixation of sounds）. From Summary of the WIPO Performances and Phonograms Treaty of WIPO'S website.

[3] 第37条第1款第6项规定，表演者许可他人通过信息网络向公众传播其表演，并获得报酬。

[4] 第41条第1款规定，录音录像制作者……享有许可他人……通过信息网络向公众传播并获得报酬的权利。

事责任”。第 47 条 8 项规定了 8 类侵犯著作权的行为可能会追究刑事责任❶，特别在第 1、第 3、第 4、第 6、第 7 项明确规定了涉及侵犯网络著作权的刑事责任，开启刑法保护网络著作权，可谓在立法上的一大进步。

第 47 条第 1、第 3、第 4 项分别规定了侵犯著作权人、表演者、录音录像制作者等著作权人和相邻权人的信息网络传播权的法律责任，包括可能承担刑事法律责任。

第 47 条第 6、第 7 项新增了对权利人的“技术措施”和“权利管理电子信息”的法律保护。行为人故意避开或者破坏技术措施，或故意删除或者改变权利管理电子信息可能被追究刑事责任。

技术措施是权利人保护其权利的私力救济手段，是前置于法律等公力救济方式的自我保护措施。技术措施是其权利的第一救济措施，当技术措施被故意避开或破坏，技术措施无法再继续保护其权利时，法律应当作为第二位的救济手段介入提供保护。技术措施犹如一道防火墙，行为单纯的绕墙或毁墙行为并不一定造成损害，但突破权利人的限制或禁止实施盗版行为时，应当承担法律责任。因此，根据第 47 条第 6 项规定，行为人故意避开或者破坏技术措施，可能被追究刑事责任。

权利管理信息是指伴随作品在网络传输中显示出来的，向公众表明作品目前的法律状态和使用条件或要求的信息❷，类似商品的条形码❸和人的身份证。通过权利管理信息，可以确定作品的权利人是谁，权利人享有哪些权利，权利是保留还是放弃，如何合法使用作品等。现代著作权制度要求保护权利管理信息，因为其对保护著作权人的利益极其重要。在信息网络技术环境下，权利管理信息能够控制和监管作品传播，促进作品的依法

---

❶ 2010 年 2 月 26 日，第十一届全国人民代表大会常务委员会第二次修正后的《著作权法》第 48 条对此完全予以肯定和保留。

❷ 王磊．论修改后的《著作权法》对网络作品的著作权保护［J］．新疆社科论坛，2002（1）：35.

❸ 李恩来．新著作权法对网络媒体的影响及其立法的不足［J］．Internet 信息世界，2001（12）：76.

使用。因此，根据第47条第7项规定，故意删除或者改变权利管理电子信息，可能被追究刑事责任。

三、《刑法》第217条的具体设置

1997年《刑法》第217条规定了侵犯著作权罪，将侵犯著作权的犯罪行为通过刑法典的形式固定下来，保障著作权刑法保护的最大权威性。《刑法》第217条规定构成侵犯著作权罪，不管是自然人主体还是单位主体，在主观方面必须是故意且追求“以营利为目的”，在客观上至少实施了四种严重危害行为之一：《刑法》第217条第1项❶和第3项❷明确规定其复制发行行为必须是未获得著作权人的许可才可能构成犯罪。《刑法》第217条第2项❸和第4项❹分别对图书和美术作品的侵害可能构成犯罪做了明确规定。

根据《刑法》第217条的规定，仅从字面的规定来看，并未涉及对侵犯网络著作权行为的规制，当然也不可能涉及这方面的内容，因为权利制约行为，在1997年修订《刑法》时，网络著作权尚未出现，所以谈不上侵犯网络著作权，更谈不上刑法规制侵犯网络著作权的行为。随着对网络空间著作权诉求的出现，特别是司法裁判对网络著作权的确认，以及规范性法律文件对网络著作权的规定，《刑法》第217条是否自然适用于对网络著作权行为的保护呢？从逻辑上讲，网络著作权是著作权，因此侵犯网络著作权的行为理所当然是侵犯著作权的行为，因此《刑法》第217条规定的侵犯著作权罪对网络著作权提供保护是逻辑的必然。但是网络著作权是一种特殊的著作权，是网络作品在网络空间中的著作权，而《刑法》第217条规制的是传统现实空间的著作权，其内涵有别于网络著作权，因此不能

---

❶ 未经著作权人许可，复制发行其文字作品、音乐、电影、电视、录像作品、计算机软件及其他作品的。

❷ 未经录音录像制作者许可，复制发行其制作的录音录像的。

❸ 出版他人享有专有出版权的图书的。

❹ 制作、出售假冒他人署名的美术作品的。

简单地认为《刑法》第 217 条适用于网络著作权是理所当然。将《刑法》第 217 条的适用扩大到网络空间的著作权还需要得到其他法律的确认和指引，2001 年《著作权法》则承担了这一任务并起到了这一作用。

2001 年《著作权法》首次立法确认网络著作权，同时也是首次规定为网络著作权提供刑法保护。作为首次为进入网络空间的著作权提供法律保护的法律，2001 年《著作权法》增设侵犯信息网络传播权的刑事责任，但仅仅是以附属刑法规范的形式出现，尽管有罪状的描述，但并不能独立定罪，必须结合刑法，将著作权法规定罪状归属于哪一罪的罪状之一。同时，附属刑法并没有规定法定刑，因此也不可能独立适用，必须根据刑法所确定的罪之设定的法定刑处罚。因此，无论是定罪还是量刑，附属刑法无法独立适用，都必须结合刑法才能定罪量刑。虽然在 2001 年《著作权法》之前的 1997 年《刑法》并不涉及为网络著作权提供法律保护的问题，但是，2001 年《著作权法》的规定已将网络著作权指向 1997 年《刑法》第 217 条规定侵犯著作权罪。因此，侵犯信息网络传播权的刑事责任，要根据侵犯著作权罪来定罪量刑。

综上，2001 年《著作权法》第 47 条和 1997 年《刑法》第 217 条，从法律的层面为网络著作权的刑法保护提供了依据，从而使得侵犯信息网络传播权的行为可通过侵犯著作权罪来追究刑事责任。

第二节　行政法规对《刑法》第 217 条构成要件的细化

2001 年《著作权法》虽然新增了著作权人的“信息网络传播权”，并提供刑法保护，但并不能在司法实践的操作层面真正适用《刑法》第 217 条规定的侵犯著作权罪进行定罪处罚，进而出现这样一个现象：对于一些侵犯网络著作权的案件虽然作了刑事立案，但一直没有法院的裁判，直到 2006 年 7 月 1 日《信息网络传播权保护条例》施行之后才出现按照侵犯著作权罪判决侵犯网络著作权的刑事案件❶。显然，造成这一现象的原因是：《著作权法》的罪状描述还达不到罪刑法定原则所要求的程度，还需要细化侵犯信息网络传播权的罪状，充实侵犯著作权罪构成要件的内涵，才能够准确认定。

2001 年修订《著作权法》增加信息网络传播权保护多多少少带有应景立法的色彩，为了我国加入世界贸易组织（WTO），当时必须尽快通过《著作权法》修正案，而在客观上，立法的仓促使得无论是在立法指导思想上还是在技术上都只能宜粗不宜细、宜疏不宜密。至于立法粗疏细密应该达到何种程度的问题，则交给时间与未来，这样可为相关问题的研究提供更加充足的时间。由此，2001 年《著作权法》做了第 58 条这一授权性条款，将规定“信息网络传播权”保护办法的立法权授予了国务院。显然，对“信息网络传播权”的细化和系统化必然要提上立法的议事日程。❷

2006 年《信息网络传播权保护条例》完善和细化了著作权法对网络著作权保护的相关规定，标志着我国实现了法律规制信息网络传播权的体系化。2006 年《信息网络传播权保护条例》作为授权性行政立法，在立法宗旨和基本原则上，与 2001 年《著作权法》保持一致，对信息网络传播权的内涵、限制和保护等问题做了详细而全面的规定，为权利人的权益维护、作品的广泛传播、网络环境文明进步的促进等建立起具有可操作性的法律依据，为追究侵犯信息网络传播权的法律责任提供了细则。

从法律责任的类型来看，2006 年《信息网络传播权保护条例》规定侵

---

❶ 如前文已较为详细介绍的被称为全国首例因网络传播侵权获刑的“黄毅龙、陈赠才侵犯著作权案”。

❷ 其实在 2000 年已将《信息网络传播权保护条例》列入议程，成立了专门的起草小组，组织专家共同参与起草制订。参见：一米．信息网络传播权保护条例正在征求意见[J]．出版参考，2005（24）：4.

犯网络著作权的法律责任既包括民事责任和行政责任[1]，也包括刑事责任。从侵犯网络著作权的行为类型来看，包括民事侵权行为和行政违法行为，并对应相应的法律责任。其中第 18 条规定了 5 种民事侵权行为的法律责任，第 19 条规定了 3 种行政违法行为的法律责任。该 5 种民事侵权行为的法律责任既可能涉及民事责任，也可能涉及行政责任，甚至可能涉及刑事责任；3 种行政违法行为的法律责任则只可能涉及行政责任或刑事责任。因此，无论是民事侵权行为还是行政违法行为，其都可能涉及的法律责任只有行政责任或刑事责任。从第 18 条、第 19 条的规定来看，明确细化了哪些侵犯网络著作权的侵权、违法行为可追究刑事责任。具体而言，涉及“上传问题”“技术措施”“权利管理电子信息”“扶助贫困”和“合理使用及法定许可相关义务”等 5 方面的民事侵权行为可被追究刑事责任，其中“上传问题”“技术措施”和“扶助贫困”3 个方面还涉及因为行政违法行为而可能被追究刑事责任。这些行为因为不符合合理使用或法定许可使用条件而侵权违法，从而可能承担刑事责任。

一、网络侵权行为的刑事责任

2006 年《信息网络传播权保护条例》第 18 条规定的“上传问题”“技术措施”“权利管理电子信息”“扶助贫困”和“合理使用及法定许可相关义务”等 5 方面的民事侵权行为可能承担刑事责任。

（一）上传侵权的刑事责任

通过该《条例》对信息网络传播权的界定来看，法律规制的行为是信息网络传播行为，即通过网络“向公众提供……”的行为。“提供”表明

---

[1] 在《信息网络传播权保护条例》出台之前，由国家版权局和信息产业部于 2005 年 4 月 30 日联合签发了《互联网著作权行政保护办法》这一过渡性文件，并于 5 月 30 日起实施，该办法为信息网络传播权的行政保护提供了依据，通过行政执法追究网络侵权的行政责任，但并未涉及互联网著作权的其他权利保护。由于该行政保护办法作为部委规章，只能作为行政执法的效力依据，而不能作为法院判决行政案件的法律依据，没有直接的裁判效力，不能为网络侵权提供司法救济。参见：一米．信息网络传播权保护条例正在征求意见［J］．出版参考，2005（24）：4.

法律规制的是网络上传行为，而不包括网络下载行为。根据第18条第1项规定，上传侵权行为可能被追究刑事责任则主要涉及两个方面：一是仅指上传，不包括下载；二是擅自提供行为。前者指将“他人的作品、表演、录音录像制品”“向公众提供”的情形。由此表明，该情形仅涉及将“他人的作品、表演、录音录像制品”的上传行为，而网络下载行为则不受限制，即下载他人已发表作品用于学习、研究或欣赏为合法❶。后者指“向公众提供他人的作品、表演、录音录像制品”的行为因为是擅自上传而侵权，即行为人“向公众提供他人的作品、表演、录音录像制品”既不符合该《条例》第6条和第7条规定的合理使用和法定许可的情形，也没有获得著作权人的授权许可。

（二）避开、破坏技术措施侵权的刑事责任

该条例第4条规定，权利人可以采取技术措施保护信息网络传播权。根据第18条第2项规定，与技术措施相关的侵权行为可能被追究刑事责任涉及两个方面：一是在主观方面，侵权行为是故意的；二是在客观方面，侵权行为包括避开技术措施的行为和破坏技术措施的行为两种侵权行为。如果客观上行为人实施了避开或破坏技术措施的行为，但其侵权不是基于故意的主观心态，那么该侵权行为也不可能构成犯罪而被追究刑事责任。此外，根据该《条例》第12条规定，故意避开技术措施的4种情形如属于合理使用，则不构成侵权，当然亦不涉及刑事责任问题。

（三）与权利管理电子信息相关的侵权的刑事责任

为了保护权利人的权利管理电子信息，该条例第5条规定，删除或者改变权利管理电子信息或上传了被删除或者改变权利管理电子信息的作品、表演、录音录像制品必须经权利人许可。未经权利人许可故意实施前述行为，构成侵权，承担包括刑事责任在内的法律责任。根据第18条第3项规定，与权利管理电子信息相关的侵权行为可能被追究刑事责任，首先在主

---

❶ 周春慧．网络法律又添新兵——信息网络传播权保护条例出台［J］．电子知识产权，2006（7）：3.

观方面，侵权行为仍然必须是故意的，在客观方面实施删除或者改变权利管理电子信息的侵权行为或上传前述侵权作品或制品而构成侵权的行为。其中，对于上传被删除或者改变权利管理电子信息的作品、表演、录音录像制品而构成侵权承担刑事责任，在主观方面更加严厉，即使“应知”的推定故意也纳入其中，因而入罪的门槛更低。该类侵权也存在免责的例外，即删除或者改变权利管理电子信息是因为技术的原因而无法避免，则该行为免责，当然也就不涉及刑事责任的追究问题。

（四）因扶助贫困侵权的刑事责任

为了扶助贫困，该条例第 9 条设定附条件的法定许可，详细规定此种情形法定许可适用的条件和应当严格遵守的程序。如果不按此条件和程序提供作品则可能侵权而承担法律责任。根据第 18 条第 4 项规定，因扶助贫困违反法定许可的侵权行为可能被追究刑事责任有三种情形：一是“提供作品、表演、录音录像制品超过规定范围”。具体而言，免费向农村地区的公众提供已经发表的作品不是该条例第 9 条的规定的作品[1]。二是“未按照公告的标准支付报酬”。网络服务提供者没有按照该《条例》第 9 条规定，向公告期内没有提出异议或不同意提供作品的著作权人，按照公告的标准支付报酬。三是权利人不同意提供的作品，没有立即删除。同样，根据该《条例》第 9 条规定，网络服务提供者将著作权人已发表的作品免费向农村地区的公众提供后，著作权人不同意提供其作品，并要求立即予以删除，如果网络服务提供者不立即执行删除“权利人不同意提供的作品、表演、录音录像制品”则可能涉及刑事责任。

（五）合理使用及法定许可未履行相关义务侵权的刑事责任

该《条例》第 10 条规定，作品的使用者通过合理使用及法定许可使用作品时还必须依法履行相应的义务，否则仍然可能构成侵权而承担相应的法律责任。根据第 18 条第 5 项规定，作品的使用者未履行第 10 条所列

---

[1] 关于种植养殖、防病治病、防灾减灾等与扶助贫困有关的和适应基本文化需求的作品。

举的法定义务则可能构成侵权而承担刑事责任有三种情形。(1) 未指明作品的名称或作者的姓名（名称）；(2) 未依照该《条例》规定向著作权人支付报酬；(3) 未依照该《条例》规定采取技术措施防止他人侵犯著作权，其有两种情况：一是针对不是服务的对象，则需要通过技术措施防止其获得应该是服务对象获得的相关作品或制品；二是针对服务的对象，需要通过技术措施防止其侵权复制相关作品或制品。

二、网络违法行为的刑事责任

2006 年《信息网络传播权保护条例》第 19 条规定的“技术措施”“上传问题”和“扶助贫困”3 个方面不仅可能因涉及侵权而被追究刑事责任，还可能因涉及行政违法而被追究刑事责任。

（一）避开、破坏技术措施行政违法的刑事责任

该《条例》不仅规定避开或者破坏技术措施侵犯著作权人信息网络传播权构成侵权，而且禁止为避开或者破坏技术措施提供帮助，否则该帮助行为违法，也可能被追究刑事责任。避开或者破坏技术措施可以通过“软硬”两手得以实现，在“软”的手段方面是通过技术手段实现，在“硬”的手段方面是通过相关装置或部件得以实现。因此，向他人提供意图避开或者破坏技术措施的装置、部件或技术服务等帮助行为，为他人实施侵犯著作权人信息网络传播权提供帮助构成违法。为此，第 19 条第 1 项规定，该类违法行为在四种情形下可能被追究刑事责任，可分为两类。一类是针对相关装置或者部件的行为，有三种情形：一是制造行为；二是进口行为；三是向他人提供行为。另一类情形，即提供相关技术服务的行为。与侵权行为一样，该违法行为在主观上是故意的，但侵权行为是侵权者通过避开、破坏技术措施直接侵犯著作权人的信息网络传播权，而违法者并不直接侵犯著作权人的信息网络传播权，只是为侵权人提供避开或者破坏技术措施的装置、部件或技术服务，间接侵犯了著作权人的信息网络传播权，是违法的帮助、辅助行为，并因此违法可能被追究刑事责任。

（二）上传违法的刑事责任

从该《条例》第 19 条第 2 项规定❶来看，该规定的违法行为主要落脚点在于获得经济利益，追究刑事责任在于强调打击“以营利为目的”的违法传播行为。而第 18 条第 1 项规定的侵权行为主要落脚点在于未经著作权人许可的“擅自提供”，追究刑事责任在于强调打击不“以营利为目的”的传播侵权行为。尽管根据《刑法》第 217 条、第 218 条规定，网络信息传播，不管是违法行为还是侵权行为，都必须“以营利为目的”才可能追究刑事责任，但应当注意该《条例》第 18 条第 1 项、第 19 条第 2 项各自强调的重点。对于该条例规定的合理使用和法定许可则要求不得“以营利为目的”，否则“以营利为目的”则不构成合理使用和法定许可，而构成行政违法，依据第 19 条第 2 项规定，可能被追究刑事责任。

（三）因扶助贫困违法的刑事责任

前文已述，该《条例》第 9 条设立的扶助贫困的法定许可应当满足一定的条件和严格遵守一定程序，否则会给信息网络传播权人带来一定的损失。为了保护著作权人的利益，第 18 条第 4 项规定了三种不按此条件和程序构成侵权可能被追究刑事责任的情形，而第 19 条第 3 项则规定了违反相关公告规定，由此可能被追究刑事责任的情形。规定要求，在“提供作品、表演、录音录像制品”前应当进行相关的公告，公告的内容应当包括名称和报酬标准。❷ 以上公告内容缺一不可，否则违法，可能被追究法律责任。通过公告程序的设定以及违反公告程序可能被追究刑事责任的规定，可有效且有力地防止该法定许可不被滥用。

综上，如果说 2001 年《著作权法》从法律层面为网络著作权提供法律保护，并结合 1997 年《刑法》为网络著作权提供刑法保护，那么作为 2001 年《著作权法》配套法的 2006 年《信息网络传播权保护条例》则从

❶ 第 19 条第 2 项规定：通过信息网络提供他人的作品、表演、录音录像制品，获得经济利益的。

❷ 即表演、录音录像制品的名称；作者、表演者、录音录像制作者的姓名（名称）以及报酬标准的。

行政法规的层面对侵犯信息网络传播权进行细化，充实了侵犯著作权罪的构成要件，保证侵犯网络著作权的刑事案件实质性进入司法操作层面，增强网络著作权的法律保护。

第三节　司法解释对网络著作权刑法保护的实化和深化

尽管2001年《著作权法》新增了侵犯信息网络传播权的刑事责任，但在2004年12月22日《关于办理侵犯知识产权刑事案件具体应用法律若干问题的解释》施行之前，未见侵犯网络著作权案刑事立案，仅就此看来，《著作权法》新增的网络著作权的刑法保护制度，除了具有一定宣示和象征意义之外，没有任何实质意义，因而需要配套的司法解释在司法操作的层面将侵犯网络著作权行为引入适用侵犯著作权罪。2004年、2005年以及2007年三个司法解释将网络著作权的刑法保护落到实处；2011年《关于办理侵犯知识产权刑事案件适用法律若干问题的意见》在前三个司法解释的基础上，使网络著作权的刑法保护得到有效深化。

一、司法解释对网络著作权刑法保护的实化

与1997年《刑法》第217条规定相比，2001年《著作权法》第47条增加了以下情形可以追究刑事责任：（1）增加“表演、放映、广播、汇编其作品的”情形；（2）增加“通过信息网络向公众传播”其作品、表演或制作的录音录像制品的情形；（3）增加“故意避开或者破坏……权利的技术措施”和“故意删除或者改变……权利管理电子信息”的情形；（4）将制作、出售假冒他人署名的“美术作品”扩展到“作品”。据此，2001年《著作权法》虽然新增了侵犯信息网络传播权的刑事责任，但并不能适用《刑法》第217条规定的侵犯著作权罪来定罪处罚，也根本不可能进入司法操作的层面，必须要配套司法解释予以解决。2004年、2005年以及2007年三个司法解释从“信息网络传播”与“复制发行”的关系，“以营利为

目的”、“数额”和“情节”、“数罪并罚”“共犯”以及“缓刑”的适用等方面进行了全面的解释，使2001年《著作权法》第47条的规定与1997年《刑法》第217条的规定紧密融合，将网络著作权的刑法保护落到实处。

（一）将“信息网络传播”解释为“复制发行”

2004年《关于办理侵犯知识产权刑事案件具体应用法律若干问题的解释》将2001年《著作权法》第47条的规定融入1997年《刑法》第217条的规定，使网络著作权的刑法保护落到实处，具有可操作性。

该《解释》将“信息网络传播行为”解释为刑法中的“复制发行”，使《著作权法》第47条第1项规定与《刑法》第217条第1项对应，从而使刑法对信息网络传播权的保护落到实处❶。但对邻接权人的信息网络传播权的刑法保护没有落到实处（比如对表演者的信息网络传播权的刑法保护❷），尤其是对于录音录像制作权人的信息网络传播权的刑法保护更为复杂。

（1）2001年《著作权法》第47条第4项❸对应1997年《刑法》第217条第3项❹的规定。一个是“录音录像”，一个是“录音录像制品”，二者区别明显，所以，严格按照罪刑法定，仅此二者错位的规定来看，并不能对应匹配。但是，录音录像必须通过一定的载体方可复制发行，所以“复制发行录音录像”实则是“复制发行录音录像制品”。只不过，后于1997年《刑法》的2001年《著作权法》的规定更精准。通过该实质性解释，2001年《著作权法》第47条第4项规定对应匹配1997年《刑法》第217条第3项的规定，对录音录像制作权人的信息网络传播权的刑法保护

❶ 对侵犯著作权人新增的其他权利的刑法保护还无法落实，如“未经著作权人许可”，“表演、放映、广播、汇编”其作品的，除“美术作品”之外，制作、出售假冒他人署名的“其他作品”等侵犯著作权的刑事责任也不能落到实处。

❷ 2001年《著作权法》第47条第3项规定的“未经表演者许可”，“通过信息网络向公众传播其表演的”。在1997年《刑法》第217条中无法匹配适用。

❸ 即“未经录音录像制作者许可”，“通过信息网络向公众传播其制作的录音录像制品”。

❹ 即“未经录音录像制作者许可，复制发行其制作的录音录像的”。

落实，并且不违背罪刑法定的原则。

（2）在网络环境下，涉及录音录像制品侵权的刑事案件，根据2004年《关于办理侵犯知识产权刑事案件具体应用法律若干问题的解释》第11条第3款，无论是2001年《著作权法》第47条第4项的规定，还是对应的1997年《刑法》第217条第3项规定，录音录像制品的“复制发行”仅指通过信息网络向公众传播才受到刑法规制，而向特定的受众传播录音录像制品并不受刑法规制。

在执行2004年《关于办理侵犯知识产权刑事案件具体应用法律若干问题的解释》的过程中，上述问题也显现出来，上述问题以及其他相涉问题一并向最高人民法院和最高人民检察院请示解决。经过反复的调研、论证以及多方征求意见，2005年9月23日、26日，“两高”先后通过《关于办理侵犯著作权刑事案件中涉及录音录像制品有关问题的批复》，规定录音录像制品的“复制发行”只要是通过信息网络制作就构成，就受到刑法的规制。❶ 从而使上述两个方面的问题得到解决，对录音录像制作权人的信息网络传播权的刑法保护得到进一步落实。

（1）1997年《刑法》第217条第3项的规定是侵犯著作权情形之一。在著作权领域，录音录像制品虽然与音乐、影视等作品有区别，但在产品的表现形式或者载体上属性相同或类似，因而，对录音录像制品的刑法保护应当和第217条第1项中的文字、影视、软件等作品一样同等保护。❷ 由此，2005年《关于办理侵犯著作权刑事案件中涉及录音录像制品有关问题的批复》使2001年《著作权法》第47条第4项规定与1997年《刑法》第217条第3项的规定对应匹配。

（2）录音录像制品的“复制发行”不仅指“通过信息网络向公众传播”，还包括“通过信息网络传播”，即传播者通过信息网络无论向不特定

---

❶ 未经录音录像制作者许可，通过信息网络传播其制作的录音录像制品的行为，应当视为《刑法》第217条第3项规定的“复制发行”。

❷ 李晓、张玉梅．关于办理侵犯著作权刑事案件中涉及录音录像制品有关问题的批复的理解与适用［J］．人民司法，2005（12）：19-20.

的还是特定的受众传播录音录像制品，都应当受到刑法规制。

2004 年《关于办理侵犯知识产权刑事案件具体应用法律若干问题的解释》第 11 条第 3 款将通过信息网络向公众传播视为“复制发行”，2005 年《关于办理侵犯著作权刑事案件中涉及录音录像制品有关问题的批复》将通过信息网络传播视为“复制发行”，从而使之与 1997 年《刑法》第 217 条规定的“复制发行”等同。而 2001 年《著作权法》第 47 条规定的“复制”与“发行”之间用“、”隔开。那么，1997 年《刑法》第 217 条规定的“复制发行”究竟是指“复制”“发行”或者“复制并发行”，还是仅指“复制并发行”，这直接关系到是否可能将刑法保护网络著作权落到实处。对此，2007 年“两高”联合做出《关于办理侵犯知识产权刑事案件具体应用法律若干问题的解释（二）》，第 2 条明确规定“包括复制、发行或者既复制又发行的行为”。显然该宽泛的解释有助于“复制发行”行为的把握，也有助于认定“通过信息网络（向公众）传播”行为。

（二）“以营利为目的”的扩张解释

无论是著作权人还是相邻权人的信息网络传播权，根据 2001 年《著作权法》第 47 条关于侵犯著作权的刑事责任的规定，都没有“以营利为目的”的限制性规定，但根据 2004 年《关于办理侵犯知识产权刑事案件具体应用法律若干问题的解释》的规定和 1997 年《刑法》第 217 条的规定，信息网络传播权的刑法保护是通过侵犯著作权罪来落实的，而“以营利为目的”是构成著作权罪的主观要件。据此，“以营利为目的”限制着网络著作权是否能够得到刑法保护，只有“以营利为目的”，侵犯网络著作权的行为才可能被追究刑事责任。

1997 年《刑法》第 217 条规定构成侵犯著作权罪必须具备“以营利为目的”的条件。2004 年《关于办理侵犯知识产权刑事案件具体应用法律若干问题的解释》第 5 条第 1 款第 2 项、第 2 款第 2 项在规定著作权侵权定罪量刑违法所得数额时重申了这一条件。2005 年《关于办理侵犯著作权刑事案件中涉及录音录像制品有关问题的批复》就涉及录音录像制品侵权的刑事责任，在主观方面的要求与 2004 年《关于办理侵犯知识产权刑事案件具体应用法律若干问题的解释》第5条保持一致。2007年《关于办理侵犯知识产权刑事案件具体应用法律若干问题的解释（二）》第1条就1997年《刑法》第217条“其他严重情节”“其他特别严重情节”解释时也坚定了“以营利为目的”是构成侵犯著作权罪必备条件的立场。通观相关司法解释可见，只有“以营利为目的”的网络著作权侵权行为才受到刑法的规制。

要特别注意的是，2004年《关于办理侵犯知识产权刑事案件具体应用法律若干问题的解释》第11条第1款对“以营利为目的”所做的扩张解释，将“以刊登收费广告等方式直接或者间接收取费用”视为“以营利为目的”。在2004年《关于办理侵犯知识产权刑事案件具体应用法律若干问题的解释》之前，对“以营利为目的”的解释意指通过侵犯著作权直接收取费用而获得利益，即仅指直接获利，不包括间接获利。2004年《关于办理侵犯知识产权刑事案件具体应用法律若干问题的解释》第11条第1款的解释则是不管直接还是间接收取刊登广告等费用，均为间接获利，属于“以营利为目的”。[1] 间接获利也是获利，因此，将此等间接获利解释为“以营利为目的”符合逻辑，从而使侵犯著作权罪的主观方面的认定也更加方便。这一解释扩大了著作权侵权适用的范围。从某种意义上讲，著作权侵权适用范围的扩大，实质上降低了侵犯著作权罪的入罪门槛。姑且不论这种入罪门槛的降低在传统现实环境下是否合理，但在网络环境下对加强网络著作权的刑法保护具有现实意义。

（三）“数额”和“情节”

“数额”和“情节”是侵犯著作权罪入罪的条件以及量刑的标准，因此，“数额”和“情节”这两个罪量要素也决定着刑法对网络著作权是否介入以及介入的程度。根据2004年《关于办理侵犯知识产权刑事案件具体应用法律若干问题的解释》第5条的规定，“违法所得数额较大”的最低

---

[1] 以刊登收费广告等方式直接或者间接收取费用的情形，属于《刑法》第217条规定的“以营利为目的”。

入罪起刑数额标准为 3 万元，“违法所得数额巨大”的最低起刑数额标准为 15 万元。属于“有其他严重情节”的非法经营最低数额标准为 5 万元，复制品最低数量标准为 1 000 件（份）；属于“有其他别严重情节”的非法经营最低数额标准为 25 万元，复制品最低数量标准为 5 000 件（份）。根据第 15 条规定，单位侵犯著作权犯罪的定罪量刑标准为个人的 3 倍。根据 2005 年《关于办理侵犯著作权刑事案件中涉及录音录像制品有关问题的批复》，录音录像制品的复制品的数量标准按照 2004 年《关于办理侵犯知识产权刑事案件具体应用法律若干问题的解释》第 5 条的规定适用。而根据 2007 年《关于办理侵犯知识产权刑事案件具体应用法律若干问题的解释（二）》第 1 条规定，复制品最低数量标准分别比 2004 年《关于办理侵犯知识产权刑事案件具体应用法律若干问题的解释》第 5 条规定的件（份）减半。很明显，网络著作权侵权入罪量刑，除复制品的件（份）之外，违法所得数额和非法经营数额标准才具有实质意义。这些“数额”和“情节”为网络著作权的刑法保护明确了标准，提供了法律依据，增强了法律的适用性。

（四）“数罪并罚”“共犯”以及“缓刑”

关于侵犯网络著作权犯罪“数罪并罚”“共犯”以及“缓刑”的适用，根据 2004 年《关于办理侵犯知识产权刑事案件具体应用法律若干问题的解释》第 14 条第 1 款的规定，在网络环境下，非法复制作品，又销售该侵权复制品，分别适用《刑法》第 217 条和第 218 条所规定的侵犯著作权罪和销售侵权复制品罪，但不实行数罪并罚，而以侵犯著作权罪定罪处罚。由于前后行为皆由同一行为主体实施，因此，销售侵权复制品是非法复制作品的事后行为，不具有可罚性。若销售侵权复制品与非法复制作品是由不同的行为主体实施，则应适用第 2 款的规定，实行数罪并罚。根据第 16 条规定，明知他人通过网络实施侵犯著作权犯罪，提供一定帮助或便利条件的❶，可能构成该罪的共犯。根据2007年《关于办理侵犯知识产权刑事案件具体应用法律若干问题的解释（二）》第3条规定，网络著作权侵权行为构成犯罪，依法符合缓刑条件的适用缓刑。同时，第3条还对缓刑适用限制性规定，一般也不适用缓刑❷。

综上，"两高"的两个解释和一个批复，这三则司法解释规定并指引了信息网络传播权刑事保护的路径，即通过追究侵犯著作权犯罪的刑事责任，来实现打击网络传播侵权行为，从而使刑法对网络著作权的保护落到实处。

二、司法性解释对网络著作权刑法保护的深化

就如何办理侵犯知识产权刑事案件，"两高"继2004年和2007年联合做出司法解释之后，于2011年1月10日，又与公安部联合发布《关于办理侵犯知识产权刑事案件适用法律若干问题的意见》。这一司法文件虽然不是司法解释，但具有司法解释的性质，与司法解释具有同等法律效力和作用，是指导办理相关案件的重要规范性文件。该《意见》对在司法实践中，网络著作权刑法保护的有关争议和疑难问题一一做了回应，其规定非常细致、明确。为在构成侵犯网络著作权罪的要件中所涉及的"以营利为目的""未经著作权人许可"和"发行"等定罪处罚标准，以及与其他侵犯知识产权犯罪竞合的处理等，提供了具体明确的法律依据，而且更加具有可操作性，从而使刑法对网络著作权的保护得到进一步的深化。

（一）"以营利为目的"的解释

"以营利为目的"是构成侵犯著作权罪的主观要件，如何解释和理解该目的，对打击在网络环境下侵犯著作权的犯罪行为极为重要。网络环境为侵犯著作权犯罪提供了更多方便快捷的手段，侵权人的营利方式也随之

---

❶ 提供贷款、资金、账号、发票、证明、许可证件，或者提供经营场所或者储存等便利条件、帮助的。

❷ 一是因侵犯著作权被刑事或者行政处罚后，再次侵犯著作权构成犯罪的；二是"不具有悔罪表现的"；三是"拒不交出违法所得的"；四是其他不宜适用缓刑的情形。

发生了适应网络环境的变化❶，因而在网络环境下，侵犯著作权罪的“以营利为目的”发生了异化❷，对“以营利为目的”的原有解释和理解已不能满足网络著作权刑法保护的需要，需要对此做扩张解释，以适应和满足网络环境下的著作权刑法保护的需要。

2004 年《关于办理侵犯知识产权刑事案件具体应用法律若干问题的解释》将“以刊登收费广告等方式”收取费用视为“以营利为目的”。2011 年《关于办理侵犯知识产权刑事案件适用法律若干问题的意见》在此基础上对“以营利为目的”的认定做了进一步的扩张解释，并细化直接或间接获利的情形。从“以营利为目的”的角度深化了对网络环境下著作权的刑法保护。

（1）明确增列“捆绑第三方作品”的方式获利。无论是直接获利还是间接获利，2004 年《关于办理侵犯知识产权刑事案件具体应用法律若干问题的解释》仅列举了“刊登收费广告”，但后面使用了一个“等”字，当然能够涵盖“捆绑第三方作品”这一方式。2011 年《关于办理侵犯知识产权刑事案件适用法律若干问题的意见》将“捆绑第三方作品”明确列举，减少在适用时的争议。捆绑第三方作品收费营利，是借助作品这一载体，将广告或被捆绑的软件嵌入其中，从而直接或者间接获利。2011 年《关于办理侵犯知识产权刑事案件适用法律若干问题的意见》第 10 条之（一）没有将此种情形下的获利限定在网络环境中，因此该情形下著作权侵权获利，既可在传统环境下实现，也可发生在网络环境中。

（2）网络传播他人作品获取广告服务费。此情形仅限定于网络环境。仅从 2011 年《关于办理侵犯知识产权刑事案件适用法律若干问题的意见》第 10 条之（二）规定来看，首先，就传播他人作品，一是网站积极传播，二是网站消极传播，前者传播的是他人的合法作品，后者传播的是侵权作

❶ 罗东川．加强知识产权刑事司法保护的重要举措（下）——解读关于办理侵犯知识产权刑事案件适用法律若干问题的意见［J］．中国版权，2011（4）：14.

❷ 于志刚．侵犯著作权罪中“以营利为目的”的网络异化——以珊瑚虫 QQ 案为视角［J］．昆明理工大学学报·社科（法学）版，2008（7）：60.

品；其次，是“提供刊登收费广告服务”获利；最后，无论是直接收取费用还是间接收取费用，该广告收费服务就属于“以营利为目的”。而实际上该认定隐含一个前提条件，即网络信息服务提供者对作品侵权应是明知的，否则，即使提供了此广告收费服务也不能认定为“以营利为目的”。

（3）收取会员注册费等费用获利。会员制是一种组织形式，通过该组织使会员之间就某特定活动建立起某种程度的联系。无论组织、机构或个人要成为会员，必须经过注册加入，而注册有的收费、有的免费。注册收费的会员享受会员组织提供的收费服务，而注册免费的会员也可能享受会员组织提供的免费服务，也可能根据会员组织提供的服务支付一定的费用，并享受某种优惠。通过会员制营销是一种营销模式，因此，以会员制方式通过信息网络传播他人作品，在客观上实际是属于“营销”传播他人作品的行为。所以，根据2011年《关于办理侵犯知识产权刑事案件适用法律若干问题的意见》第10条之（三）规定，通过信息网络传播他人作品，只要采取会员制的方式，其收取的无论是什么费用，皆可认定行为人是“以营利为目的”。

（4）其他利用他人作品牟利的情形。在立法技术上，2011年《关于办理侵犯知识产权刑事案件适用法律若干问题的意见》第10条之（四）对此采取概括性的兜底规定。这为将现在还无法明确并穷尽列举的牟利情形认定为“以营利为目的”提供了法律依据。

（二）“未经著作权人许可”的认定

对于侵犯著作权罪，如何认定“未经著作权人许可”具有重要的意义，因为根据我国《刑法》第217条规定，“未经著作权人许可”是构成该罪的必要要件。“未经著作权人许可”认定适用不区分传统现实环境和网络环境。在网络环境中，根据2006年《信息网络传播权保护条例》第18条第1项规定，未经著作权人许可，又不符合合理使用和法定许可，擅自向公众提供他人的作品、表演、录音录像制品构成侵权，可能承担刑事责任。2011年《关于办理侵犯知识产权刑事案件适用法律若干问题的意见》第11条规定了如何从证据的角度来认定“未经著作权人许可”。

第11条第1款吸收了办理相关刑事案件的经验，规定一般可从三个方面的证据来认定“未经著作权人许可”：（1）依据涉案作品版权认证文书[1]，该认证文书应当由被指控的侵权者提供；（2）“证明出版者、复制发行者伪造、涂改授权许可文件”的证据；（3）“证明出版者、复制发行者”“超出授权许可范围的证据”。

对于涉案作品种类众多且权利人分散的案件，依据第11条第1款规定难以取得证据证明“未经著作权人许可”，第11条第2款规定得比较灵活，只需要同时满足两个条件和一个例外，即可认定为“未经著作权人许可”：条件之一是对于控告者的规定，即控告者的指控必须要有依据，认为出版、复制发行的复制品非法必须要有证据来证明；条件之二是对于被控告者的规定，即被控告者对指控进行抗辩的要求，关键在于出版者、复制发行者能否提供相关证明材料证明获得著作权人的许可；例外条件是，即使不具备前两个条件，只要符合下列条件之一，无须证明是否经过著作权人许可：一是权利人已放弃权利得到证据证明；二是我国著作权法不保护涉案作品的著作权；三是著作权已超过法定的保护期限。此规定也降低了证明的难度。

（三）“发行”的认定与犯罪竞合的处理

（1）“发行”的认定。“发行”是侵犯著作权罪的客观行为之一，如何认定有争议。在网络环境下，2004年《关于办理侵犯知识产权刑事案件具体应用法律若干问题的解释》第11条第3款将“通过信息网络向公众传播”扩大解释为“复制发行”。根据2011年《关于办理侵犯知识产权刑事案件适用法律若干问题的意见》第12条规定，“通过信息网络传播”与其他5种行为表现形式并列解释为“发行”行为，也是对先前解释的进一步确认。

（2）与非法经营罪竞合的处理。非法出版、复制、发行他人作品，根

[1] 由著作权人或者其授权的代理人、著作权集体管理组织、国家著作权行政管理部门指定的著作权认证机构出具。

据1998年《关于审理非法出版物刑事案件具体应用法律若干问题的解释》以非法经营罪定罪处罚。若通过信息网络非法传播他人作品构成犯罪，既符合非法经营罪的犯罪构成，也符合侵犯著作权罪的犯罪构成，二者呈现想象竞合状态，根据我国刑法想象竞合理论，对此应当按照从一重罪定罪处罚。但2011年《关于办理侵犯知识产权刑事案件适用法律若干问题的意见》第12条已明确作了区分，排除了按照非法经营罪定罪处罚的适用，因此，通过信息网络非法传播他人作品，只能以侵犯著作权罪定罪处罚。

（四）明确其他定罪处罚具体标准

网络的不断发展与日益普及，通过网络侵犯著作权的案件日渐增多，打击此类犯罪行为需要更加明确的定罪处罚标准，否则在司法实践中难以操作。从“数额”和“情节”入手，2011年《关于办理侵犯知识产权刑事案件适用法律若干问题的意见》第13条在2004年《关于办理侵犯知识产权刑事案件具体应用法律若干问题的解释》和2007年《关于办理侵犯知识产权刑事案件具体应用法律若干问题的解释（二）》的基础上，对网络著作权犯罪的“其他严重情节”和“其他特别严重情节”重新做了规定，具体涉及：非法经营的“数额”、传播他人作品的“数量”、作品被点击的“次数”以及注册会员的“人数”等。这些规定使定罪处罚标准更加明确深入和具有可操作，从而进一步完善了网络著作权的刑法保护。

（1）沿用现行司法解释规定的定罪处罚标准。第13条第1项规定的非法经营数额沿用2004年《关于办理侵犯知识产权刑事案件具体应用法律若干问题的解释》第5条的规定，“有其他严重情节”的最低起刑数额标准为5万元；第2项规定的传播他人作品数量沿用2007年《关于办理侵犯知识产权刑事案件具体应用法律若干问题的解释（二）》第1条的规定，“有其他严重情节”的最低起刑数量标准为500件（部）。但其也略有区别，2007年《关于办理侵犯知识产权刑事案件具体应用法律若干问题的解释（二）》表述为“复制品”，复制品的单位是“张”或“份”。如此规定并不意味着二者有冲突，因为2007年《关于办理侵犯知识产权刑事案件具体应用法律若干问题的解释（二）》规定针对的是所有侵犯著作权的犯罪行为，而该《意见》仅仅针对在网络传播中侵犯著作权的犯罪行为，前者与后者应当属于一般规定与特别规定的关系。这更加有利于网络著作权侵权犯罪定罪处罚标准的适用。另外，该《意见》没有涉及最低入罪起（升格）刑数额标准，由此也可推断，仍然沿用2004年《关于办理侵犯知识产权刑事案件具体应用法律若干问题的解释》第5条的规定，“违法所得数额较大”的最低入罪起刑数额标准为3万元，“违法所得数额巨大”的最低升格起刑数额标准为15万元。

（2）新增定罪处罚标准。第13条第3~4项规定“其他严重情节”标准分别以传播作品被点击的次数以及注册会员的人数为基准单位，前者最低起刑标准为5万次，后者最低起刑标准为1 000人。这些新增加的定罪处罚标准是根据信息网络传播的特点而有针对性的规定。

（3）恒定定罪处罚标准。根据《刑法》第217条规定，“其他严重情节”与“违法所得数额较大”是侵犯著作权入罪起刑的选择性标准，只要符合其中之一即可入罪。无论是哪种情形，从社会危害性的大小程度来看，都视为“恒”值。这种“恒”值体现在第13条第5项规定上，如果数额或者数量没有达到第1~4项规定的标准，但是只要至少分别达到其中两项标准的一半，即为符合“其他严重情节”入罪和最低起刑的标准。从某种意义上讲，第6项的兜底规定也是这种“恒”值的体现。

（4）“其他特别严重情节”的认定标准。对于如何认定通过信息网络传播侵权作品行为的“其他特别严重情节”，第13条第2款明确规定以“其他严重情节”的5倍为准。这种倍比标准与以前的解释保持一致，不同的是，由于“其他严重情节”的内容的新增，使“其他特别严重情节”的内容也更加丰富。

综上，相较于以传统传播方式侵犯著作权，以信息网络传播的方式侵犯著作权在定罪量刑的“其他严重情节”标准上更为严格[1]。该意见对于信息网络传播侵权作品行为的入罪起刑的标准虽然更加详细明确，但在数

[1] 崔丹妮．关于办理侵犯知识产权刑事案件适用法律若干问题的意见述评［J］．电子知识产权，2011（4）：18.

额上没有变化。这种数额虽然在形式上表现为恒定，但并不能掩盖入罪起刑的数额标准实质上的降低。这也表明侵犯网络著作权入罪的门槛在降低，并呈现不断降低的趋势❶。

由上可见，我国已建立起网络著作权刑法保护体系：第一层次是法律层面的《著作权法》和《刑法》，为网络著作权保护提供仅次于《宪法》效力等级的法律依据；第二层次是行政法规层面的《信息网络传播权保护条例》，为网络著作权的刑法保护提供实质性保证；第三层次是司法解释层面的四个司法（性）解释，为网络著作权的刑法保护的司法操作提供保障。尽管从1994年开始，我国进入互联网时代，并因此衍生出诸多的网络纠纷，亦有相应的立法应对，但启动刑事司法保护网络著作权已是2006年的事情了。按照罪刑法定原则，法无明文规定不为罪，尽管2001年《著作权法》修订已开启对网络著作权的保护，但由于立法的粗疏并不能使网络著作权的刑事保护落到实处，直到2004年、2005年和2007年的司法解释，才使2001年《著作权法》和1997年《刑法》有机结合，使刑法真正能够对网络著作权提供保护，对此，2006年《信息网络传播权保护条例》做了进一步的细化，2011年《关于办理侵犯知识产权刑事案件适用法律若干问题的意见》又进一步深化对网络著作权的刑法保护。无论网络著作权侵权犯罪案件如何发展变化，在立法上也应与此相回应，制定相应的刑事法律规范来规制侵犯网络著作权的犯罪行为。网络著作权的刑法保护从2001年修订《著作权法》始，经过2004年、2005年和2007年三次司法解释，

---

❶ 这可以通过我国历年M2增速率和通货膨胀率反映出来。截至2004年12月，我国的M2为253 207.70亿元，截至2011年12月，我国M2为851 590.90亿元（数据来源于中国人民银行，“统计数据”，见：http：//www.pbc.gov.cn/diaochatongjisi/116219/116319/index.html.），2011年比2004年增长236.32%；我国的通货膨胀率，即我国居民消费价格总水平比上年上涨率，其中，2005年为1.8%，2006年为1.5%，2007年为4.8%，2008年为5.9%，2009年为-0.7%，2010年为3.3%，2011年为5.4%（数据来源于中华人民共和国国家统计局，“全国年度统计公报”，见 http：//www.stats.gov.cn/tjsj/tjgb/ndtjgb/.），2011年与2004年相比，通货膨胀率为24.48%。不管是M2增量还是直观的通货膨胀，从某种意义上可反映货币贬值的程度，也反映了数额犯降低标准的速度和程度，表明对数额犯打击的更加严厉的程度。

2006年《信息网络传播权保护条例》，2011年《关于办理侵犯知识产权刑事案件适用法律若干问题的意见》，从整个刑事法律规范的变迁来看，每一次立法实际上也进一步强化网络著作权的刑事立法保护，也进一步为网络著作权刑事司法保护提供依据。随着信息网络传播技术不断地升级换代，以及对网络著作权的法律保护提出的新的要求，特别是面对“互联网+”的挑战，通过刑事立法来严厉打击网络空间侵犯著作权的犯罪，强化对网络著作权的保护也就成为必然。

第三章　网络著作权刑法保护中的利益平衡

天下熙熙攘攘，皆为利来利往，谁的利，谁获益。利益的纷争虽不一定狼烟四起，刀光剑影，但明争暗斗，又无时不在，无处不在。利益作为一种价值，又包含了人们的诉求和期许。利益平衡是利益各方追求利益，实现利益最大化，博弈搏杀的结果。平衡利益是为了解决利益纷争，实现利益平衡。在社会中，利益平衡无处不在；在法律中，利益平衡是一项立法、司法原则；❶ 在知识产权法领域，利益平衡是知识产权法的基石；❷ 在著作权领域，利益平衡是著作权法的精髓。❸ 围绕著作权行使存在的利益，出现利益共享与冲突，冲突下的利益平衡问题决定了刑法介入的时机与程度，著作权的制度设计和发展变化也都是围绕利益平衡这一基本准则而展开的。在国家知识产权保护战略下，网络著作权刑法保护中的利益平衡具有整体性和动态性，伴随国家战略的调整而调整。我国已成为知识产权大国，对知识产权保护战略已由“弱”保护转向“强”保护，强化刑法对网络著作权的保护是利益平衡后的必然选择。为此，在利益平衡的语境下，无论从平衡网络著作权利益主体之间的利益，还是为遏制打击侵犯网络著作权的犯罪，以及国家的知识产权战略来看，都应当强化刑法对网络著作权的保护。

---

❶ 冯晓青．知识产权法的利益平衡原则：法理学考察［J］．南都学坛，2008（2）：88.

❷ 冯晓青．论利益平衡原理及其在知识产权法中的适用［J］．江海学刊，2007（1）：141.

❸ 吴蓉．网络著作权利益平衡研究［D］．上海：上海大学，2004：3.

第一节　利益平衡含义解析

司马迁在《史记·货殖列传》中写道："天下熙熙，皆为利来；天下攘攘，皆为利往。"❶ 天下芸芸众生，为了生存、生活，为了追名逐利而各奔东西，可谓道尽了人间的无奈，无法回避。利益意味着资源的消耗，可共享，但消耗有限稀缺资源必然引起纷争，产生利益冲突，因此，平衡冲突各方利益，解决利益纷争，实现利益平衡成为社会的需要。法律是解决利益冲突的方式之一，通过立法司法实现利益平衡，也实现了法的价值。

一、利益与利益冲突

（一）利益的界定

"利益"一词是由"利"和"益"联合构成。从基本字义上讲，"利"有好处、得到好处之意，"益"也有益处、好处之意，因而，"利"和"益"联合构成"利益"，好处是其最基本的含义。好处是对人的好处，也就是人对什么感觉好。而人的这种好的感觉是基于人的某种需要，也就是这种好处能够满足人们的欲望。因此，"利益"是满足人的需求，能够使人某种希望、意愿或需要获得满足。"利益"就是满足人们各种需求的好处。

利益究竟应当如何界定？马克思认为，"人们奋斗所争取的一切，都同他们的利益有关"。❷ 本质上，利益是属于社会关系的范畴，是人们在生产、生活中所产生的某种社会关系表现出的人们的某种需要。❸ 美国著名社会法学家罗斯科·庞德教授是这样定义利益的："它是人类个别的或在

---

❶ 司马迁．史记［M］．北京：中华书局，1959：3256.

❷ 马克思在《第六届莱茵省议会的辩论（第一篇论文）》提到。参见：［德］马克思，恩格斯．马克思恩格斯全集：第1卷［M］．北京：人民出版社，1956：82.

❸ 张玉堂．利益论——关于利益冲突与协调问题的研究［M］．武汉：武汉大学出版社，2001：42.

集团社会中谋求得到满足的一种欲望或要求，因此人们在调整人与人之间的关系和安排人类行为时，必须考虑到这种欲望或要求。”❶ 付子堂教授将利益定义为：“受客观规律制约的，为了满足生存和发展而产生的，人们对于一定对象的各种客观需求。”❷

综上可见，不管是在生产中还是生活中，也不管是对于个人还是集团，为生存或发展，满足其客观的需要即为利益。

（二）利益冲突

从经济学的角度来看，人类的行为不仅是追求利益的行为，还是力图对其所追求利益实现最大化的行为。随着社会的发展与分工，社会出现各种利益，利益主体多元化，因而每一个利益主体都试图使自己的意愿、需要得到满足，都试图实现其利益最大化。利益并不是凭空就可以实现的，必须借助一定条件，而这就需要耗费一定的社会资源。社会资源并非可以无限无度地任意挥霍和索取，是有限的，甚至是稀缺的，社会资源的有限稀缺性与社会利益主体追求利益最大化的无限性和贪婪性产生矛盾。资源分配不均，利益实现机会有限，就会出现各种利益之间的矛盾，因而必然导致利益冲突产生。利益冲突是社会无法满足社会各利益主体追求利益最大化的需要，因而在社会资源分配时出现对立和矛盾的状态。产生利益冲突的根源是人的本性中的欲望、扩张性❸和无休无止的贪婪性。

从法社会学的角度来看，社会利益主体是社会关系主体，由于利益之间的差别和矛盾，各社会利益主体之间产生利益纠纷和争夺，❹ 由此产生利益冲突。利益具有不法的本能，就其本性而言是盲目的、无止境的和片面的，❺ 因而利益主体逐利行为可能具有不规范性甚至不法性，加之社会

---

❶ ［美］罗斯科·庞德．通过法律的社会控制/法律的任务：中译本［M］．沈宗灵，董世忠，译．北京：商务印书馆，1984：81-82.

❷ 付子堂．对利益问题的法律解释［J］．法学家，2001（2）：29.

❸ ［美］罗斯科·庞德．通过法律的社会控制/法律的任务：中译本［M］．沈宗灵，董世忠，译．北京：商务印书馆，1984：81.

❹ 赵震江．法律社会学［M］．北京：北京大学出版社，1998：250.

❺ 郑成思．知识产权文丛：第1卷［C］．北京：中国政法大学出版社，1999：83.

利益主体彼此不同的利益观膨胀，利益主体各自追求利益的实现与利益实现的方式之间产生的矛盾，导致利益冲突产生，这也是利益冲突产生的最直接原因。利益分配机制是产生利益冲突的社会根源，社会利益主体普遍不满社会利益的制度安排而产生对立与矛盾。社会利益主体之间的利益冲突也可能被界定为合法与非法，因此利益冲突可产生违法犯罪。制止犯罪，控制违法，实际上是控制利益冲突，将利益冲突控制在相对合理的范围内。由于利益主体之间的地位不平等可能引起利益冲突，同样，利益表达渠道不畅也会引起利益冲突。因此，可从社会制度规范入手，解决社会资源分配中存在的问题。通过规范制度，确立利益主体地位平等；界分合法利益与非法利益，明确合法利益的范围；规定追逐利益的合法方式；予以同等的获利机会；通畅利益表达渠道等，最终使利益冲突不因利益分配机制而产生。❶

（三）利益冲突的控制

利益冲突虽然无法避免，但也不能放任利益冲突不断地扩大，需控制利益冲突，将利益冲突控制在一定的合理范围内，社会制度规范是控制利益冲突的有效手段之一，其中法律制度更是一种非常重要的有效的社会控制手段。法律制度这一重要的手段可以平衡和协调各种社会利益关系，化解矛盾，解决利益冲突，实现利益平衡。可以说，法律是因为利益冲突而产生，法律的产生就是为了控制、解决利益冲突，平衡各种利益的。为此，法律调整法律主体之间的社会关系，其内容就是法律权利和义务，规范主体的行为，使行为人在法律规范的轨道上获得各种利益。❷

法律对利益冲突的控制首先是通过立法的方式来实现的，立法者试图通过制定法律规范来解决利益冲突。法律规范制定的原则、制度，确认、界定、分配和权衡社会关系中的各种利益。❸ 因此，在法律规范中，最重

❶ 陆平辉．利益冲突的法律控制［J］．法制与社会发展，2003（2）：55.
❷ 王翀．论知识产权法对利益冲突的平衡［J］．政治与法律，2016（1）：69.
❸ 王红梅．法学研究视域之下的利益平衡［J］．经济与社会发展，2009（1）：144.

要的价值判断和考量就是如何分配、协调与平衡各社会主体之间的利益。❶通过法律规范各种社会利益，协调各种不同利益，避免冲突，从而推动社会共同进步、协调发展。

法律正是通过对社会利益的控制，从而实现对社会秩序的调控。在法律规范的背后隐藏着各种利益关系，或者说法律是各种利益意志的体现，当然体现最大的是国家意志、国家利益。没有利益冲突，也就没有产生法律的必要，法律为利益而产生，也随着利益关系的发展变化而变化，因此，没有利益就没有法律。法律在利益的控制过程中，体现其价值，表明其地位，❷ 利益永存，法律具有其存在的意义，具有顽强的生命力。

法律既然是为利益冲突而产生，其产生是为了解决利益冲突，控制社会利益，对各种社会利益进行调控和协调，而各种利益能够被法律所控制协调，则法律一定找到了产生社会冲突的根源，其中资源分配不公的机制是法律规范应当消除的，也就是说，法律协调调控各种利益，其标准就是实现公平和公正的核心价值。通过法律对各种利益的调控协调，形成一个和谐有效的社会秩序和利益格局，使一切利益控制在法律的允许范围之内，任何违反这种法律制度的安排都会受到法律的制裁，从而防止任何利益个体和集体恣意妄为。法律是上层建筑，其对各种利益的调整也就随着利益发展关系的变化而变化，当经济基础发生变化时，法律对各种利益的调控不会导致利益资源的分配不公，那么法律对社会的调控是积极的，会持续发挥其功能和体现其价值。如果法律对各种利益的调整产生新的社会资源分配不公时，那么法律不再是解决社会资源不公的利器，反而成了产生利益冲突的新源头，当这种状况达到一定的严重程度时，就需要修订法律，使之重新发挥其应该发挥的作用。❸

---

❶ 刘友华．利益平衡论：穿行于理想与现实之间——《知识产权法利益平衡理论》读后［J］．电子知识产权，2006（11）：61.

❷ 孟祥娟．论利益平衡的法律控制［J］．理论探讨，2008（2）：170.

❸ 佀连涛，薛发如．法利益平衡价值的法理探究［J］．昆明师范高等专科学校学报，2005（2）：42.

二、法的价值与利益平衡

（一）法的价值

法律可以调整社会主体之间的利益关系，调控社会利益，控制社会，可见法有其自身的价值。卓泽渊教授认为，“法的价值乃是以法与人的关系作为基础的，对于人所具有的意义，是法对于人的需要的满足，也是人关于法的绝对超越指向”。❶ 法具有其自身的功能，能够发挥一定的作用，而这些功能和作用正是人所需要的，因而人总试图通过法的功能和作用实现其愿望和要求，这样法对于人的这种有用性，能够满足人的需要，因而显现其价值。法的价值不仅体现在作为一个被人利用的工具价值，还具有绝对超越指向的性质，对于人类具有指导意义，不仅能够指引人的行为，而且引领人的思想，甚至是人的精神祈求与信仰，❷ 指导人无止境地追求法。法律不仅能够满足人的多元化和多层次性的需要，而且其自身对各种利益及其利益关系的调整也具有复杂性，因而法的价值体系也具有多元化和多层次性。沈宗灵教授认为法律价值有三个具体的不同含义：一是法律促进哪些价值；二是法律本身有哪些价值；三是法律价值的评价标准。❸

东西方的法学家对法的价值有着不完全相同的理解。西方有学者认为，秩序、公平和个人自由是法基本的价值。❹ 还有学者认为，自由、责任与和平对法律原则尤为重要。❺ 美国社会法学派大法官本杰明 · N. 卡多佐也说过，法律的目的是实现社会的进步，体现社会的正义，社会正义是包括社会道德、正义观念、社会条件的变迁、公共政策的变化、社会利益的平

---

❶ 卓泽渊．法的价值论［M］．北京：法律出版社，1999：10.

❷ 卓泽渊．法的价值论［M］．北京：法律出版社，1999：13.

❸ 沈宗灵．法、正义、利益［J］．中外法学，1993（5）：1.

❹［英］彼得 · 斯坦，约翰 · 香德．西方社会的法律价值：中译本［M］．王献平，译．郑成思，校．北京：中国人民公安大学出版社，1990：313.

❺［美］迈克尔 · D. 贝勒斯．法律的原则：一个规范的分析：中译本［M］．张文显，译．北京：中国大百科全书出版社，1996：8.

衡、社会舆论的倾向等的混合体。[1] 国内有学者认为，法律总的价值为正义、公共幸福、人类进步。[2] 李步云教授认为，正义和秩序是法的价值的体现，而平等与安全、效率和自由是正义的基本内容。[3]

对于法律科学，价值问题是不能回避的问题，[4] 中外法学家从不同的角度归纳出法的不同价值，但均认同“维护正义”“促进社会进步”是法的价值。

（二）利益平衡

价值不等同于利益，法的评价准则是法的价值的含义之一。[5] 利益平衡是法律在调整各种利益关系时应遵循的一个评价准则。利益的平衡应是法律价值目标指引下的各方利益的适当平衡。[6] 法律具有控制社会的功能，法律对社会的控制是通过调整各种社会利益而实现的。法律在协调调整各种社会利益关系的过程中，必须要遵守一定的原则，这些原则体现了法的不同价值及其价值的不同选择。利益平衡是判断法的基本价值的标准，平衡各方利益需要法的基本价值作为指引，是在法的基本价值如正义、秩序等指导下，使各方利益得以平衡，进而实现实现利益平衡。

在不同的语境下，“平衡”一词具有不同的内涵。在哲学上，平衡是指事物尚未突破到质变阶段，而是量变阶段所显现的状态，与绝对的、永恒的运动状态相比，还处于暂时的、相对的静止状态。在法律经济学的观点看来，平衡是利益关系的各方都达到了最大的目的，从而彼此相互作用

---

[1] ［美］本杰明·卡多佐．司法过程的性质：中译本［M］．苏力，译．上海：商务印书馆，1998：39.

[2] 严存生．法律的价值［M］．西安：陕西人民出版社，1991：152.

[3] 李步云．法理学［M］．北京：经济科学出版社，2000：1.

[4] ［美］罗斯科·庞德．通过法律的社会控制/法律的任务：中译本［M］．沈宗灵，董世忠，译．北京：商务印书馆，1984：55.

[5] 沈宗灵，张文显．法理学［M］．北京：高等教育出版社，2004：65.

[6] 吴汉东，等．知识产权基本问题研究［M］．北京：中国人民大学出版社，2005：110.

趋于持久存在。[1] 在现实的社会关系中，平衡是指相互矛盾的社会各方利益主体，其矛盾冲突在相关制度的协调下得以解决或控制，从而出现相对稳定的社会关系。在法律的视角下，平衡是指“通过法律的权威来协调各方面冲突因素，使相关各方的利益在共存和相容的基础上达到合理的优化状态”。[2] 因此，法是利益平衡的手段，平衡利益是法的一项功能，也是法所要实现的目标之一。

（三）法与利益平衡

法律是一种特殊的行为规范，通过规范行为人的行为而调整规范社会利益主体之间的关系，社会利益主体之间的关系被法律规范所调整而成为法律关系，法律关系以法律权利和义务为内容，权利控制行为，因而，社会利益主体有何权利也就意味着有何利益，就有权实施什么行为，行为人的行为就是合法的，反之则是非法。面对纷繁复杂的社会关系，哪些社会利益关系需要法律规范去调整规范，以及法律如何调整规范社会利益关系，这与法律的价值直接相关。公平、公正是法律的基本的价值观，该价值观决定了法律在调整解决社会利益冲突时，总在不同的社会利益主体之间，不同主体间的利益之间进行平衡，将利益冲突控制在一定的程度和范围之内，化解或缓和矛盾，维持良好的社会秩序。澳大利亚法学家乔治·佩顿（Paton）曾言，“法律的真正益处在于它确保有序的平衡，而这种平衡能成功地预防纠纷”，[3] 因此，利益平衡原则是法律规范的基本精神，既指导立法，也引领司法，[4] 法律对利益的平衡最具有现实性和实用性。

立法的目的在于利益平衡的实现，为了平衡利益，在立法过程中，立

---

[1] ［美］罗伯特·考特，托马斯·尤伦．法和经济学［M］．史晋川，董雪兵，等译．史晋川，审校．上海：格致出版社、上海三联书店、上海人民出版社，1991：22.

[2] 陶鑫良，袁真富．知识产权法总论［M］．北京：知识产权出版社，2005：17-18.

[3] George W. Paton. A Text - book of Jurisprudence, 3rd ed. by D. P. Derham (Oxford, 1964), pp. 74-75。转引自：［美］博登海默．法理学：法律哲学与法律方法［M］．邓正来，译．北京：中国政法大学出版社，2004：366.

[4] 刘璐．利益平衡——著作权法之精髓［J］．湘潮月刊，2011（5）：16.

法者通过利益的识别、选择、整合和表达而完成立法。❶ 法律规定法律主体的权利和义务，权利义务为法律的内容，并以此作为利益调整的机制。要实现立法的利益平衡，需要做好权利和义务彼此之间的平衡，立法者将利益上升为权利，利益是权利的内容之一，从某种意义上说，得到权利就得到了利益，因此，行为人要获得利益必然追求权利。义务是权利实现的保障，义务的履行才能够保障他人的权利得以实现，所以，也可从某种意义上说，履行义务就是失去利益。由此可见，利益的得失可通过权利和义务得以体现。权利和义务影响人的思想动机，引导人的行为，进而调节社会关系。❷ 法律之所以能够以权利和义务作为利益的调节机制，在于权利和义务都具有利导性。权利利诱行为人、激励行为人，而义务约束行为人、抑制行为人，两者都会影响行为人的动机和决策，从而引导人的行为既要重视权利，也要重视义务。重视权利轻视义务，会诱导行为人选择少尽义务甚至不尽义务，最终会导致权利难以实现。重视义务轻视权利，缺少指引行为人选择的方向，最终会阻碍义务的履行。法律要形成有效的利益调整机制，必须既重视权利又重视义务，二者不可偏废。❸

法律平衡各种社会关系，不仅照顾和维持各社会个体的利益，而且维护社会稳定，推动社会持续发展。利益的冲突会影响和冲击社会关系的稳定，使社会处于失序状态。从人性自私的本性角度来看，人人都想获得更多的利益，利益冲突不可避免，最终社会将落入霍布斯所说的野蛮状态，人和人像狼一样，处于一切人反对一切人的“战争”状态。谁想多获利益，最终失去更多的利益，甚至连基本的利益都得不到保证。为此，尽管人人都想获得更多的利益，但如果不想在利益的争夺中相互毁灭，就必须有所节制，这种节制要靠一种机制来调节，要靠一种制度来规范，靠机构组织来保证。由国家制定或认可的法律通过权利和义务的规定，来调整人

---

❶ 吴乐乐．社会转型期多元利益的立法协调机制研究［D］．郑州：郑州大学，2009：2.

❷ 张文显．法学基本范畴研究［M］．北京：中国政法大学出版社，1993：46.

❸ 张文显．法理学［M］．北京：高等教育出版社，北京大学出版社，1999：220.

的利益，引导人的行为，并以国家强制力作为保障，从而保证国家健康和谐有序的发展。

根据罗斯科·庞德教授的经验理性价值观，取得的社会利益效果最大而浪费最少的法律是最好的法律，实现利益平衡是法律的目的，为此法律必须平衡利益，平衡各利益主体之间的利益，调整各种利益冲突，减少人与人之间的摩擦，减少不必要的牺牲，以期最大限度地满足人们的利益需要。利益衡量应当遵循“两利相权取其重，两害相权取其轻”的原则，通过衡量利益之间位阶大小，从而做出取舍。[1]

第二节　网络著作权保护中的利益平衡

在著作权领域，利益平衡是著作权立法的基本精神，是著作权法的基石，指导著作权法律制度的具体设计。日新月异的网络技术加快了信息创作、传播的速度与广度，给著作制度带来巨大冲击，也给著作权保护的利益平衡及其法律规制带来时代课题。著作权在网络环境中的扩张是否造成了利益失衡？又该如何通过制度设计来扭转利益失衡，使网络著作权也在利益平衡的基本原则下良性发展？

一、知识产权保护中的利益平衡

权利和义务机制是法律平衡利益的有效机制，法律通过对法律主体可以享有哪些权利，应当履行哪些义务的规定，实现对利益的分配，从而对人的动机和行为产生影响，最终实现对社会关系的影响。[2] 法律对利益的调控主要表现为三个方面：一是表达利益要求；二是平衡利益冲突；三是调整利益格局。[3] 对于知识产权法，如果我们仔细探究，该法的实质乃是

---

[1] ［美］罗斯科·庞德．通过法律的社会控制/法律的任务：中译本［M］．沈宗灵，董世忠，译．北京：商务印书馆，1984：58.

[2] 公丕祥．法理学［M］．上海：复旦大学出版社，2005：57.

[3] 付子堂．法律功能论［M］．北京：中国政法大学出版社，1999：10.

利益关系。法律对社会正义的维护和追求，具体表现为能够体现社会正义的社会良好秩序，而各种利益主体间的利益平衡是获得良好社会秩序的基础。显然，确定利益的分配，平衡利益冲突，推动社会进步是知识产权法的立法目的。知识产权制度本身即体现了多种竞争利益共存、冲突、博弈之后形成的一种平衡。

知识产权是一种有别于财产所有权的新型民事权利，是人们依法对自己的特定智力成果、商誉和其他特定相关客体等享有的权利。[1] 对作品、发明等智力成果的创造者利益的保护是知识产权法的立法宗旨之一，作品等知识产品兼有创造性、公开性、非物质性、有价性等特征，[2] 意味着知识产品须进入市场流转、使用，方可实现其价值，权利人也才能真正实现其权利，获得利益。在对知识产品的使用中，知识产品的创造者希望最大限度实现其利益需求，必然强调其权利的专有性，而一味对知识产权专有性的保护必然又会影响社会公众对知识产品的合理接触和利用，进而阻碍科学文化知识的传播与再创造。所以，在知识产权领域，面临一个必须解决的问题，即努力实现权利人与社会公众、个体利益与社会公共利益之间的利益平衡，唯有该利益平衡的实现才能保障权利人利益，激励其再创造的热情与传播科学文化成果，促进社会进步立法目标的实现。所以，利益平衡一直是知识产权法发展历程中的主旋律。[3] 无论是知识产权法哲学经典理论劳动权财产理论还是经济激励理论的观点，无论从公正性还是从效益性方面考察，无论是知识产权法的立法宗旨还是知识产权法的守法、执法，都能体现利益的平衡存在的合理性及其价值。

回顾知识产权的发展历程，知识产权历经了从“特权”到“私权”的演变。虽然在不同历史时期，知识产权的权利性质区别很大，但究其核心和共同点都是赋予权利人垄断利益，使其获得智力创造活动和投资的回报。这种垄断产生激励效应，即激励权利人进一步投身智力成果的创造活动，

---

[1] 王迁．知识产权法教程：第 4 版［M］．北京：中国人民大学出版社，2014：3.

[2] 吴汉东，闵锋．简论知识产品的特点［J］．政治与法律，1987（2）：23-24.

[3] 冯晓青．利益平衡论：知识产权法的理论基础［J］．知识产权，2003（6）：16.

同时也促使更多的社会公众参与到智力创造活动中来，最终推动整个社会知识产品的增多，促进科学文化的繁荣和社会进步。这就是知识产权法中的“激励理论”，即通过赋予人们对于自己智力创造活动的成果以权利，进而增加社会知识产品的总量而最终促进社会进步。❶ 显然，“激励理论”指导下的知识产权法并非只强调对权利人利益的保护而不顾及社会公众利益，对创造者垄断性权利的赋予一方面是对其智力创造活动的肯定，另一方面是对其再度创作以及其他社会公众创作的激励，最终会丰富社会的知识总量，促进社会进步。如果对创造者没有这样的肯定和激励，不对其赋予专有性权利，其成果可以被社会公众无偿地任意使用，最终的结果显然是缺少了利益激励的人们会失去创作的动力和热情，进而损害社会公共利益。同样，如果立法仅强调对创造者的保护，授予其专有性权利而不设定任何的限制，社会公众就无法合理接触到新的知识产品，再创造难以为继，最终也会损害社会公共利益。这就涉及了知识产权制度中如何实现利益平衡的问题。

在知识产权理论中，平衡乃是在知识信息的创造、专有与接近之间实现平衡。信息的容量在一个既定时期内是有限的。信息量的有限性决定了信息的专有和公有一定会呈现此消彼长的现象。任何一方比例太大，都必然会给另一方带来影响。如太多的专有成分，必然会影响社会公众对信息的接近和获取，进而影响知识信息在市场中的流转，并最终影响知识产权制度目标的实现；而太多的公有成分，则会造成对知识产权的保护力度太弱，影响创造者的创造动力，从而造成知识信息的稀缺，最终也会影响知识产权制度目标的实现。❷ 为了使知识产权制度既能肯定和鼓励创造，又能保证社会公众合理接触到知识产品，维护社会公共利益，知识产权法的理论基础“平衡理论”的价值凸显出来，各国知识产权法在授予创造者专有权利的同时，均会设计一些对权利的限制，比如知识产权往往是有时间

---

❶ 冯晓青．知识产权法哲学［M］．北京：中国人民公安大学出版社，2003：183.

❷ 冯晓青．试论以利益平衡理论为基础的知识产权制度［J］．江苏社会科学，2004（1）：210.

性的，合理使用、法定许可使用等亦都能体现对权利人专有权利的合理限制，既保护个人权利又维护社会公共利益，极力地追求知识产品的创造者权利与义务及其与使用者、社会公众之间的利益平衡。“激励理论”与“平衡理论”高度契合，共同实现知识产权制度推动社会进步的目标。

“利益平衡”是我国知识产权制度的价值目标，我国的知识产权相关立法一直贯彻着利益平衡的原则，形成了具体的权利界定、保护、限制等规范，通过维持权利人与公众利益的平衡去实现对创新的激励，促进社会进步。

“利益平衡”同样是国际知识产权保护所应当遵循的基本原则。TRIPS 协议及其后的相关国际公约均对利益平衡原则有具体的规定和阐述。TRIPS 协议第 7 条中即明确了知识产权的目的就是要平衡相关各方利益。在具体权利的规定上，也充分体现了“利益平衡”原则，一方面，赋予权利人范围相当宽泛的垄断性权利，另一方面，几乎为每一项权利都设置了保护期、保护客体、保护例外等限制性规定，使“垄断”性权利并非绝对的垄断。

欧盟制定的《2001/29/EC 号指令》同样体现了“利益平衡”的思想，旨在协调各成员国之间的版权和相关权。该指令虽然强调私权本位，但也注意了对社会公共利益的兼顾，比如对版权限制的情形，采取穷尽式方式列举，力图最大限度地平衡权利人与使用者之间的利益。❶

而美国《千禧年数字版权法》的出台本身就是网络初期版权领域各方利益博弈平衡的产物，其修订最终仍是以利益平衡为基础达成共识，实现三方共赢：一是对权利人的利益的保护得到加强；二是网络服务商发展的社会条件得到保障；三是社会公众的信息自由度获得最大的提升。❷

总之，知识产权法始终在着力追求平衡权利人利益与社会公众之间的利益，尽管在不同的时空，平衡点会因为政治、经济、文化等的发展水平

❶ 李杨. 个人使用利益平衡问题的欧盟阐释进路及启示 [J]. 苏州大学学报·哲学社会科学版，2015 (4)：81.

❷ 李慧. 中美版权刑事保护之比较 [J]. 知识产权，2012 (7)：120.

有所不同，但一直都在追求平衡的道路上。考察知识产权中的利益是否平衡，主要从三个方面来分析判断：首先，考察权利人自身的权利和义务之间是否平衡；其次，考察创造者、传播者和使用者等与知识产权相关主体之间的利益是否平衡；最后，考察权利人的私人利益与社会公众的公共利益之间是否平衡。

利益平衡的理念贯穿于知识产权法律制度的始终。随着科技的进步、社会的发展，知识产品不断增长，知识产权不断扩张，而社会的发展进步也增加了人们对知识产品的需求，垄断利益和公共利益始终处于动态发展之中，又推动了各国知识产权法适时修订，以实现动态的利益平衡。在科学技术发展日新月异的今天，围绕知识产品的使用而产生的各种利益关系较之过去更加复杂，更需要确定好利益的平衡点，避免保护不足而损害知识产权人的利益、影响对创新的激励，更要避免保护过度而损害公众接近知识产品的利益，最终影响全社会的创新。

二、传统著作权保护中的利益平衡

如前所述，法律的功能在于认知对社会生活中的利益关系进行调整，协调利益冲突，使社会秩序和社会关系呈现立法者所追求的理想状态。❶

著作权法调整的是作品的创作者、使用者、传播者和管理机关之间的利益关系。这些利益关系是因这些主体间在作品的创作与控制、传播与使用、管理等过程中发生的，是著作权法调整的核心。著作权法是调整这些社会利益关系的法律规范的总称，可以说著作权法就是为了分配作品权益而产生的。❷“著作权法被认为是一种平衡的设计，在限制获得保护作品的成本和对作品提供激励所产生的利益之间存在一个平衡问题。”❸ 一味强调

❶ 牛巍．网络环境下信息共享与著作权保护的利益平衡机制研究［D］．北京：中国科学技术大学，2013：9.

❷ 冯晓青．著作权法的利益平衡理论研究［J］．湖南大学学报·社会科学版，2008（6）：113.

❸ 转引自：冯晓青．著作权法的利益平衡理论研究［J］．湖南大学学报·社会科学版，2008（6）：113.

公共利益的重要性而忽略对于作者的保护，激发创作的源泉可能会枯竭，而一味强调对于作者的保护，就无法满足社会公众自由获取信息的权利，作品也无法广泛传播，创作的价值无法实现。

著作权法中的权利限制制度充分体现着利益平衡的原则。法律在协调利益冲突时，价值更高的利益会得到优先考虑和保障。具体而言，协调冲突性利益是调整和平衡特定主体之间的利益关系，但最终目的是考虑社会公共利益和法律秩序的维护。所以，在利益平衡原则下解决利益冲突，并不会只考虑纯粹的个人利益，而是会兼顾社会的整体利益，尤其是要兼顾法律的秩序价值。[1] 著作权制度通过产权的界定来实现对创新的激励。通过对作者授予私人产权，无疑给权利人提供了最直接有效且持久的创作激励的动力，充分保护著作权人的利益，方能激发创新创作的动力，才有作品不断被创作出来，推动社会科技文化的进步。这种激励机制显然是以对作者权益的保护为基础和核心的。作品产权的静态归属理所当然是著作权制度的重心，促进作品的动态利用才是著作权制度的重中之重。“没有合法的垄断就不会有足够的信息生产出来，而有了合法的垄断又不会有太多的信息被使用”，[2] 由此可见著作权保护与限制之间的辩证关系。毫无疑问，著作权既需要保护，也需要限制，只有在对著作权进行保护的同时也给予一定的限制，方能保证社会公众对作品的合理接触和使用，促进作品的传播和利用及各方利益平衡的实现。在作品的创作、传播和使用的过程中，会涉及一系列受到著作权人专有性权利控制的行为，比如复制、发行、表演等行为，如果不对作品的各种利用行为加以区分，而是统一要求其得到著作权人的允许并支付报酬，或者允许对作品进行无限期的法律保护，很显然会影响后续创作，也违背了著作权制度的“激励理论”的要旨。只有对权利人的专有性权利设置一定的限制，比如作品经过一个法定期限后即失去著作权法的保护自动进入公共领域，任何人皆可自由使用；使用者

---

[1] 刘璐．利益平衡——著作权法之精髓［J］．湘潮月刊，2011（5）：17.

[2] ［美］罗伯特·考特，托马斯·尤伦．法和经济学［M］．史晋川，董雪兵，等译．史晋川，审校．上海：格致出版社、上海三联书店、上海人民出版社，1991：185.

只要符合法定条件即可自由、无偿或有偿使用作品的合理使用和法定许可使用制度等，以此保障社会公众接触作品的合理自由，才能实现著作权制度激励创新，最终推动更多更好的作品被创作、被传播、被使用，进而促进社会进步。这即是利益平衡的要旨。

我国《著作权法》第1条规定了著作权法立法的目的是要对著作权人利益和社会公众的利益进行双重保护，最终达到促进社会进步的目的。为了激励作者创作，著作权法赋予作者对其作品的专有性权利以示肯定。为了满足社会公众接近作品的需要，著作权法通过设置权利限制制度对著作权进行适当的限制。这也有利于他人创作时对前人创作成果的借鉴吸收。

著作权法是有效平衡著作权人与社会公众之间利益的法律机制，使二者之间的精妙平衡得以实现，是协调著作权人与社会公共之间利益的"平衡器"。[1] 随着科技和经济的不断发展，著作权法所创设的平衡不断地面临挑战甚至会被打破，使利益失衡，但是这种失衡或不平衡在利益博弈中会重归平衡。因此，著作权法中的利益平衡是一种动态的平衡，在新的经济技术背景下，依然要坚持利益平衡的基本原则，重新确定各种利益的平衡点，平衡各方利益，以实现新的利益平衡。

三、网络著作权保护中利益平衡的转向

鼓励创作，平衡利益，推动社会进步，一直是著作权制度的主旨，即使是在网络环境中也不会改变。在网络环境中作品的创作、传播和使用更深地受到科学技术发展的影响，创作者、传播者和使用者围绕作品而产生的利益关系更加复杂，利益冲突在所难免。在所有调整社会关系的规范之中，法律是调整范围最广、调整力度最大的，调整结果最权威的，因此，要保证网络著作权法律秩序，必须将网络环境中在新技术条件下围绕作品创作、传播和利用而产生的新型法律问题[2]纳入法律的调整范围。众所周

---

[1] 冯晓青．著作权法的利益平衡理论研究［J］．湖南大学学报・社会科学版，2008（6）：113.

[2] 比如作品的信息网络传播、网络服务商对作品的提供和利用等问题。

知，网络技术的产生和发展改变了作品创作、传播和使用的方式、途径，传统作品可以数字化处理后在网络中传播、使用，也可以直接利用数字化技术在网络中创作作品并进行传播、使用。在传统环境下，作品一经发表，著作权人便无法控制其被利用，而网络技术给著作权人提供了网络契约、技术管理措施和权利管理信息等限制社会公众接触作品的可能，网络技术扩大了作品的传播范围，扩大了作品的影响，但也使作品被侵权盗版的可能性大大增加。有人认为应当加强对著作权人的保护，也有人认为应当拓宽著作权权利限制适用的范围，这些变化和问题都需要著作权制度进行应对。❶ 笔者也认为著作权人利益的保护是构建网络著作权利益平衡中应首先考虑的问题。

一直以来，激励创作和创新都是著作权利益平衡机制的中心点。随着网络著作权保护机制逐渐形成，利益平衡的中心点也不断发展变化。与传统著作权保护利益平衡的中心点相比，激励商业发展和科技创新成为现代著作权中新增的重要关注点。❷ 但不管利益平衡的关注点如何变化，我们应始终坚持著作权人利益保护的基础地位，著作权保护是信息共享的基础和前提，坚持既要加强对网络著作权的保护，又要有利于互联网产业的创新和发展的基本态度。因为实施著作权保护，作品的创作才有了动力，才会有更多的优秀作品，才会为社会公众共享信息提供可能，才会有对社会公众利用他人作品方式的约束和规范，才会促进其对作品的合理、有序利用。过分强调对网络服务提供商和网络新兴产业的发展提供宽松的环境，弱化对网络著作权的保护会破坏网络经济秩序，不利于国家和社会的发展。

当然，著作权制度应当是一种合法、合情、合理的垄断制度，应随着社会科技文化的发展适时做出调整，以避免利益失衡。从国家层面出发，可从三个途径保护任何权利：一是合理安排制度；二是加强保护意识；三

❶ 牛巍．网络环境下信息共享与著作权保护的利益平衡机制研究［D］．北京：中国科学技术大学，2013：1.

❷ 孔祥俊．论网络著作权保护中利益平衡的新机制［J］．人民司法，2011（17）：53.

是严格执法。[1] 依据外部性理论来分析，作者创作和使用作品会受到其他社会公众的影响，也会影响到其他社会公众的利益，而社会公众对作品的使用也会既受到作者的影响又影响作者的利益，双方利益始终保持动态的变化。当今网络传播技术快速发展，作品的传播和利用更加便捷，侵权成本大大降低，著作权人权利的专有性很大程度地减弱，使得利益平衡很容易被打破。[2] 同时，在当代社会，著作权和互联网产业及技术创新的联系非常紧密，在制度安排上如何加强著作权，找准各方利益平衡点，在立法上消除权利冲突，促进各方主体和谐共存，共同发展，对网络著作权制度能否实现利益平衡至关重要。

第三节　我国网络著作权刑法保护中的利益平衡

在著作权利益平衡的问题上，需要优先考虑的是著作权人的利益，因为“私权保护是利益平衡的前提，利益平衡则是私权保护的不可缺少的制约”。[3] 循着这一思路，下面通过分析刑法介入网络著作权保护的必然性、合理性，来认识网络著作权刑法保护中的利益平衡。

一、我国网络著作权刑法保护中利益平衡的发展轨迹

2014 年 6 月 9 日，习近平总书记在“两院”大会上的讲话中指出：“我国经济规模很大、但依然大而不强，我国经济增速很快、但依然快而不优。”[4] 要完成民族复兴的伟大历史使命，作为后发的我国需要全方位大力

---

[1] 纪强．公正、合理与共享——信息时代知识产权保护的利益平衡思考［J］．中州大学学报，2006（3）：12.

[2] 牛巍．网络环境下信息共享与著作权保护的利益平衡机制研究［D］．北京：中国科学技术大学，2013：4.

[3] 任寰．论知识产权法的利益衡平原则［J］．知识产权，2005（3）：13.

[4] 习近平．在中国科学院第十七次院士大会、中国工程院第十二次院士大会上的讲话［EB/OL］．（2014-06-10）．http：//cpc.people.com.cn/n/2014/0610/c64094-25125594.html.

提升创新能力，不仅需要在科技上创新，也需在产权制度上创新，这从某种意义上对知识产权制度提出了新的要求，要求更加重视知识产权制度，与时俱进地发挥其作用。

知识产权制度不仅是科学技术发展到一定程度的结果，也是商品经济发展到一定历史阶段的产物，是法律与科技、经济相结合的成果，是一种激励和调节利益的机制，是现代科学技术的进步以及市场经济发展的助推器。[1] 知识产权制度对智力创造成果进行产权界定，使创造者的劳动和投资得到肯定，权益得到保障，成果得到保护和利用，创新亦得到激励。当前，我国正努力建设创新型国家，要努力建成现代化知识产权强国，需要创新能力和创新成果的支撑，因此对于知识产权应当逐渐加大保护力度，健全完善保护体系。随着国家经济的高速发展，科技的快速进步，现有的著作权制度受到严峻挑战，也引发国际国内著作领域的相关变革，在网络环境下，如何健全现有的保护体系，纠正因科技变革导致的利益失衡?

著作权保护制度自诞生之日起，就始终追求权利人和社会公共利益之间的利益平衡。著作权相关立法本就是利益集团之间相互博弈，寻求平衡的结果，利益平衡是著作权立法的根基，而这种利益平衡又是相对的、动态的平衡。著作权可以说是现代传播技术的“副产品”。[2] 每一次传播技术的发展都会打破著作权法原有的平衡，都会推动著作权法的相关修正和变革以确立新的平衡，无论在什么样的技术背景下，不管是模拟版权时代，还是电子版权时代、网络版权时代，对作者的私权保护始终是利益平衡的前提和重心。

著作权制度通过对产权的界定，充分地保护著作权人的利益，激发创作者的创新创作动力，使得作品源源不断地被创作出来，推动社会科技文化的进步。这种动力机制显然是以对作者的私权保护为基础和核心的。著

[1] 吴汉东，等．走向知识经济时代的知识产权法［M］．北京：法律出版社，2002：1-41.

[2] ［英］R. F. 沃尔，杰里米·菲利普斯．版权与现代技术［J］．国外法学，1984（6）：21.

作权制度不仅在于产权的归属，还在于作品的利用，因而，对保护的作品，其支撑点不仅在于确认作品的产权，也在于促进作品的利用，寻求并实现作品利益的最大化。据此，保护私有权是著作权制度的重要价值目标，促进社会进步对著作权制度同样重要，但在著作权法律关系中，必须将作者的权益居于首要和核心地位，否则也难以保证社会公众对作品的合理接触和利用及各方利益平衡的实现。所以，实现利益平衡必须以私权保护为前提，界定著作权人的产权，优先保护著作权人的利益，为利益平衡奠定了理论基石，从根本上保障著作权法价值目标的实现，意义重大。❶

科技的不断进步、经济的不断发展推动着著作权法不断发展、完善。网络传播技术的产生和发展也毫不例外地不断强烈冲击著作权制度，使作品的创作、传播、接触以及利用作品的方式和途径都发生了重大变化，作品的传播更加便捷，作品的影响力也借助网络传播得到大大提升，但网络传播的特点也决定了著作权人比在传统环境中更加无法控制其作品在网络中的传播，而网络传播技术也使侵权变得更加容易、更加隐蔽，且成本不断下降甚至为零，网络空间中“免费使用”的思想泛滥，侵权盗版日益泛滥，著作权人的权益不断遭到侵害，使得传统著作权制度确立的传统现实空间中的利益平衡状态被打破，出现网络空间利益失序、传统现实空间利益失望、整体利益失衡的现象。在不断进步的网络传播技术的推动下，著作权法开始了适时的修正，扩张了著作权人的权利，也逐步在完善对权利的保护。著作权由传统现实空间向网络空间的延伸和扩张，反映了权利人的私人利益与为接近知识、信息的社会公众的公共利益之间呈动态平衡之态。❷ 无论科学技术如何进步，作品传播手段如何改变，著作权制度保护私有权、鼓励创新创作的宗旨都不会改变。只有加强保护私人产权，将著作权传统现实空间适度扩张至网络空间，才能保证不竭的创作动力和不断

❶ 牛巍．网络环境下信息共享与著作权保护的利益平衡机制研究［D］．北京：中国科学技术大学，2013：56.

❷ 冯晓青．知识产权法利益平衡理论［M］．北京：中国政法大学出版社，2006：211.

层的创作成果。否则，提供丰富作品的局面会不能延续，社会公众要接近和使用的信息也会成为无源之水，最终使整个社会的文化创新受到障碍甚至涸泽。当然对网络著作权的保护也要注意“度”的把握，既不能形成垄断并影响社会公众正常合理接近信息和知识，也不能过度限制著作权人的利益而减损创作、创新的动力。

网络著作权作为著作权在网络空间的延伸和扩张，对其法律保护体现了法律对网络空间著作权提供的法律保护。这种法律保护仅是提供民事的，还是行政的，甚至刑事的，关键在于这个“度”的把握，尤其是刑法是否也应当介入网络空间提供与传统现实空间一样的保护。毫无疑问，对网络著作权提供刑事保护体现了著作权在网络空间的强化保护。相对于民事的、行政的法律保护，刑事保护无疑更强有力，其制裁也最为严厉，而作为主要是财产性权利的网络著作权，运用公权力来进行惩罚历来都慎之又慎，但刑法介入保护网络著作权应该说是应时而为，大势所趋。

包括著作权保护在内的知识产权保护可以促进创新、促进创新成果的应用和知识产权相关产业的发展。而网络著作权作为智力成果，权利人无法像物权人那样通过具体的占有来控制，也无法通过自己的有效管理来防止他人的侵害。权利人投入相当的努力和成本创造的作品因网络技术的发展在网络中更易受到侵害，而且违法成本很低。这种低成本、高收益的违法侵权行为会使具有逐利本能的人更肆无忌惮地侵害著作权，甚至是犯罪，比如时下疯狂的网络盗版行为。这必然会侵害权利人的利益，破坏市场经济秩序，也违背了刑法公正性的价值追求，当一种行为具有违法性并且运用民法、行政法等法律手段不足以对其进行规范时，刑法介入网络著作权的保护就成为一种必然，也为创作动力的激励增添了新的保证。

从国内外形势来看，刑法介入网络著作权的保护既是我国建设知识产权强国背景下的一种必然，也是我国履行相关国际公约的一种需求。TRIPS 协议第 61 条就明确规定了刑事处罚侵犯知识产权的要求，首先要求世界贸易组织（WTO）全体成员必须规定侵犯知识产权的刑事程序和处罚；其次要求刑事规制的对象至少适用于两类案件，一类是假冒商标案，另一类是版权盗版案，当然这两类案件必须是具有商业规模的故意侵权案件；再次就补救手段上规定并列或选择适用的监禁、罚金刑，并且该刑罚足以起到威慑作用；最后要求罪刑应当相当。随之而来的是，用刑事手段惩治侵犯知识产权行为日渐成为国际潮流。

我国对网络著作权的刑法保护，从无到有，从不完善到不断完善，也日渐形成一个相对完备的刑法保护体系。2001 年修订的《著作权法》不仅一改 1990 年《著作权法》不为著作权提供刑法保护的历史，而且规定了侵犯信息网络传播权的刑事责任，开启了网络时代网络著作权刑法保护之先河。2004 年《关于办理侵犯知识产权刑事案件具体应用法律若干问题的解释》将 2001 年《著作权法》新增的信息网络传播权“引入”1997 年《刑法》，提供了具有可操作性的依据，使网络著作权的刑法保护落到实处成为可能；2005 年《关于办理侵犯著作权刑事案件中涉及录音录像制品有关问题的批复》也使对录音录像制作者信息网络传播权的刑法保护落到实处成为可能；2007 年《关于办理侵犯知识产权刑事案件具体应用法律若干问题的解释（二）》有助于“复制发行”和“通过信息网络（向公众）传播”等行为的把握和认定。这三个司法解释将网络著作权的刑法保护落到了实处。2006 年《信息网络传播权保护条例》将规制信息网络传播行为的法律体系化，进一步细化了刑法对网络著作权保护。2011 年《关于办理侵犯知识产权刑事案件适用法律若干问题的意见》使网络著作权的刑法保护得到深化且有效。

在网络传播技术飞速发展，作品传播方式多元化的今天，著作权受侵犯的可能性愈来愈大，相对于民事保护主要在于对权利人所受损害进行经济补偿，刑事保护则在惩罚犯罪、保护权益之外，还重在维护经济秩序和社会秩序，故刑事保护对于网络空间的法律秩序和公共利益的维护更为有效。实现利益最大化是每个人的希望，有且只有当其违法犯罪的成本远高于其因违法犯罪的获利，并且其违法犯罪行为逃脱法律制裁的概率微乎其微时，他才会在权衡利弊得失后放弃违法犯罪行为。随着时间的慢慢推移，规则也就会内化于心。在著作权保护的发展中，科学技术尤其是网络技术的快速发展，扩张了权利，也伴随着新技术条件下违法犯罪行为的日益猖獗，国际著作权保护中出现了不断加强保护力度尤其是加大对侵权行为的刑事处罚力度的大趋势。建立著作权的刑法保护机制，能进一步强化社会公众尊重著作权的意识，既是履行国际义务，也是保护本国著作权的需要。

刑罚是实现刑事责任的主要方法，是最严厉的强制性制裁方法，是国家以“刑罚”之名限制和剥夺犯罪人的权益的惩罚方法。❶ 侵权行为一旦纳入刑法规制，步入刑事诉讼程序，就不仅是私人权益之间的冲突，而且是破坏社会秩序、与整个社会对立的行为。❷ 以个人权利为本位的我国民法，其宗旨是保证个人利益充分实现。刑事责任与民事责任相比具有不同的意义，民事责任主要是财产责任，重在补偿，关注对权益受侵害者损失的填平，力图使其权益恢复到未被侵害时的状态，而刑事责任重在惩罚；民法关注个人利益的充分实现，而刑法更重在恢复和维护社会秩序和公共利益，巩固和发展对广大人民有利的社会关系和法律关系，而这与著作权“利益平衡”的主旨相通。因此，著作权的刑事保护既要给予著作权人利益及时适当的刑事保护，遵守刑法的基本原则，也要合理划定公众合理使用的界限，保障社会公众接触、利用作品的权益，进而促进知识的传播与共享，❸ 推动社会进步。

我们还应注意到，现有相关刑法保护网络著作权的规定反映了我国网络著作权刑事立法重心的转移和调整，❹即不仅着眼于社会经济秩序的维护，也在不断加强对著作权人利益的保护，与著作权制度中对利益平衡原则的坚守，强调私权的保护是利益平衡的前提思路一致。2004 年《关于办理侵犯知识产权刑事案件具体应用法律若干问题的解释》第 11 条第 1 款将“以刊登收费广告等方式直接或者间接收取费用”视为“以营利为目的”，第 3 款将“通过信息网络向公众传播的行为”解释为《刑法》第 217 条规

---

❶ 高铭暄，马克昌．刑法学［M］．6 版．北京：北京大学出版社、高等教育出版社，2014：216.

❷ 廖中洪．中美知识产权刑事保护的比较研究［J］．法律科学，1997（3）：71.

❸❹ 李慧．中美版权刑事保护之比较［J］．知识产权，2012（7）：120.

定的“复制发行”，实质上降低了侵犯著作权罪的入罪门槛，相对地加强了对权利人的私权保护。2011年《关于办理侵犯知识产权刑事案件适用法律若干问题的意见》对于网络著作权在司法实践中适用刑法保护的争议和疑难问题做出了更加明确、细致的规定，对“以营利为目的”的认定做了进一步地扩张解释，并细化了直接或间接获利的情形。对网络著作权犯罪的“其他严重情节”和“其他特别严重情节”重新做了规定，具体涉及非法经营的“数额”、传播他人作品的“数量”、作品被点击的“次数”以及注册会员的“人数”等。这些使得定罪处罚标准更加明确深入和可操作，从而进一步完善了网络著作权的刑法保护。

二、我国网络著作权刑法保护中利益平衡的发展向度

如前所述，“利益平衡”原则乃著作权制度的基石，在建构网络著作权刑事法律保护体系时须坚持“利益平衡”的原则，并注意其发展向度的选择，科学合理确定网络著作权刑法保护的边界、措施和力度，既要能够满足激励创新的需要，又要能够实现促进社会进步的目标。[1]

著作权的产生，意味着一部分知识会被转变为专有性的私权，此消彼长，因而从某种意义上是“挤占”了社会公众可自由使用的公有知识的范围。合理使用制度为平衡著作权人与社会公众之间的利益，为缓冲、协调二者的矛盾对立提供了有效机制。著作权如何才能合理有效使用，该问题自始至终被关注、争论。面对网络环境中日益猖獗的著作权侵权行为，立足于著作权的激励机制，必然要求扩大著作权法律保护范围，因而刑事保护网络著作权则是必然的逻辑结论。这显然会加速著作权的扩张，甚至会导致垄断，与自由竞争的基本法则相悖。于是著作权利益的平衡原则由传统现实空间进入网络空间。伴随著作权扩张至网络空间，在网络空间的著作权人和社会公众之间的利益又应当如何平衡，必然要求确定其法律保护的合理边界，那么刑事法律保护网络著作权的边界又在哪里？如何确定

[1] 龚大春．论知识产权的刑法保护方略［J］．福建法学，2015（3）：40.

科学合理的基点以既能保护网络空间的保护私权又能促进知识共享？这不仅事关是自由主义还是保护主义的网络著作权的刑事保护立场，[1] 也由于法律的主要功能就是平衡利益冲突，所以也事关平衡著作权利益的发展方向。知识经济时代的网络著作权刑事法律保护在保护边界确定的价值取向上应当继续著作权保护的思路，以私权界定和保护为己任并进而寻求利益平衡。

利益平衡论不仅是一种价值论，也是一种方法论，[2] 所以我们可以以利益平衡为基础考量我国网络著作权刑法保护的价值取向。

利益平衡并不等同于利益均等。网络著作权是一种特殊的著作权，是一种民事权利，民法以保护私权为己任，所以，网络著作权不管采用何种方式进行保护，都不应该脱离这个主旨。同时，我们也要认识到，刑法介入保护网络著作权，也需要符合刑法的基本要旨，即在惩罚违法犯罪行为的基础上维护良好的社会秩序。而私权保护与社会秩序的维持之间需要一种平衡。从网络著作权刑事法律保护的当代使命来看，其不仅要保护信息分享的公正性，维护良好的社会经济秩序，更需要鼓励创新，丰富社会知识信息的总量。提高综合创新能力才能推动经济发展和社会进步，创新所能带来的收益是推动创新的根本动因，而创新者与创新成果的产权关系又决定了创新收益的量。作品等知识信息具有公共产品属性，唯有对其进行私权的产权界定，才能肯定和补偿其劳动和成本的付出，从而激励其继续创新。因此，网络著作权刑事法律保护划定其保护边界应立足于保护主义，兼顾自由主义，即以私权的优先保护为重心，兼顾秩序的维护，平衡私益与公益，才能实现刑法的终极价值目标——正义。[3]

解决了网络著作权刑法保护边界的划定问题，还需要明确对网络著作权刑法保护的力度和措施，那么，应该坚持强保护还是弱保护的战略呢？

---

[1] 田宏杰．论我国知识产权的刑事法律保护［J］．中国法学，2003（3）：144.

[2] 刘友华．利益平衡论：穿行于理想与现实之间——《知识产权法利益平衡理论》读后［J］．电子知识产权，2006（11）：62.

[3] 田宏杰．论我国知识产权的刑事法律保护［J］．中国法学，2003（3）：143-144.

"强"和"弱"体现了国家法律对知识产权保护程度上的差异，从法律经济学的角度解读，知识信息的生产者是否可以依靠国家法律规定的正当程序回收其投入的成本是划分二者的标准。强保护可以保证生产者成本的回收，激励创造、创新。实行强保护战略的国家，知识产权保护的力度大、措施多，综合运用包括刑罚方法在内的各种法律方法。弱保护战略则通常是基于减少对国外知识产权的依赖和降低国内产业发展成本的考虑，基本不使用刑法保护知识产权。[1]

发达国家和发展中国家曾长期存在知识产权保护战略上强和弱的差别。一般来说，在对知识产权保护的战略上，发达国家推行强保护战略，而发展中国家推行弱保护战略。在一个国家的发展阶段同样如此，在国家处于发展中时期一般实行弱保护，而当进入或即将进入发达国家的行列时则推行强保护战略。不管一个国家采取的是强保护战略还是弱保护战略，判断的依据在于是否有利于国家利益，因而遵循国家利益至上原则。

我国虽然是发展中国家，但是国家发展速度很快，因而使得对网络著作权的法律保护中，对于知识产权保护采取强保护战略还是弱保护战略的选择，是否让刑法介入、何时介入以及介入的程度等都在不断的变化之中，但仍然经历的是由弱保护向强保护的这样一个过程，以此来适应并服务于我国的经济社会发展。特别是随着经济全球化，国家贸易制度一体化以及知识产权制度国际化的发展趋势，必然要求提高知识产权保护的效率和水平，[2] 其显著特征就是借助刑法手段保护知识产权日益受到重视。因此，我国为网络著作权提供刑法保护不仅符合我国经济社会发展的需要，高度契合我国知识产权向强保护战略过渡，也符合国际知识产权保护的发展趋势。

前文曾述及，TRIPS 协议不仅在第 61 条规定全体成员必须提供刑事程

---

[1] 吴宗宪. 知识产权刑法保护的基本理念 [J]. 山东警察学院学报，2010 (1)：5-6.

[2] 吴汉东，等. 知识产权制度变革与发展研究 [M]. 北京：经济科学出版社，2012：2-3.

序和刑事惩罚，而且在第72条规定保留条款必须经其他成员同意方可。2015年10月5日，美、日等12个国家和地区达成的《跨太平洋伙伴关系协定》（TPP协定）在国际领域进一步加大了对知识产权进行刑事保护的力度，[1] 具体表现为对知识产权领域：扩大刑法保护的范围，缩减构成犯罪的限制，增加刑事犯罪的行为类型；明确刑罚适用的情形；丰富启动刑事处理的程序。[2] 由上可见，国际对知识产权保护力度偏强，而且这种保护的力度呈现越来越强的趋势。关注《跨太平洋伙伴关系协定》（TPP协定），关注其制定的当前最严格的知识产权规则，对我国确立网络著作权刑法保护的规则有着很强的指导意义。[3]

当今知识经济时代，国家经济实力的竞争归根结底是科技和人才的竞争，是知识产权的竞争。在当前，盗版行为非常猖獗，极端不利于维护正常的经济秩序和对自主创作的鼓励，打击盗版侵权行为是经济工作的重点之一，因此，通过对网络著作权提供刑法保护，使侵权者不仅可能承担相关民事法律责任和行政法律责任，还可能因侵权而承担刑法法律责任，受到刑罚的惩罚，从而使得侵权行为的抑制更加高效。

知识产权强保护的战略思想体现在我国在一系列文件中。2014年12月10日，国务院办公厅转发的《深入实施国家知识产权战略行动计划（2014~2020年）》首次明确提出努力把我国建设成为“知识产权强国”的新目标，并抓住知识产权运用和保护两大关键进行重点部署。2015年3月23日中共中央、国务院印发的《关于深化体制机制改革加快实施创新驱动发展战略若干意见》提出“实行严格的知识产权保护制度，研究降低侵权行为追究刑事责任门槛”。同年12月18日，国务院颁发的《关于新形势下加快知识产权强国建设的若干意见》中明确提出加快知识产权强国建设

[1] Article 18.77: Criminal Procedures and Penalties of TPP. from TPP Full Text of OFFCE of the UNITED STATES TRADES REPRESENTATIVE'S website.

[2] 郑旭江．知识产权刑法保护的变化因素与立法反思——以TPP协议的通过为线索[J]．河北法学，2016（6）：162-164.

[3] 郑显华．TRIPs协议视角下的中国知识产权刑法保护［J］．人民论坛，2013（26）：116.

的要求，在指导思想上要求：深入实施国家知识产权战略，保护更加严格、加大侵权惩治力度和打击犯罪力度，保障和激励大众创业、万众创新，为实现民族伟大复兴奠定更加坚实的基础。2016 年 12 月 30 日，国务院印发的《“十三五”国家知识产权保护和运用规划》再次强调对知识产权严格保护的指导思想，下达实行严格保护的主要任务。从著作权法、商标法和专利法的最新修订动态来看，加大保护力度已经成为知识产权法律修改的方向和社会共识。❶

无论是国外还是国内，知识产权保护的主基调或者趋向都是加强保护。“提升知识产权保护水平”是2016 年《“十三五”国家知识产权保护和运用规划》的重点工作之一，在“提升知识产权保护水平”下明确提出“强化知识产权刑事保护”。显然，中国对于知识产权的刑法保护明确了由“弱”到“强”保护战略。据此，适用刑法保护网络著作权也应当逐步增强。

第四节　利益平衡语境下应强化网络著作权的刑法保护

作品是否需要著作权保护是利益平衡的结果，著作权是否需要刑法保护以及需要何等程度的刑法保护依然是利益平衡之后的选择。在利益平衡的语境之下，在设计著作权法律制度时，如何设定刑法保护著作权，使著作权的刑法保护既能满足著作权的各方利益主体在现实空间的需要，也能满足其在网络空间的要求。网络传播技术的发展，网络作品的出现以及网络著作权的产生引发了著作权各方主体之间新一轮的利益博弈。著作权延伸至网络空间，为了平衡各方利益的关切，刑法对于网络环境下的著作权也应当提供保护，并且加强此种保护。

---

❶ 孔祥俊．当前我国知识产权司法保护几个问题的探讨——关于知识产权司法政策及其走向的再思考［J］．知识产权，2015（1）：6.

一、平衡著作权利益主体之间利益的需要

对于传统作品数字化后在网络中传播，若无相应权利规制该网络传播行为，必然使传统著作权主体的利益受到侵害，从而打破传统著作权利益主体之间利益的平衡状态。使传统著作权主体的合法利益受到侵害的网络传播行为是实质上的侵权行为。网络传播侵权行为被滥用，由此可能使传统著作权主体的利益受到的损害程度达到甚至超过犯罪的标准。等质代换，这种网络传播侵权行为应当与现实环境下侵犯著作权犯罪受到同等的法律处遇，用刑法来规制网络传播侵权行为。进一步前推，那么网络传播侵权行为侵犯的是什么权呢？当然是著作权，不过，是网络环境下的著作权，而不是传统现实环境下的著作权，因此，应当赋予网络作品网络著作权以规制网络传播行为。刑法打击网络侵权传播，保护网络环境下的著作权，既促成和保障了网络空间著作权利相关利益主体之间的利益平衡，也从另外一个侧面，维持和强化了传统现实空间著作权利相关利益主体之间的利益平衡。

对于网络中直接创作作品的主体，如果没有网络著作权保护其网络作品，必然使其失去网络创作的动力。由此使得此类网络作品难以勃兴，也不可能推动网络发展与繁荣。相比传统作品数字化后的网络作品，对此类网络作品的网络著作权的侵害，仅仅是阻止新的利益主体的崛起，影响的是网络空间著作权相关利益主体之间的利益平衡，并不影响传统现实空间的著作权利益主体之间的利益，但其侵害的程度同样也可达到传统现实环境下侵犯著作权犯罪的标准。因此，等质代换，此类作品同样需要刑法保护其网络著作权。

综上，无论是传统作品数字化后的网络作品，还是在网络中直接创作的网络作品，其在网络传播中的著作权诉求即为要求法律确认或确定涉著作权利益的各方主体的利益，经过各方的博弈，分配彼此的著作权权利和义务，并通过刑法来保障维持。

二、遏制侵犯网络著作权犯罪的需求

从我国现有的刑事侵犯网络著作权案件来看，尽管首例判定罪判刑的案件产生于2006年，但最早实施侵犯网络著作权的刑事案件始于2001年，随后逐年增多，总体呈上升趋势。这种案件增长的上升趋势还表现在两个方面：一是案件数量的增长上，表现为定罪量刑结案的数量逐渐增多和移送司法处理案件逐渐增多；二是案件增长的速度上，2011年后增长很快，并在总体上维持高位。不断增多的侵犯网络著作权的刑事案件也从一个方面反映了网络著作权受到更多的刑事侵害，使得相关利益主体的合法利益受到侵害，不断平衡的利益又不断地因为犯罪被打破，甚至使著作权相关利益主体之间的利益严重失衡，也反映了现有的刑事法律还不能够有效地遏制此类案件，还需要加强。

三、执行国家知识产权强保护战略的要求

前文曾述，我国刑法不断加强对网络著作权保护的走向，与我国知识产权强保护战略相契合。也就是说，知识产权强保护战略本身也需要刑法加强对网络著作权的保护。一个国家对知识产权无论采用强保护战略还是弱保护战略，都是国家利益至上的，追求国家利益的最大化。

采用知识产权弱保护战略的国家一般处于发展阶段，由于知识创新不足，为了国家的发展，往往对侵犯他人的知识产权持一种宽容、放纵的态度。这也从某种程度上抑制了国家的知识创新。与因此所获得国家发展的利益来讲，只要本国的知识创新以及知识产权的积累没有达到一定的程度，满足国家对知识产权的要求，国家则很难改变知识产权保护战略。只有牺牲本国知识创新者的个人利益，使社会公众获得大量侵权知识产品，从而推动国家不断地发展。显然，在此战略下，著作权人的利益与国家的利益不一致，形成的是各利益主体之间的一种不良的利益平衡状态。

采用知识产权强保护战略的国家一般处于发达阶段，由于知识创新很强，知识产权积累已达到一定的程度，已经能够满足一个国家的可持续的

发展，如果不很好地激励知识创新，加强对知识产权的保护，则会阻碍国家的发展。所以，刑法加强对著作权人的利益保护是此战略内在的必然要求，著作权人的利益与国家的利益高度一致，各利益主体之间的利益平衡是良性的平衡，刑法保障主体实现利益的最大化。

如果说，著作权延伸至网络空间演变为网络著作权是法律对著作权保护的扩张和强化，那么，刑法对网络著作权的保护也是对著作权法律保护的进一步强化，而且这种强化还需要不断地深入。

总之，在利益平衡原则下，网络著作权刑法保护应是在坚持逐渐增强保护的基本理念下，明确刑法保护手段相对于民法、行政法等手段是处于补充性的手段的定位，网络著作权毕竟是私权，更适合以民事保护作为主渠道的保护制度，只有在排除了用民法、行政法等法律手段均不能对网络著作权领域违法侵权行为进行调整的可能性之后，才可能涉及用刑法手段予以规制。即对于侵犯网络著作权的犯罪，刑法也应当坚持其谦抑性，应当宽容并尽最大可能保持谨慎和克制的态度，力求以最小的支出——少用甚至不用刑罚（而用其他刑罚替代措施），获得最大的社会效益——有效地预防和控制犯罪。[1] 同时，网络著作权的刑法保护要遵循协调性的原则，确保刑法与其他法律之间的协调，罪刑结构的协调，刑种配置的协调。[2]

---

[1] 陈兴良．刑法的价值构造［M］．北京：中国政法大学出版社，1998：363.

[2] 刘科．中国知识产权刑法保护国际化研究［M］．北京：中国人民公安大学出版社，2009：123-128.

第四章 侵犯网络著作权的犯罪主体及类型

任何犯罪都是人的犯罪，因此，研究讨论侵犯网络著作权的犯罪行为绕不开对犯罪人的考察，即有必要研究侵犯网络著作权的犯罪主体。就犯罪主体的范围而言，侵犯网络著作权的犯罪主体的范围比侵犯传统著作权的犯罪主体的范围更加宽泛，毕竟传统的侵犯著作权行为人实施侵权行为受到诸多限制，主要是专业技能的限制，❶ 而网络技术的普及使人人几乎都能顺利地传播利用作品，为众多利用网络在网络空间严重危害著作权的犯罪行为提供了可能。在整个侵犯网络著作权的犯罪过程中，有三类人参与其中：一是网络信息内容的上传者；二是为信息传播提供服务的网络服务者；三是接收并最终使用信息的终端使用者。这些人是否都可能成为侵犯网络著作权的犯罪主体？

毫无疑问，网络信息内容的上传者最有可能成为侵犯网络著作权的犯罪主体，❷ 此类主体没有特别值得讨论的地方，本书不就此主体进行讨论。而接收并最终使用信息的终端使用者是否可能成为侵犯网络著作权的犯罪主体，值得讨论。同样值得研究的是，为信息传播提供服务的网络服务者是否也可能成为侵犯网络著作权的犯罪主体。网络服

---

❶ 比如在传统环境下，是否掌握印刷术，对盗版印刷行为有很大的影响，掌握该技术的人员更容易成为该罪的犯罪主体，所以专业技能限制侵犯著作权犯罪的实施。参见：李雯欣．论我国网络环境下著作权犯罪的立法完善［D］．大连：东北财经大学，2016：6-7.

❷ 杨光，杨强．网络服务提供者的抗辩依据——著作权制度应为网络服务提供者留下合理的生存空间［J］．科技与法律，2001（4）：82.

务者不仅为信息网络传播提供硬件服务，❶ 而且为信息网络传播提供软件服务，❷ 还提供广告推广等帮助服务。❸ 因而，为信息传播提供服务的网络服务者应当成为研究和讨论侵犯网络著作权的犯罪主体的重点、热点和难点问题。

第一节　侵犯网络著作权的犯罪主体

一、自然人犯罪主体与单位犯罪主体

以1997年修订《刑法》为分水岭，《刑法》修订之前的犯罪主体是指达到刑事责任年龄、具有刑事责任能力、应当负刑事责任的人。❹ 由此，犯罪主体显然仅仅是指自然人主体。自1997年修订的《刑法》增加单位可作为犯罪主体之后，犯罪主体就有了自然人犯罪主体和单位犯罪主体之分。❺ 由于单位的犯罪主体是法律拟制人格的主体，所以自然人犯罪主体和单位犯罪主体的法律属性不同。在我国刑法中，自然人犯罪主体是最基本的犯罪主体，更具有普遍意义，单位犯罪主体必须以刑法分

---

❶ 比如提供互联网接入、网络存储信息空间和服务器托管等技术服务。

❷ 比如提供通信传输、网络信息内容等技术服务。

❸ 除此之外，还提供支付结算帮助服务。

❹ 代表性的权威定义，如犯罪主体是指达到法定责任年龄、具有责任能力、实施了危害社会行为的自然人。参见：高铭暄．刑法学［M］．北京：法律出版社，1984：136. 犯罪主体是指具备刑事责任能力、实施犯罪行为并且依法应负刑事责任的自然人。参见：赵秉志．犯罪主体论［M］．北京：中国人民大学出版社，1989：10.

❺ 基于此，对犯罪主体的界定要将自然人和单位包含在内。代表性的权威定义，如犯罪主体是指实施了严重危害社会的行为，依法应负刑事责任的人（包括自然人和单位）。参见：陈忠林．刑法学［M］．北京：法律出版社，2000：134. 犯罪主体，就是依照刑事法律规定，能够对自己的行为承担刑事责任的人。参见：苏惠渔．刑法学［M］．北京：中国政法大学出版社，1999：136. 犯罪主体是指实施了严重危害社会行为、具有刑事责任能力的人。参见：马克昌．犯罪通论［M］．第3版．武汉：武汉大学出版社，1999：239. 笔者曾直接将犯罪主体定义为实施了犯罪行为的人。参见：杨加明．犯罪主体概念之重构［J］．青海民族学院学报·社会科学版，2002（2）：93.

则明文规定为准，否则不能够成为犯罪主体。

根据 1997 年《刑法》第 220 条规定，侵犯著作权的犯罪主体包括自然人主体和单位主体。在网络环境下，不论是单位还是自然人，在客观上都容易侵犯著作权，故侵犯网络著作权的犯罪主体也包括自然人主体和单位主体，且无论单位是否有资格从事出版、发行业务，均不影响其可能构成侵犯网络著作权的犯罪主体。

根据我国刑法对于侵犯著作权罪的规定来看，无论是自然人犯罪主体还是单位犯罪主体，该罪的主体都是一般主体。但由于现行刑法依据现实空间侵犯著作权犯罪而制定，那么该规定是否适用于网络空间的侵犯著作权犯罪？通观我国的法律规定，并无特别的例外限制。由此可见，侵犯网络著作权的犯罪主体既包括自然人主体，也包括单位主体，并且无论是自然人还是单位，都是一般主体。

二、网络服务提供者与非网络服务提供者

对于侵犯网络著作权的犯罪主体，不管是自然人犯罪主体还是单位犯罪主体，也不管是直接实施侵害网络著作权行为的主体，还是提供侵害网络著作权帮助行为的主体，根据主体是否提供信息网络传播服务可将其分为网络服务提供者与非网络服务提供者。

网络服务提供者是否可能构成侵犯网络著作权的犯罪主体，情况比较复杂，这与其在信息网络传输中的作用以及提供的网络服务内容有关。网络服务的提供者，是指为信息网络传播提供服务的人。从网络服务提供者与网络服务提供商的英文翻译来看，都翻译为：Internet Service Provider，英文缩写为 ISP，所以我们一般习惯性不加区分地称为网络服务提供商。

应该说，网络服务提供商是提供网络服务的绝对主体，❶ 所以通常在没有特别说明的情况下，用网络服务提供商指代网络服务提供者。本书指的网络服务提供者包含网络服务提供商和非网络服务提供商。

网络服务提供者的情况非常复杂，也没有一个统一的分类标准，不同的人可根据不同的标准作不同的分类，学者们的分歧很大。❷ 根据2011年《关于办理侵犯知识产权刑事案件适用法律若干问题的意见》第15条规定和《刑法修正案（九）》第29条、第287条之二第1款规定，网络服务提供者除了提供网络信息内容（Internet Content）服务之外，还有提供服务器托管、网络接入（Internet Access）、网络存储（Network Storage）、通信传输（Communication）、费用结算和广告推广等行为可能直接侵犯或帮助侵犯网络著作权而被追究承担刑事责任。❸ 最简单，也是最为大家普遍接受的基本分类，即按照网络服务提供者在信息传输中的作用将其分为两类：一类是中介性质的网络服务提供者；❹ 另一类是提供信息内容的网络服务提供者。❺ 前一类主体提供中介性质的网络服务，后一类主体通过前一类

---

❶ 没有强大的人力、资金和技术作保证，网络服务不可持续，因此，个人网络服务者尽管在客观上可以提供网络服务，但无法与网络服务提供商同日而语，居于次要地位，可以忽略不计，尽管如此，我们必须正视此网络服务提供者。营利的网络服务是网络服务提供商之所以提供该服务的目的所在，因此网络服务提供商要追逐该服务的利益的最大化，获得的利益又为更持续、更好提供网络服务提供强有力的资金保障，也为获得更多、更好的人力资源，更加先进的技术提供保障。由此也注定了提供网络服务的主要是网络服务提供商，为追逐利润，存在在提供网络服务的同时侵害著作权人的利益的可能，也正是如此，应当加强监管网络服务提供商的网络服务行为。

❷ 如薛虹教授将其分为网络基础设施/电子公告板系统经营者、接入/主机服务提供者、信息搜索工具提供者五类；梁志文教授分为内容和服务提供商两类；王迁教授分为使网络接入、网络内容、主机、搜索引擎或信息定位等服务的提供者五类。参见：蒋颖．论网络服务提供商侵犯著作权犯罪的刑法适用［D］．上海：华东政法大学，2012：3.

❸ 曾有学者提出，将各网络服务的主体笼统地称为网络服务提供者，内涵过于宽泛，不适宜适用法律条文。只需要列出可能的网络著作权侵犯主体就足够了。参见：兰晓为．网络著作权侵权主体——“网络服务提供者”之解读［J］．大连海事大学学报·社会科学版，2009（4）：48-50.

❹ 即Internet Service Provider，简称ISP，为网络信息传播提供技术服务。

❺ 即Internet Content Provider，简称ICP，通过ISP传播的网络信息内容由其提供。

主体中的网络技术服务，设立提供信息内容服务的网站，为用户提供信息发布或查询。不过除了非营利性质的网络服务提供者之外，目前很少有纯粹的网络内容服务提供者（ICP），网络服务提供者往往是网络内容服务提供者（ICP）和网络技术服务提供者（ISP）的综合体。本书重点讨论网络内容服务提供者（ICP）和网络技术服务提供者（ISP）如何构成侵犯网络著作权的犯罪主体。

第二节　网络最终用户主体

在境外，有网络最终用户因为侵犯著作权而被定罪判刑的案例。如美国的帕尔文·哈利瓦案[1]：被告帕尔文·哈利瓦是亚利桑那大学的学生，因为非法下载音乐和电影被追究刑责。[2] 如我国台湾地区 Kuro 案[3]，被告陈佳惠因为下载歌曲千首被定罪判刑。[4] 如日本的“Winny”案[5]，Winny 软件的两名使用者以违反著作权法为由被定罪判刑。[6] 目前，在我国，虽然网络最终用户通常不成为侵犯网络著作权的法律责任主体，所以一般也不会构成犯罪主体，但并未排除这种可能性。特别是随着国家和社会的高速发展，国家对知识产权的保护越来越严，网络最终用户构成犯罪主体的可能性越来越大。微软诉亚都案带给我们的就是这种警醒。目前仍然有探讨网络最终用户构成犯罪主体的必要性和现实可能性。

[1] 新华社．美国一大学生因从网上非法下载音乐被判有罪［J］．青少年犯罪问题，2005（2）：41.

[2] 根据事先与检察官达成的协议，他被判处 3 个月缓刑、3 年察看、200 小时社区服务和 5 400 美元罚款。

[3] 单体禹．国内外 P2P 软件著作权侵权案件简介及特点［J］．信息网络安全，2008（2）：72.

[4] 被认定为共同连续擅自以重制的方式侵害他人著作财产权，处有期徒刑 4 个月，得科罚金，并缓刑 3 年。

[5] 林俊毅．数字音乐下载侵权分析——消费者行为与版权市场机制互动观点［J］．当代经理人，2006（4）：56.

[6] 两名使用者都被京都地方法院判处 1 年有期徒刑，缓刑 3 年。

一、微软诉亚都案引发最终用户法律责任的思考

1999年3月，美国微软公司向北京市第一中级人民法院起诉亚都科技集团，擅自复制和使用盗版微软的软件，并提出停止侵权、道歉、赔偿损失，并承担律师费和调查取证费的诉讼请求。由于微软公司将亚都科技集团和亚都科技有限公司搞错，北京市第一中级人民法院于1999年12月17日，以亚都科技集团的被告资格不具备为由，驳回微软诉讼请求。由于本案将矛头指向最终用户，要求最终用户承担法律责任，但因为告错被告，没有解决最终用户是否承担法律责任的问题。[1] 按照司法实践中对侵权最终用户补偿能力等方面的考虑，通常都不选择追究最终用户的法律责任，本案却请求追究最终用户的法律责任，由此，最终用户是否能够成为法律责任主体成为重要的反思和讨论的问题之一。

从著作权保护的角度看，软件的著作权保护不同于其他著作权的保护，有其特殊性，软件易于复制或多次使用以及使用于多个计算机或网络，因而应当有别于其他著作权保护。最终用户使用盗版侵权软件，是否构成侵权，并由此承担法律责任？这既事关最终用户的利益，也事关参与国际竞争，因此，该案之后，这已成为争论的热点问题。

有人主张，明知或应知是盗版侵权软件而使用，则构成侵权，承担法律责任；也有人主张，对此不承担法律责任；还有人主张，对此只有政府部门和营利性单位才应当承担法律责任。

那么是否可以进一步追问：如果最终用户承担法律责任，是追究民事责任还是行政责任？是否可以追究刑事责任？特别是网络环境下，最终用户对侵权软件复制品的使用更加方便，对著作权人的权利损害比在传统现实环境更大，那么对此最终用户的侵权行为的规范是否需要加以调整呢？网络最终用户是否可成为侵犯网络著作权犯罪的主体？

---

[1] 姜颖．“微软”矛头直指最终用户［J］．中国质量万里行，2000（3）：1-2.

二、网络最终用户成为刑事责任主体的条件

先且不论最终用户是否可成为民事、行政以及刑事责任的主体，也不论最终用户是否可能承担哪种法律责任，首先应当厘清最终用户的概念。因为我们讨论的是网络最终用户使用盗版侵权软件是否成为法律责任主体，承担法律责任的问题，所以，界定清楚最终用户是我们继续讨论下去的逻辑起点。也只有在此基础上讨论，才能明确网络最终用户是否可能成为侵犯网络著作权的刑事责任主体。

如何界定最终用户？没有一个统一的标准。一般将其称为终端用户或终端客户，即是指产品最后接触和服务的目标客户，最后一个消费者。那么网络最终用户，是指通过网络接收并最终使用信息的终端使用者。通常，不会选择追究对通过网络接收并最终使用侵权网络作品的终端使用者的法律责任，因为接收并最终使用侵权网络作品的用户如果再传播，其身份会发生转化，成为新的传播者，不再属于网络最终用户的范畴。但对通过网络接收并最终使用盗版侵权软件的终端使用者除外。盗版侵权软件在网络上很容易获得，这是其一；其二，更为重要的是，盗版侵权软件的使用所造成的损害远非使用其他侵权网络作品所能比，因为其严重的危害性需要刑法介入。故网络最终用户成为刑事责任主体的条件只能是以下几种。

1. 必须是软件的网络最终用户

软件的网络最终用户是指通过网络接收下载软件，并成为软件最终用户的网络终端用户。网络终端用户首先是软件的最终用户，并且其最终使用的软件源自网络的接收下载，只有这样的软件用户才是软件的网络最终用户，才可能涉及是否构成侵犯软件著作权的犯罪主体或刑事责任主体。显然，判断是否是软件的网络最终用户，就必须界定软件最终用户。

对软件最终用户的界定，有人认为是对软件自我最终消费的人。[1] 由此界定的逻辑可做这样的推论，软件的最终用户只能在一台计算机上安装

[1] 钟强．新《计算机软件保护条例》中软件最终用户的法律责任［J］．社会科学，2002（12）：1.

使用所合法持有的软件，若又在第二、第三，乃至更多台的计算机上安装使用所合法持有的软件，则很难确定其是否是最终用户。显然，由此推论显得不尽合理，甚至有些荒谬。当然由此种界定，也可做这样的理解：对软件自我最终消费的人即软件的最后持有者，软件属于最后持有者专有专用，不能再转让。最终用户的软件合法持有人只要在法定的范围内使用软件都是其应享有的专有专用权，至于用于计算机的数量或使用的次数，在著作权人许可的范围内皆为合法。

2. 是擅自复制和使用盗版侵权软件的网络最终用户

网络最终用户可能合法持有使用源自网络的软件以及软件的合法复制品，也可能非法持有使用软件以及软件的合法复制品。无违法无责任，因此，网络最终用户合法持有使用软件以及软件的合法复制品不存在法律责任主体和法律责任问题。那么，网络最终用户未经授权或许可，擅自复制或使用盗版侵权软件是否成为法律责任主体，承担法律责任？未经授权或许可，擅自复制源自网络的软件的行为毫无疑问侵犯了软件著作权人的著作权。同样，使用源自网络的盗版侵权软件的行为同样也侵犯了软件著作权人的著作权。因此，网络最终用户未经授权或许可擅自复制软件可能成为法律责任主体，承担法律责任；网络最终用户使用盗版侵权软件可能成为法律责任主体，承担法律责任。另外，合法享有软件的合法复制品持有者销毁备份复制品和向第三人提供修改软件，是否可能涉及网络最终用户成为法律责任主体？

根据《计算机软件保护条例》规定，为了防止软件复制品在使用中受到损害，对合法享有软件的合法复制品持有者复制备份的软件作了一个禁止性规定和命令性规定，即不得以任何方式向他人提供使用，以及当软件复制品的所有权丧失时，应当销毁备份复制品。另外，合法享有软件的合法复制品持有者有权根据具体情况需要，具体应用，对软件进行修改，但不得违反约定擅自向第三人提供。

毫无疑问，网络最终用户可能存在丧失合法持有软件复制品所有权的情况，因而，当其丧失软件复制品的所有权时，违反销毁备份复制品的命令性规范，是法律责任主体，需要承担法律责任。但当向他人提供使用软件备份复制品或向第三人提供修改后的软件时，软件的复制品所有人是否可能成为最终用户？从前述对最终用户的界定可知，无论是否改变软件及其复制品，但不再合法使用软件及复制品的持有人也不再是最终用户，虽然还具有合法持有使用软件及复制品的权利，但向第三人提供修改后的软件时，软件及复制品的所有人已不再是软件最后的消费者了。

3. 不是合理使用的网络最终用户

即使网络最终用户擅自复制和使用了盗版侵权软件，也不一定成为法律责任主体，承担法律责任。在知识产权领域还存在合理使用制度，合理使用可以免除未经授权无偿使用作品行为的法律责任，从而使非法使用者不成为侵权责任主体。根据合理使用制度，如果网络最终用户擅自复制和使用盗版侵权软件属于合理使用，则不承担法律责任，不是法律责任主体。

《计算机软件保护条例》从两个方面规定软件的合理使用：一是从使用的目的上进行规制；二是从使用方式上进行规制。这两个方面是紧密联系在一起的，不能分开适用。在使用目的上，必须是学习的目的或研究的目的，学习研究的目的在于搞清楚软件的设计思想和原理。在软件的使用上，只能通过对侵权软件的安装、显示、传输或存储等方式使用软件。

网络最终用户擅自复制和使用盗版侵权软件既要符合使用目的，也要符合使用的方式，否则无法排除其成为法律责任的主体。比如为了学习或研究，通过“传输”方式使用软件，则可能构成网络信息的“传播”行为，可能形成网络“传播”盗版侵权的软件，当然此时“网络最终用户”已不是网络最终用户，而成为网络作品的非法提供者，也可能因此成为犯罪主体而承担刑事责任。

4. 是商业用途的网络最终用户

网络最终用户擅自复制和使用的盗版侵权软件可使用在商业方面，也可使用在非商业方面，用途不同，其危害性不同，需要评价的法律也不同。

对于非商业性使用盗版软件，其社会危害性不足以通过刑法来进行评

价，因而刑法不宜介入，但可能承担侵权的民事责任。❶

在商业性使用盗版软件方面，一般来讲，生产经营性企业通常擅自复制和使用盗版软件于生产经营的计算机上。毫无疑问，软件网络最终用户在商业上使用盗版软件的行为是一种侵权行为。正如有学者认为，对于判断使用计算机软件侵权并非是由是否为最终用户的使用来决定，而是由软件的用途所决定，即是否基于“以营利为目的”而使用。❷

商业行为是一种“以营利为目的”的行为，企业生产经营不仅是为了满足社会的需要，完成社会功能和实现其社会责任，对经济利益的追求也是企业永远追求的目的。没有盈利，则企业面临亏损破产倒闭的危险，因此，增加收入，减少成本支出是企业进行成本管控的追求。为了节省大量的软件费用，降低生产成本，有的生产企业违法使用盗版软件。这种商用盗版软件的行为，对软件开发者个人和企业不仅造成巨大损失，阻碍软件开发人员和企业投入软件开发，也破坏了国家法律所保护的相关软件权利和秩序。因而，商业性使用盗版软件行为社会危害性严重，应当由刑法规制，追究其刑事责任，严厉打击商业性使用盗版软件行为。❸ 因此，商业性使用盗版软件的最终用户可能成为刑事责任的主体。网络最终用户也无例外地因商业性使用盗版软件而可能成为刑事责任的主体。

---

❶ 2000 年，我国香港特别行政区通过的版权条例规定追究最终使用者使用侵权作品的刑事责任，但很快受到广泛质疑。基于社会公共利益的考虑，2001 年，该版权条例对此规定被香港政府暂停适用，对侵犯电脑程序、电影、电视剧、录音者等的复制品保留追究的刑事责任。2006 年《版权条例（草案）》还建议追究“业务最终使用者分发”侵权复制品的刑事责任。参见：朱丽丽．网络环境下侵犯著作权犯罪研究 [D]．上海：华东政法大学，2009：31。与香港地区相比，在知识产权保护意识方面，内地的权利保护意识则非常淡薄，但香港社会更希望刑法由此介入提供保护，可见，在内地更加没有必要由刑法对此类行为进行评价。参见：王思维．网络环境下著作权犯罪新问题及刑法应对 [D]．上海：华东政法大学，2011：32.

❷ 赵秉志，田宏杰．侵犯知识产权犯罪比较研究 [M]．北京：法律出版社，2004：266.

❸ 常青．论软件最终用户侵犯著作权之刑事责任 [J]．科技与法律，2006 (2)：108.

综上，网络最终用户成为刑事责任主体满足这些条件：首先，软件的网络最终用户，即从网络搜索、下载的盗版侵权软件不再上传，成为使用盗版侵权软件的最后一人；其次，网络最终用户是复制和使用盗版侵权软件的最终用户；再次，网络最终用户使用盗版侵权软件不符合合理使用的条件；最后，网络最终用户不仅是一个使用盗版侵权软件的最终用户，而且还是“以营利为目的”的生产经营者。

第三节 网络内容服务提供者（ICP）主体

一、网络内容服务提供者（ICP）及类型

1. 网络内容服务提供者（ICP）的界定

前文已述，网络服务提供者可分为网络内容服务提供者（ICP）和网络技术服务提供者（ISP）。首先如何界定网络内容服务提供者（ICP）？

有的将其界定为“网络作品传播者”，[1] 即经营传播网络作品业务的传播者。有的将其界定为“公司或机构”，[2] 有的将其界定为“网站”，[3] 多数将其界定为某一类主体，如“向不特定对象提供的主体”[4]“内容服务的一类主体”[5] 以及“民事主体”[6] 等。

对网络内容服务提供者（ICP）的诸界定有一定的倾向性，但笔者以

---

[1] 胡静．网络内容服务提供者著作权侵权责任研究［D］．武汉：华中科技大学，2010：9.

[2] 李娜．网络服务商（ISP）刑事责任的解构［J］．理论月刊，2011（6）：121.

[3] 赵鹏．版权视野下网络内容服务与网络空间服务的义务设定［J］．中国证券期货，2013（2）：214.

[4] 蒋颖．论网络服务提供商侵犯著作权犯罪的刑法适用［D］．上海：华东政法大学，2012：5.

[5] 刘涛．搜索引擎“网页快照”服务的侵权问题研究［D］．哈尔滨：黑龙江大学，2013：8.

[6] 叶和申．论网络技术服务提供者与内容服务提供者的侵权责任差异［J］．商，2015（51）：180.

为，将其界定为“网站”更符合信息网络传播的特性。因此，可将网络内容服务提供者（ICP）界定为：通过网络接入服务（IAP）提供的线路，向网络用户提供各类信息服务的网站。

网络内容服务提供者（ICP）表现为网站，在Web1.0时代就是各种门户网站时期，网站与传统纸质平面传媒的功能相同，只不过是传统纸质平面传媒搬上了网而已。网络内容服务提供者（ICP）有信息内容的选择权和编辑权，有着严格的审查制度和筛选程序，其向不特定的人提供信息内容，网络用户可能获得什么信息内容，完全取决于网络内容服务提供者（ICP）。网络内容服务提供者（ICP）控制着网络信息的来源，在信息网络传播中处于绝对支配地位，公众看什么，怎么看，由网络内容服务提供者（ICP）决定。也正因为如此，网络内容服务提供者（ICP）对信息内容具有完全的审查义务，对于侵犯网络著作权应当承担完全的责任。

而搜索与社交的时代，及其以后的时代，网站不是信息的主要来源地，信息也不再是线型单向传播，而是交互式传播。网络内容服务提供者（ICP）究竟是否负有义务和责任以及如何承担责任和义务，取决于信息的来源，对此后文有专述。

网络内容服务提供者（ICP）有何特征？对此笔者尚未见有人对此总结，但有人对网络内容服务提供者（ICP）总结了三个方面的法律特征，即网络内容服务提供者（ICP）是“网络运营者”“内容上传者或者传播者”和“以法人形式出现”。[1] 其法律特征依然是按照对网络内容服务提供者（ICP）的界定所总结，因而对网络内容服务提供者（ICP）所做的界定不同，则其特征也有差异，这也是难见有人对此特征总结的一大原因。

根据前述对网络内容服务提供者（ICP）的界定，笔者认为其有以下几个特征。

（1）网络内容服务提供者（ICP）是网站。网站是网络上的一个节点，是一种网络沟通平台，是包含特定内容的网页集合。网络内容服务提供者

---

[1] 胡静．网络内容服务提供者著作权侵权责任研究［D］．武汉：华中科技大学，2010：9.

（ICP）在网络中是以网站的形式出现。

（2）网络内容服务提供者（ICP）是通过网络接入服务（IAP）提供的线路设立的网站。网站通过网络接入服务，将全世界所有的网站都连接起来形成巨大的网络，使网站成为信息的重要聚集地和发布地，从而使网站成为一种网络沟通平台。

（3）网络内容服务提供者（ICP）是向网络用户提供各类信息服务的网站。ICP 提供内容服务是利用网站向网络用户提供各类信息服务，而网络用户享受通过网站提供的各类信息服务。

2. 网络内容服务提供者（ICP）的类型

根据提供信息内容服务是否有偿，❶ 信息产业部发布的相关通知❷将网络内容服务分为经营性的 ICP 和非经营性的 ICP。

经营性的 ICP，是指通过互联网，向上网用户提供信息内容或者利用网站向用户提供某种在线应用，从而获得收入的网络内容服务提供者（ICP）。非经营性的 ICP，是指通过互联网向用户无偿提供具有公开性、共享性信息服务的网络内容服务提供者（ICP）。

为了确保网络信息真实安全，保证网络秩序健康发展，国家对提供互联网服务制定了准入的门槛，实行许可制度和备案制度。❸ 从事经营性互联网信息服务的经营单位应向信息产业部或各省通信管理局申请办理增值电信业务经营许可证，即 ICP 证。❹ 从事非经营性互联网信息服务的单位应向信息产业部办理报备手续，即 ICP 备。❺ 网络技术服务提供者（ISP）

---

❶ 参见国务院于 2000 年 9 月 25 日公布施行的《互联网信息服务管理办法》第 3 条规定。

❷ 参见 2001 年 3 月 7 日，信息产业部发布的《关于进一步做好互联网信息服务电子公告服务审批管理工作的通知》。

❸ 参见《互联网信息服务管理办法》第 4 条规定。

❹ ICP 证是指各地通信管理部门核发的《中华人民共和国电信与信息服务业务经营许可证》，网站只有做了 ICP 备案才可以去申请 ICP 许可证，ICP 经营许可证是属于公司的，是证明本公司利用网站经营，取得合法性收入的证件，和网站没有必然的关系。一个 ICP 证可以加挂许多网站。

❺ ICP 备案是属于网站的，每个网站均需备案。

同时又从事网络内容服务，则其也是网络内容服务提供者（ICP），根据其提供的服务是否具有经营性而需要补充不同的手续。对于其非经营性 ICP 应当备案，办理 ICP 证；对于经营性 ICP 应当申请办理许可证，办理 ICP 证。

根据该办法的规定，企业网站和个人网站均属于非经营性的，只需要备案即可，无须申请许可证，因而在其网站下方展示的是其备案的 ICP 备号。在实践中，有的企业网站不单是作企业宣传，宣传其企业和产品的信息，而且在网上开拓了网络营销业务，提供产品的在线销售和在线服务。企业网站从事电子商务或网络营销也改变了其非经营性 ICP 性质，因而必须申报许可证方能从事经营性 ICP 业务。如果仅 ICP 备案的企业网站利用互联网谋取现实利益，其已成为事实上的电子商务平台，从事经营性 ICP 业务则构成违法。

二、网络内容服务提供者（ICP）信息内容保证义务

确保提供的信息内容来源真实合法是网络内容服务提供者（ICP）的义务，这种信息保证义务也是网络内容服务提供者（ICP）承担责任的前提，当然也是网络内容服务提供者（ICP）成为法律责任主体或犯罪主体的要件，如果违反该保证义务，或没有尽到该保证义务造成损害应当承担相应的责任，直至刑事责任。这种前提义务也成为网络内容服务提供者（ICP）应当承担责任的重要依据和成为法律责任主体或犯罪主体的要件。据此，网络内容服务提供者（ICP）有义务确保其网络平台传播的网络作品合法，否则没有尽到审查义务而造成损害就可能成为犯罪主体。

（一）网络内容服务提供者（ICP）的信息内容审查义务

随着网络发展的进步与提升，网络服务提供者的审查信息真实安全的义务不同，其责任的严厉程度要求也随之发生变化。

门户网站的时代，网站与传统媒体审查制度无异，也负有对作品的合法性进行审查的义务。责任主体非常明确，也容易认定。因而在该时代，涉及网站侵犯著作权的专门法律保护偏向于民事保护，即使可能涉及相关

犯罪，也是适用其他罪进行处理，并没有对此做专门的刑事立法进行保护，也缺乏专门刑事立法保护的迫切性。❶

搜索与社交的时代，互联网使人与人之间的互动成为现实，并且逐渐由两者之间交相互动发展到一对多或多对多的互动，网络使用由专业化转向平民化和大众化，网民也急剧增多。网站不再是信息的主要来源地，海量的信息来自互联网的各参与者，甚至网站也需要到网络中去搜寻相关信息。❷ 同时，网络内容服务提供者（ICP）也不是单纯地提供内容服务，特别是经营性的 ICP 还提供一些增值服务，向网络用户提供各种网络空间平台，如提供留言板、论坛、聊天室、跟帖等 BBS 服务。网络技术服务提供者（ISP）不再单纯地提供纯技术服务，也逐渐涉足网络内容服务提供者（ICP）服务。网络内容服务提供者（ICP）的网络平台发布的信息有三个来源，对不同信息来源应当履行不同的审查义务和承担不同的法律责任。

（1）信息内容源自网络内容服务提供者（ICP）自己。网络内容服务提供者（ICP）通过自己的平台发布自己的信息，为用户提供的信息源自自己的采集或购买。将自己选择编辑的信息内容发布在自己提供的网络平台应当承担最严格的责任。这种提供的是纯粹的内容服务，与门户网站以及传统媒体的责任无异。因此，网络内容服务提供者（ICP）对提供网络传播的网络作品具有完全的审查义务，须承担完全的法律责任。

（2）信息内容源自网络内容服务提供者（ICP）搜索或转载。就信息内容的真实性而言，是否要求与前者一样具有严格审查义务，并承担法律责任？

由于信息内容源自网络内容服务提供者（ICP）的搜索或转载，是否发布，以何种形式发布，网络内容服务提供者（ICP）具有选择权和控制权。因此，网络内容服务提供者（ICP）对于搜索或转载的网络作品应当履行严格的审查义务和承担由此造成损害的法律责任。

而审核搜索或转载的信息内容需要耗费大量的资源，对经营性 ICP 会

---

❶❷　杨加明．论信息网络传播权刑法保护的强化［J］．重庆邮电大学学报·社会科学版，2017（2）：46.

造成很大的影响。第一，尽管经营性ICP属于营利性质，但其也具有传播媒体的属性，因而信息传播的时效性对于网络内容服务提供者（ICP）来说是生命，由于花费时间去核实信息的真实可靠性，会影响信息传播的时效性，从而使得该信息通过本平台传播失去意义，同时由于失去该传播信息也会影响网络用户对该网络平台的关注度，这对营利性ICP来说是非常致命的。第二，由于信息的核实需要耗费人力资源和财力资源，无疑会增加网络内容服务提供者（ICP）的成本，对于经营性ICP来说，也侵蚀其利润。因此，我们可以适当地考虑网络内容服务提供者（ICP）的实际情况，适当减少网络内容服务提供者（ICP）的信息核实义务和责任承担程度。但应当注意的是，适当减少而非取消网络内容服务提供者（ICP）的信息核实义务，并且是在遵守相关法律规定要求的基础上进行核实，建立一种信赖机制来减轻因信息核实可能造成损害的责任大小程度。比如，注明网络作品转载的来源，是否属于禁止转载，以及保证遵守其他保护信息内容版权的规定。当然，这里还涉及国家对网络服务提供者、权利人和社会之间的利益取舍和平衡问题。

（3）为他人提供信息发布平台，即允许网络用户或其他第三方在网络内容服务提供者（ICP）所提供的平台上发布内容。比如社交媒体，人们可通过这些工具或平台分享彼此之间的意见、见解、经验和观点，由此产生的信息内容几乎全部由用户提供。海量网络信息由此而来，如果都要求网络内容服务提供者（ICP）完全进行审核审查不仅是增加难度而已，甚至可以说是不可能完成的任务，但也并非放任不管，而是要求网络内容服务提供者（ICP）尽到适当的注意义务。网络内容服务提供者（ICP）对在自己平台上发生的侵权内容或非法内容并非要完全负责，只有在以下几种情况下，对网络内容服务提供者（ICP）才会派生出法律义务，如果不及时处理侵权内容或违法内容，或及时处理的方法不当，就可能承担法律责任：一是可以推定网络内容服务提供者（ICP）能够编辑平台发布的信息内容；二是可以推定网络内容服务提供者（ICP）明显从信息内容中获利；

三是所提供的平台上有非法有害信息内容且已告知网络内容服务提供者（ICP）。[1] 因此，网络用户或其他第三方利用网络内容服务提供者（ICP）所提供的平台发布网络作品，网络内容服务提供者（ICP）应当履行上述义务，否则可能构成侵犯网络著作权的犯罪主体。

（二）网络内容服务提供者（ICP）信息内容合法性确保机制

由于网络内容服务提供者（ICP）对于自己平台上的信息内容具有实质上的编辑权，能够选择和加工信息内容，因而网络内容服务提供者（ICP）有能力防止或制止侵权网络作品通过自己所提供的网络平台传播。也正因为如此，网络内容服务提供者（ICP）对自己所提供的平台上网络作品的合法有效对外具有保证义务。正如前文所述，信息内容来源不同，对网络内容服务提供者（ICP）的义务要求不同，或是必须履行严格的审查义务，或履行必要的注意义务。一般来说，网络内容服务提供者（ICP）可通过形式审查与实质审查相结合，事前审查和事后审查相结合来确保网络作品合法有效。

1. 事前审查

事前审查是指网络作品在上传至网络平台向公众传播之前，网络内容服务提供者（ICP）对网络作品进行审查，以决定该网络作品是否通过自己提供的网络平台向公众传播。事前审查是采用形式审查还是实质审查要根据具体情况而定。

（1）实行严格的实质审查，此种情况主要适用于网络内容服务提供者（ICP）自己采集或购买的信息内容。网络内容服务提供者（ICP）必须严格审查网络作品是否合法有效，否则可能因未尽到审查义务而承担法律责任。

（2）实行形式审查，此种情况适用于网络内容服务提供者（ICP）搜索或转载的网络作品，或网络用户或其他第三方发布的网络作品。网络内

---

[1] 王四新．为何互联网平台责任越来越严［EB/OL］．［2016-11-05］．http：//tech.sina.com.cn/i/2008-10-31/18142549385.shtml.

容服务提供者（ICP）无须主动审查网络作品是否合法有效，只需要从形式上尽到一般的审查义务就可免除承担违法或侵权信息内容发布的法律责任。

第一，对于网络内容服务提供者（ICP）搜索或转载的网络作品，审查网络作品是否允许转载，至于网络作品是否合法有效在所不问。一方面，若网络作品禁止转载，网络作品本身合法有效，但可能因为未经允许擅自转载而侵权承担法律责任，或者网络作品本身侵权或违法，因为未经允许擅自转载扩大侵权违法的损害而承担法律责任。另一方面，若网络作品未禁止转载，网络内容服务提供者（ICP）应当进一步审查网络作品提供者的身份信息，确认是谁提供的该网络作品，以便确认网络作品的责任主体，若网络内容服务提供者（ICP）未尽此义务，无法证明网络内容服务提供者（ICP）对于可能发生的侵权违法试图去预防和解决，发布传播侵权违法网络作品则理应承担法律责任。

第二，对于网络用户或其他第三方发布的网络作品的审查，审查网络用户或发布网络作品的其他第三方的信赖度。主要有两种情况：第一种情况，基于对作品提供方的高度信赖而发布其提供的网络作品。如与对方经常合作了解对方诚信可靠，或者对方没有网络作品侵权违法的不良记录，即有依据证明网络作品的提供方提供的网络作品侵权违法的可能性极小，基于此高度的信赖而不对其提供的网络作品进行实质审查而为其提供网络信息发布平台。第二种情况，基于网络作品提供者的承诺或声明，而允许其通过网络信息平台发布传播其提供的网络作品。此种情况，仅从形式上审查是否有不发布侵权违法网络作品的承认和声明即可。

另外，对于明显存在著作权争议的作品，如已达到“红旗”规则的标准，是否侵权违法能够做出实质性判断，应进行实质审查，这既不会增添难度，也不是不可能完成的任务。

2. 事后审查

事后审查是指网络作品已通过网络内容服务提供者（ICP）所提供的网络平台向公众传播，网络内容服务提供者（ICP）对网络作品进行审查，以决定该网络作品是否通过自己提供的网络平台继续向公众传播。由于形式审查目的是不过分加大网络内容服务提供者（ICP）的审查难度，仅对网络作品做出初步的审查，因此事前采用形式审查难免有侵权或违法网络作品在网络传播，但是一旦网络内容服务提供者（ICP）毫无困难地能够对其所提供的信息网络传播平台正在传播的网络作品做出实质性的审查，网络内容服务提供者（ICP）就有义务对此进行审查，若发现侵权违法网络作品，则应当停止该网络作品的在该网络信息传播平台的继续传播，否则将承担继续扩大损害的侵权违法责任。由此可见，事后审查只有实质审查，没有形式审查。启动事后审查适用“通知—删除”规则和“红旗”规则。

（1）“通知—删除”规则。著作权人或执法机构通过法定形式告知网络内容服务提供者（ICP）所提供的网络传播平台正在传播侵权违法的网络作品，经实质审查后属实，网络内容服务提供者（ICP）应当删除该侵权违法的网络作品。可分为两种情况：一是通过建立异议处理制度解决，即权利人向网络内容服务提供者（ICP）提出异议，要求网络内容服务提供者（ICP）删除该网络作品；二是政府搜索排查发现侵权违法网络作品，通知要求 ICP 删除该网络作品。对于前者，网络内容服务提供者（ICP）经审查后决定是否删除该网络作品；对于后者，网络内容服务提供者（ICP）必须删除该网络作品。

（2）“红旗”规则。若正在传播的网络作品的侵权违法性已经如高高飘扬的红旗，比如正在院线热播的电影被上传到网络平台供观看、下载，对此网络内容服务提供者（ICP）不能够视而不见而不采取断链等措施，否则须承担扩大侵权的法律责任。此种情况下，尽管权利人没有通知告之，网络内容服务提供者（ICP）亦不能够适用“通知—删除”规则免除扩大损害的法律责任。

三、网络内容服务提供者（ICP）犯罪主体的构成要件

（一）网络内容服务提供者（ICP）构成犯罪主体的条件

实施侵犯网络著作权犯罪行为的网络内容服务提供者（ICP）是该犯

罪的主体，据此，在侵犯网络著作权的犯罪中，网络内容服务提供者（ICP）要构成犯罪主体应当具备以下条件。

（1）网络内容服务提供者（ICP）必须实施了严重侵犯网络著作权的行为。具体而言有三种情况，由于网络内容服务提供者（ICP）能够控制网络作品通过自己所提供的网络平台传播，所以，一是网络内容服务提供者（ICP）未经允许擅自上传他人的网络作品，或者上传了侵权网络作品造成严重的后果；二是允许他人上传侵权网络作品造成了严重后果；三是未依法及时有效制止在自己的网络平台传播侵权网络作品而严重扩大了侵权损害后果。此三类行为所造成严重后果的社会危害性达到了足以需要刑法介入的程度。

（2）实施了严重侵犯网络著作权行为的网络内容服务提供者（ICP）既包括单位也包括自然人。网络内容服务提供者（ICP）本身即包括单位和自然人，不管是单位 ICP，还是自然人 ICP 都能实施前述严重侵犯网络著作权的行为。相对于单位 ICP，自然人 ICP 更容易构成侵犯网络著作权的犯罪主体，因为单位 ICP 定罪量刑的标准是相应自然人 ICP 定罪量刑标准的 3 倍。[1]

（3）实施了严重侵犯网络著作权行为的网络内容服务提供者（ICP）没有履行信息审查义务，审查上传或传播的网络作品是否构成侵权。不管是单位 ICP 还是自然人 ICP，根据不同的情况，都负有不同程度审查上传或传播的网络作品是否侵权的义务，但是网络内容服务提供者（ICP）没有尽到该审查义务，导致网络著作权受到严重的侵害。还应注意，虽然网络内容服务提供者（ICP）负有审查义务，但是并不意味着网络内容服务提供者（ICP）是侵犯网络著作权犯罪的特殊主体，因为所有的网络内容服务提供者（ICP）都负有该义务，是一个普遍的规定，没有任何特殊性。

（二）网络内容服务提供者（ICP）在共同侵犯网络著作权犯罪中的形态

前文已述，需网络内容服务提供者（ICP）同意，网络用户或其他第

---

[1] 2004 年《关于办理侵犯知识产权刑事案件具体应用法律若干问题的解释》第 15 条规定。

三方才能在其所提供的平台上发布内容，据此，网络用户或其他第三方未经允许，擅自传播网络作品侵犯网络著作权并不能单独完成，必须借助网络内容服务提供者（ICP）所提供的平台，那么在客观上，网络内容服务提供者（ICP）为网络用户或其他第三方侵犯网络著作权提供了帮助行为。若侵犯网络著作权的行为构成犯罪，那么犯罪行为是由网络内容服务提供者（ICP）与网络用户或其他第三方共同完成。在共同实施侵犯网络著作权的犯罪中，网络内容服务提供者（ICP）处于何种形态值得探讨。

1. 实施教唆行为或帮助行为的犯罪主体形态

根据2006年修正后的《关于审理涉及计算机网络著作权纠纷案件适用法律若干问题的解释》第3条关于共同侵权的规定，网络内容服务提供者（ICP）与网络用户或其他第三方在共同实施侵犯网络著作权犯罪的过程有教唆行为或帮助行为。显然网络内容服务提供者（ICP）单纯地教唆网络用户或其他第三方并不能导致网络传播网络作品而侵犯网络著作权，因而网络内容服务提供者（ICP）侵犯网络著作权构成犯罪，其犯罪行为方式有教唆且帮助的行为或仅提供帮助的行为。

（1）实施教唆且帮助行为的犯罪主体形态。教唆犯是造意犯，由于网络内容服务提供者（ICP）的网络教唆，使得网络用户或其他第三方产生侵犯网络著作权的意图，并且在网络内容服务提供者（ICP）的帮助下实施侵犯网络著作权构成犯罪的行为。在共同侵犯网络著作权的犯罪过程中，网络内容服务提供者（ICP）的主体形态分两种情况：一是网络用户或其他第三方符合犯罪主体构成要件，则网络内容服务提供者（ICP）与网络用户或其他第三方构成共同犯罪主体，根据网络内容服务提供者（ICP）在教唆犯罪中所起的作用，可能是主犯，也可能是从犯；二是网络用户或其他第三方不符合犯罪主体构成要件，则网络内容服务提供者（ICP）与网络用户或其他第三方不构成共同犯罪主体，网络内容服务提供者（ICP）作为教唆犯是间接正犯，但由于网络内容服务提供者（ICP）在客观上还有帮助行为，所以网络内容服务提供者（ICP）构成侵犯网络著作权犯罪的正犯。

（2）仅提供教帮助行为的犯罪主体形态。网络内容服务提供者（ICP）没有网络教唆，但提供了帮助侵犯网络著作权的行为，构成犯罪同样要就网络用户或其他第三方是否符合犯罪主体条件进行分开讨论。一是网络用户或其他第三方符合犯罪主体构成要件：若网络内容服务提供者（ICP）与网络用户或其他第三方有共同的故意，则构成共犯；若网络内容服务提供者（ICP）与网络用户或其他第三方缺乏共同的故意，则构成片面共犯，或网络内容服务提供者（ICP）履行了其应尽的审查义务，主观没有罪过，因而不构成犯罪主体，反之则构成单独犯；二是网络用户或其他第三方不符合犯罪主体构成要件，则网络内容服务提供者（ICP）与网络用户或其他第三方不构成共犯，构成单独犯。

2. 不作为的犯罪主体形态

根据2006年修正后的《关于审理涉及计算机网络著作权纠纷案件适用法律若干问题的解释》第4条关于共同侵权的规定，笔者认为下述情况下网络内容服务提供者（ICP）与网络用户或其他第三方不可能构成共犯，即使网络用户或其他第三方符合构成犯罪主体的条件。

（1）网络用户或其他第三方未经允许，擅自将网络作品上传网络向公众传播，行为已实施完毕，但非法传播的状态还在持续，但这种持续状态并非网络用户或其他第三方的行为使之持续，而是网络内容服务提供者（ICP）的帮助行为使非法传播的状态持续。但是根据《关于审理涉及计算机网络著作权纠纷案件适用法律若干问题的解释》第4条的规定，在网络内容服务提供者（ICP）知道其客观上帮助行为造成非法传播的状态持续之前，对所造成的后果并不承担责任，也不可能构成犯罪主体，而网络用户或其他第三方则可能构成侵犯网络著作权的犯罪主体。

（2）网络内容服务提供者（ICP）知道其帮助行为客观上造成非法传播的状态持续，则负有消除非法传播状态的义务，防止侵犯网络著作权的损害扩大。若网络内容服务提供者（ICP）不履行义务，导致侵犯网络著作权的损害扩大，则网络内容服务提供者（ICP）承担扩大损害的法律责任，若达到犯罪的程度，则构成犯罪主体。虽然扩大的损害是由网络内容服务提供者（ICP）的不作为所造成，但网络用户或其他第三方的行为与该不作为是先后行为，并不构成共同行为，当然也不可能有共同的故意，哪怕片面的共同故意都不成立，因此，依据《关于审理涉及计算机网络著作权纠纷案件适用法律若干问题的解释》第 4 条规定的情形，网络内容服务提供者（ICP）至多构成单独犯，不可能构成共犯，即使是片面共犯也不构成。

第四节　网络技术服务提供者（ISP）主体

一、网络技术服务提供者（ISP）及类型

网络技术服务提供者（ISP）是指按照网络用户的指令在各种网络终端之间提供信息检索、传递和存储等网络技术服务的网络主体。为了保证网络信息的顺利交流，网络技术服务提供者（ISP）为此提供技术服务，并且能够通过技术手段对信息内容进行筛选审查，但这种筛选审查在海量的网络信息传播之中是极其有限的。网络技术服务提供者（ISP）主要是提供网络信息搜索、数据存储或者链接服务的网络主体。宽带、云存储和即时通信等技术服务均是常见的网络技术服务，[1] 本书讨论的网络技术服务提供者（ISP）即是指提供网络作品搜索、数据存储或者链接等服务的网络主体，主要有以下三类。

（1）网络接入服务提供者（IAP），是指为网络作品传播提供网络接入技术服务的 ISP。网络接入服务提供者为网络用户发布或获得网络作品提供“传输通道”。

（2）网络平台服务者（IPP），是指向网络用户提供网络作品传播的服务器存储空间服务的 ISP。通过网络平台服务者所提供的服务器存储空间服务，使网络用户可以上传、下载存储于服务器存储空间的网络作品。比

[1] 叶和申．论网络技术服务提供者与内容服务提供者的侵权责任差异［J］．商，2015（51）：180.

如电子公告板（BBS）、博客（Blog）或文档传输协议（FTP）等平台都可提供网络作品的上传下载。

（3）搜索引擎服务者（SEP），是指为网络用户获得网络作品提供搜集服务的 ISP。我国著名的搜索引擎服务商如百度搜索、搜狗搜索等。

二、网络技术服务提供者（ISP）的审查义务

网络技术服务提供者（ISP）只向网络用户提供各种网络技术服务，网络技术服务本身并不会侵犯网络著作权，但能够被利用来侵犯网络著作权。因此，网络技术服务提供者（ISP）负有避免他人利用网络技术服务实施侵犯网络著作权的侵权行为的注意义务。具体而言，负有防止包括侵犯网络著作权在内的侵权损害扩大的义务。即网络技术服务提供者（ISP）知道他人利用其提供的网络技术服务从事侵权行为后，应当及时采取屏蔽、删除、筛查等措施防止侵权损害进一步扩大。网络技术服务提供者（ISP）不可能对海量的网络信息进行审查，但是随着网络传播技术的发展，对网络技术服务提供者（ISP）要求承担更为严格的责任，因而其负有的审查注意义务也会增加。

对网络技术服务提供者（ISP）的审查注意义务要求，有一个从宽松到有适当注意，再到严格责任的过程。在互联网产业发展之初，对之需要大力扶持，因而采取宽松的政策，对网络技术服务提供者（ISP）的责任要求低。不过网络技术服务提供者（ISP）的影响本身也没有那么大，也无须对其有更多的苛责。随着互联网的不断发展，网络对社会的影响越来越大，网络技术服务提供者（ISP）本身的能力也在不断地强化。影响力增加以及自身能力的增加要求网络技术服务提供者（ISP）承担与之相应的责任，因此要求网络技术服务提供者（ISP）履行适当注意义务。当网络技术高速发展，网络服务提供商发展到异常强大时，网络无孔不入地渗透，全方位地影响着社会，网络潜在的风险增大，需要不断地有效评估风险，也需要增加网络技术服务提供者（ISP）的责任，所以网络技术服务提供者（ISP）不仅须对自己的侵权行为负责，而且对他人的网络侵权行

为的帮助行为也应当承担责任。因此，加强对网络技术服务提供者（ISP）的监管，要求其承担严格甚至严厉的责任，尽更多、更大的审查义务。

由此可以看到，ISP 会被要求承担越来越多的责任，包括社会责任和法律责任。

（1）网络技术服务提供者（ISP）具有信息控制权。正确的行为源于正确的判断，正确的判断源于正确的信息。网络技术服务提供者（ISP）可以利用其网络技术控制发布哪些信息、何时发布、通过什么状态发布，甚至形成信息垄断，对此，网络技术服务提供者（ISP）追逐自己的利益而可能置社会责任于不顾，选择性地提供信息，造成信息不对称，这不仅打破了网络传播秩序，也侵犯了现实社会利益。因此，必须赋予其严格责任，打破其信息垄断，维持社会正常利益需求的平衡。

（2）社会要求法律严格规制网络技术服务提供者（ISP）。网络不再是纯粹的虚拟空间，与人们的日常生活联系得越来越紧密，成为人们生产、工作和生活的重要组成部分，网络违法犯罪行为势必对人们造成冲击。因此，人们会要求政府加强对网络技术服务提供者（ISP）的管控，要求其承担越来越严格的责任。这使得网络技术服务提供者（ISP）必须承担相应的法律责任，将其行为规制在人们可接受的正常轨道之中。

（3）网络技术服务提供者（ISP）有能力制止他人的侵害。网络技术的发展虽然不可能使 ISP 全面地审查网络中海量的信息，但其有能力制止侵害的继续扩大。法律不作强人所难的要求，但不作恶是网络技术服务提供者（ISP）的底线和基本要求。不作恶，不得加大恶，还要求网络技术服务提供者（ISP）要制止恶。在网络技术服务提供者（ISP）的技术能力范围内，匹配相应的法律责任是必然要求。

（4）ISP 的自身能力强大。随着网络的发展，网络技术服务提供者（ISP）的自身能力不断地增加，当然这种能力强大到一定的程度时，形成另类绝对权力，如果缺乏监管或监管不力，可能会危及国家安全和社会利益。因此，必须要求其承担与之相对应的责任，形成制约机制。

综上可见，网络技术服务提供者（ISP）在侵犯网络著作权上负有必要的注意审查义务，至少负有采取必要的措施制止侵犯网络著作权损害扩大的义务，否则也可能构成犯罪主体。

三、网络技术服务提供者（ISP）构成帮助犯

网络技术服务提供者（ISP）只提供数据存储或者链接、搜索服务，所以很难直接实施网络犯罪行为，因而成为侵犯著作权的犯罪主体的概率不大。在网络著作权的侵权中，ISP一般仅被认为是工具提供者。目前，理论界主要存在三类观点：一是“免责说”；❶ 二是“负责说”；❷ 三是“折中说”。❸ 根据2011年《关于办理侵犯知识产权刑事案件适用法律若干问题的意见》第15条规定，在明知他人利用网络实施侵犯知识产权犯罪，网络技术服务提供者（ISP）仍然为侵犯知识产权的犯罪主体提供服务器托管、网络接入、网络存储、通信传输、费用结算等服务的，网络技术服务提供者（ISP）构成侵犯知识产权犯罪的共犯。由此可见，网络技术服务提供者（ISP）可构成帮助犯。帮助犯是从犯的一种，是与正犯、实行犯相对的犯罪主体，是指在共同犯罪中，不直接参与，只为实行犯提供方便、帮助创造条件，使其完成犯罪的人。在侵犯网络著作权犯罪中，认定网络技术服务提供者（ISP）构成帮助犯存在一些困难。

（一）片面帮助犯理论及适用

他人通过网络实施侵犯著作权犯罪，网络技术服务提供者（ISP）虽然对此明知但仍为其提供服务器托管、网络接入、网络存储、通信传输、费用结算和广告推广等服务行为的，以侵犯著作权犯罪的共犯论处，构成侵犯网络著作权的犯罪主体。网络技术服务提供者（ISP）对他人实施侵

---

❶ 免责说主张网络技术服务提供者（ISP）不应承担责任，其认为，网络技术服务提供者（ISP）仅仅提供了技术服务，只起信息流通的渠道作用。

❷ 负责说主张网络技术服务提供者（ISP）应该承担侵权责任，其认为，网络技术服务提供者（ISP）所提供的互联网系统设备服务大众化，方便侵权人侵害，加速了网络著作权的网络侵害。

❸ 折中说认为网络技术服务提供者（ISP）单纯提供网络服务或设备，并不必然要负起责任。

犯著作权犯罪的明知包括以下几类。

（1）他人正在实施侵网络犯著作权犯罪时，网络技术服务提供者（ISP）就已经明知，然后提供帮助行为。这里网络技术服务提供者（ISP）的明知可分两种情况讨论。

一是，侵害网络著作权的犯罪人事前或事中告知了网络技术服务提供者（ISP），并要求提供帮助，对此，网络技术服务提供者（ISP）与他人不仅有共同的侵害行为，而且双方具有共同犯罪的故意。因而无论在理论上还是实践中都不存在认定犯罪主体的难题，构成侵犯网络著作权的犯罪主体，并且构成共犯。

二是，侵害网络著作权的犯罪人事前或事中没要告知网络技术服务提供者（ISP），但不管什么原因，网络技术服务提供者（ISP）确实知道了他人正在实施侵犯网络著作权犯罪，并提供了帮助。显然，此种情况属于片面共犯，即共同行为人的一方有与他人共同实施犯罪的意思，并加功于他人的犯罪行为，他人却不知情给以加功的情况。[1] 片面帮助犯的核心在于单方面的意思联络，与一般共同犯罪的主观方面相比，缺乏共同犯罪的故意。此种情形，网络技术服务提供者（ISP）知道他人在实施侵犯网络著作权的犯罪，也知道自己在帮助他人实施犯罪，而实施侵犯网络著作权的人只知道自己在实施犯罪，而不知道网络技术服务提供者（ISP）在帮助其实施犯罪，更没有意识到双方在共同实施犯罪，因此，网络技术服务提供者（ISP）构成片面帮助犯。

（2）他人实施侵犯网络著作权犯罪后，网络技术服务提供者（ISP）就已经明知，然而拒不制止或防止侵害继续扩大的行为。这里必须明确他人正在实施侵犯网络著作权犯罪是状态犯还是持续犯。

一是，如果认为是状态犯，那么实施侵犯网络著作权的人将侵权网络作品上传，其侵权行为就已结束，但是网络作品在网上处于非法传播的状态。此种情形，网络技术服务提供者（ISP）不防止扩大侵害行为不是帮

---

[1] 高铭暄，马克昌．刑法学［M］．北京：北京大学出版社、高等教育出版社，2016：167.

助侵害人的行为，是独立的侵犯网络著作权的行为，是侵害人犯罪行为的继续。因此，网络技术服务提供者（ISP）可形成单独实行犯，而不适用以共犯论处。

二是，如果认为是持续犯，那么，实施侵犯网络著作权的人将侵权网络作品上传后，只要持续供他人在任何时间、地点下载，那么实施侵害著作权的犯罪行为就一直持续，一直持续到被制止为止。不管是基于何种动机，网络技术服务提供者（ISP）应当制止而没有制止侵犯网络著作权的行为，反而持希望或放任的态度。此时网络技术服务提供者（ISP）的不作为就是一种帮助犯罪行为，也符合片面共犯的情况。

对此，对于网络内容服务提供者（ICP）也存在类似情况，前文已述，笔者持状态犯的观点，理由不再赘述。

（二）片面帮助犯的刑事责任评价

单从帮助犯的界定来看，在共同犯罪中，只是起到辅助作用时，才居于次要的地位，因此帮助犯才被认为是从犯。这是从传统的现实犯罪环境来考察帮助犯，如果将其置于网络环境之中，特别是针对网络技术服务提供者（ISP），恐怕不尽然，帮助犯的认定并不能全面评价其刑事责任。

1. 片面帮助犯刑事责任评价不足

片面帮助犯当属帮助犯，因而按照我国共同犯罪理论，评价片面帮助犯的刑事责任应当根据帮助犯的标准来进行评价。虽然片面共犯并不被认为是真正的共犯，但对其评价时应当置于真正的共犯体系之中才能够有所参照，准确评价片面共犯的刑事责任。

以传统的现实空间发生的共同犯罪为基础，所确立起来的共同犯罪理论中，从犯从属于主犯，居于次要的地位，因而对其的刑事评价要低于主犯。所以，尽管对从犯是按照其参与的全部犯罪进行处罚，但毕竟在共同犯罪中起次于主犯的作用，刑法上采取了必减的原则。[1] 帮助犯的处罚应

[1] 张明楷．刑法学［M］．北京：法律出版社，2003：342.

按正犯之刑减轻之，方符合其不法内涵与罪责程度。❶ 据此按照从犯对片面帮助犯所做的刑事评价似乎并无不当。

在网络环境下，网络技术服务提供者（ISP）虽然也是为实施侵犯著作权的实行犯提供帮助，但是由于网络技术服务提供者（ISP）技术的优势，可能会出现其帮助行为的危害性大于实行犯。所以，如果仍然按照从犯对片面帮助犯做刑事评价则显然不全面，显得不足，降低了责任要求，罪责不均衡。

另外网络空间也可能成为犯罪的聚集地，借助网络技术服务，使得通过网络将侵害著作权的危害出现无限放大化的后果。正如张明楷教授所言，对实施了多种帮助行为的人能否以主犯论处，还值得研究。❷ 那么，在网络模式中，网络服务提供者可以为不计其数的著作权犯罪人提供帮助，如此的犯罪帮助，很难想象将其按照从犯的刑事责任进行评价与其行为造成的社会危害性相符。

2. “片面帮助犯”刑事责任评价不能

帮助犯与实行犯构成共犯，从共犯的从属性上来看，实行犯的构成是帮助犯成立的前提，如果实施侵犯网络著作权的人不构成犯罪，行为人也不能称为实行犯。虽然网络技术服务提供者（ISP）仍然为不构成实行犯的行为人提供了帮助行为，但由于实行犯不成立，依附于实行犯的帮助人也不能构成帮犯。事实上，网络技术服务提供者（ISP）的帮助行为对著作权的侵害足以达到需要作刑事责任评价的程度，但是由于共同犯罪的从属关系，实行行为人不构成行为犯，那么网络技术服务提供者（ISP）也不可能构成帮助犯，因而本应对网络技术服务提供者（ISP）做刑事评价，但由于网络技术服务提供者（ISP）不构成帮助犯，从而导致对“片面帮助犯”刑事责任评价不能。

---

❶ 林山田．刑法通论：下册［M］．台北：台大法学院图书部，2006：121.

❷ 张明楷．犯罪论原理［M］．武汉：武汉大学出版社，1991：558.

四、网络技术服务提供者（ISP）正犯化

按照传统共同犯罪理论，能够在一定程度上解决网络技术服务提供者（ISP）与侵犯网络著作权的实行犯共同犯罪的刑事责任问题。当然也存在在网络环境下适用片面共犯理论，对网络技术服务提供者（ISP）帮助行为刑事评价不足，以及不能进行评价的情形。毋庸置疑的是，网络技术服务提供者（ISP）的帮助犯罪行为本身是一个具有严重危害性的行为。如果值得单独进行刑事评价，那么解决问题的最好方案就是将帮助犯转化为正犯，将其犯罪帮助行为作犯罪实行行为对待。

1. 帮助犯正犯化的立法例

将犯罪帮助行为独立规定为犯罪实行行为，从而使帮助犯正犯化，从1979年《刑法》到1997年《刑法》，从《刑法修正案（三）》到《刑法修正案（九）》，都有立法例。十大类罪中，除了侵犯财产罪和军人违反职责罪之外，其余八大类罪中都涉及帮助犯正犯化的立法例，其中妨碍社会管理秩序罪中最多，多达23个罪名。❶ 如1979年《刑法》中的介绍贿赂罪、1997年《刑法》中的资助危害国家安全犯罪活动罪、《刑法修正案（三）》增设帮助恐怖活动罪等。❷

帮助犯正犯化的立法例为网络服务提供者正犯化扫除了理论障碍，提供了立法先例。

2. 司法解释将网络服务提供者正犯化

为了依法惩治通过互联网、移动通信终端和声讯台进行犯罪活动，有关司法解释❸明确规定了网络服务提供者的帮助行为可直接按照“传播淫秽物品罪”和“传播淫秽物品牟利罪”论处。这是通过司法解释的方式将

---

❶ 于冲．帮助行为正犯化的类型研究与入罪化思路［J］．政法论坛，2016（4）：168.

❷ 李奇．论帮助行为的“正犯化”［D］．重庆：西南政法大学，2014：4-5.

❸ 参见2010年1月，最高人民法院和最高人民检察院先后通过的《关于办理利用互联网、移动通信终端、声讯台制作、复制、出版、贩卖、传播淫秽电子信息刑事案件具体应用法律若干问题的解释（二）》。

网络服务提供者的帮助行为直接认定为犯罪的实行行为，使作为帮助犯的网络服务提供者转化为正犯。

在网络空间中，由于对犯罪所提供的帮助是提供技术或技术平台帮助，与在传统现实空间所提供的犯罪帮助相比，其社会危害性更大，也很容易大大超过正犯行为的危害性，如果仍然根据传统的共犯理论来处置网络空间的犯罪帮助行为，显然这种处置是不恰当的，罪责刑不相当，并且也无法达到预期的效果。如果“共犯正犯化”，那么，按照对正犯行为的刑事评价去处理共犯的行为，将帮助行为独立设为新罪可有效应对。这将成为今后涉及计算机犯罪的刑事立法的一种常见的立法选择模式。[1]

3.《刑法修正案（九）》将网络服务提供者正犯化

前文曾述，《刑法修正案（九）》明确规定了网络帮助侵权行为的刑事责任，当然包括对网络空间中侵犯著作权提供网络帮助的刑事责任，因而涉及侵犯网络著作权犯罪，以及刑法对网络著作权的保护问题。帮助信息网络犯罪活动罪由《刑法修正案（九）》第 29 条、第 287 条之二增设。第 287 条之二由 3 款构成，分别规定了该罪构成的一般条件及其刑罚、单位主体及其刑罚，以及与他罪竞合的处罚原则。根据第 287 条之二的规定，为他人利用网络实施侵犯著作权犯罪提供帮助的行为可能构成犯罪而被追究刑事责任。因此，该规定表明《刑法修正案（九）》为刑法保护网络著作权提供了依据。

《刑法修正案（九）》增设帮助信息网络犯罪活动罪，实质上是通过刑法修正案将为他人利用信息网络实施犯罪提供帮助的行为的分则化规定。这种网络帮助行为分则化规定是否也遵循了“共犯行为的正犯化”的立法思路呢？胡云腾教授认为，这“创设性地提出了网络帮助行为正犯化的处理规则”。[2] 该罪名应视为未来制裁网络犯罪帮助行为的基础性罪名之一。

---

[1] 于志刚．网络犯罪与中国刑法应对［J］．中国社会科学，2010（3）：125-126.

[2] 胡云腾．谈《刑法修正案（九）》的理论与实践创新［J］．中国审判，2015（20）：23.

第五章 侵犯网络著作权的犯罪方式及结果

互联网的诞生，催生了一种信息传播的新媒体，即通过互联网进行的传播形成新的网络传播，即通常所说的信息网络传播。在第一章曾述及，网络传播使权利人提出了在网络环境下享有和保护著作权的诉求，从而催生了网络著作权，也使得著作权从传统现实空间延伸到网络空间。信息网络传播权是著作权的重要财产权，是网络著作权的核心权利，是著作权人以及著作权相邻权人的一项新的“专有权利”。❶ 专有权控制着特定的利用作品的行为，他人若实施了符合专有权规定的特定行为，法律有例外规定则是合法行为，反之，若擅自实施这种行为则构成侵权行为。❷ 信息网络传播权控制着信息网络传播行为，擅自实施信息网络传播行为即侵犯了著作权利人的信息网络传播权，当然也是侵犯了网络著作权，若没有法律例外性规定阻却该侵权行为的违法性，该严重侵权的行为可能构成侵犯网络著作权犯罪。不管是直接侵权还是间接侵权的信息网络传播行为，危害达到刑法应当介入的程度就可能构成犯罪，应根据危害结果确定界分侵犯网络著作权的罪与非罪的标准。据此，首先，界定刑法规制的侵犯信息网络传播权的行为；其次，界分传统著作权与网络著作权的刑法保护分别侧重规制复制发行权与信息网络传播权的正当

❶ 表演者也新增加了这项“专有权利”，对于录音录像制品制作者同样新增加这一项权利。

❷ 王迁．论“网络传播行为”的界定及其侵权认定［J］．法学，2006（5）：61-62.

行使；再次，探究侵犯网络著作权的实行行为和帮助行为，特别是搜索类实行行为和帮助行为认定的一般原则，以及具体的判断标准；最后，根据量决定质的规律，准确运用《刑法》第217条划出侵犯网络著作权犯罪的边界。

第一节　界定信息网络传播行为

无行为无犯罪，侵犯网络著作权的行为是刑法规制的对象。侵犯网络著作权的行为主要是未经允许擅自实施的信息网络传播行为，所以，准确认定侵犯网络著作权的行为必须要以界定信息网络传播行为作为前提，否则，也很难正确判定侵犯网络著作权犯罪。

一、国际条约的界定

新的传播技术给著作权制度所带来的挑战不仅出现在一个或几个国家，而是涉及整个世界，故世界知识产权组织（WIPO）应当肩负起解决这些问题的重任。❶ 如何变革以应对数字技术对著作权法的挑战，对于世界知识产权组织是一个非常重要的议题。世界知识产权组织为此组织了一系列国际会议，最终在所谓的外交会议上主要讨论了数字环境下的复制权问题、互动性传播权问题、权利的限制与例外问题、权利的技术保护措施和权利管理信息等问题。❷ 最终，1996年的伯尔尼联盟会议达成了被称为“互联网络条约”❸ 的两个新条约，即《世界知识产权组织版权条约》（WCT）和《世界知识产权组织表演和录音制品条约》（WPPT）。

这两个条约旨在解决互联网络这一新的信息传播方式所带来的版权制

---

❶ The World Intellectual Property Organization (WIPO) is the global forum for intellectual property services, policy, information and cooperation. from the front page of WIPO'S website.

❷ 吴伟光. 数字技术环境下的版权法——危机与对策［D］. 北京：中国社会科学院研究生院，2008：33-35.

❸ David Nimmer. Copyright Sacred Text, Technology, and the DMCA［M］. The Hague / London/ New York：Kluwer Law International Press，2003：148.

度挑战。尽管在起草、制定的过程中异常复杂，但在《世界知识产权组织版权条约》和《世界知识产权组织表演和录音制品条约》的文本中，“伞形解决方案”的理念基本上被采纳。根据《世界知识产权组织版权条约》第8条、[1]《世界知识产权组织表演和录音制品条约》第10条[2]和第14条[3]规定，《世界知识产权组织版权条约》和《世界知识产权组织表演和录音制品条约》对向公众传播权进行了界定，向公众传播权作为一种专有权，其内含包括：(1) 作者对于其作品享有专有权，其中，表演者对其以录音制品录制的表演享有专有权，录音制品制作者对其录音制品有专有权，这些专有权控制使用作品、表演或录音制品的行为；(2) 向公众传播作品、表演或录音制品必须要获得专有权人的授权许可；(3) 向公众传播可以是有线或无线方式；(4) 获得作品、表演或录音制品的地点和时间由公众选定。

虽然《世界知识产权组织版权条约》和《世界知识产权组织表演和录音制品条约》是对向公众传播权的界定，由于权利控制行为，所以通过对该权利的界定，也界定了向公众传播行为，即网络传播行为。该界定中最核心的两点：一是必须是面向公众进行传播；二是通过交互式的方式进行传播。也就说，网络传播行为有两个最核心的特点：一是传播的公众性；二是传播的交互性。

《世界知识产权组织版权条约》和《世界知识产权组织表演和录音制品条约》应对的世界性网络传播所带来的问题，是每一个国家和地区均面临的挑战，因而《世界知识产权组织版权条约》和《世界知识产权组织表演和录音制品条约》对每一个国家和地区相关的法律制度必然带来深远的影响。同样，其历史的局限性也将深刻地影响世界各国，为日后相关冲突

---

[1] 以授权将其作品以有线或无线方式向公众……使公众中的成员在其个人选定的地点和时间可获得这些作品。

[2] 表演者……以授权通过有线或无线的方式向公众……可为公众中的成员在其个人选定的地点和时间获得。

[3] 录音制品制作者……授权通过有线或无线的方式向公众……可为公众中的成员在其个人选定的地点和时间获得。

和困境埋下隐患。比如，发行权是否能够控制网络传播行为，各国各地区差异很大，条约必须协调、照顾到各国各地区的具体情况。又比如，为了条约的成功和进度，牺牲了在互联网中受到冲击的广播组织的权利。另外，还有视听表演者权利保护问题未能在《世界知识产权组织表演和录音制品条约》中解决。[1]

为了表明我国履行国际义务的诚意和承诺，增加加入世界贸易组织谈判的筹码，加速“入世”谈判进程，2001年，我国被迫匆忙修订了《著作权法》,[2] 2001年修订《著作权法》时新增“信息网络传播权”并予以刑法保护，正是这一修法背景下的产物。这也注定了《世界知识产权组织版权条约》和《世界知识产权组织表演和录音制品条约》先天不足，以及其与飞速发展的网络传播技术所产生问题的冲突，在我国相关立法中也会有所显现。当然，这也会影响我们对信息网络传播行为的界定，也由此给相关立法和司法带来混乱，以及给相关理论带来冲突和困惑。

二、著作权法的界定

什么是信息网络传播行为？虽然我国法律对此没有界定，但是我国2001年修订《著作权法》新增信息网络传播权并对该权利进行了立法界定。[3] 由于信息网络传播权是控制信息网络传播行为的专有权利，所以，无论是理论界还是实务界都曾根据该专有权对信息网络传播行为进行过界定。

根据王迁教授对网络传播行为[4]的界定，认为构成网络传播行为需要符合两个条件：(1) 网络传播的行为方式，可以是有线方式传播，也可以

---

[1] 吴伟光. 数字技术环境下的版权法——危机与对策［D］. 北京：中国社会科学院研究生院，2008：47-49.

[2] 吴汉东.《著作权法》第三次修改的背景、体例和重点［J］. 法商研究，2012(4)：4.

[3] 2001年《著作权法》第10条第1款第12项规定。

[4] 网络传播行为是以有线或无线方式向公众提供作品，使公众可以在其个人选定的时间和地点获得作品的行为。

是无线方式传播；[1]（2）网络传播行为的本质特征是“点对点”的按需传播，即“交互式”传播。[2] 深层链接和其他辅助传播侵权作品不是网络传播行为。[3] 间接侵犯信息网络传播权行为适用“红旗标准”。[4]

陈锦川法官与王迁教授一样，严格地按照2001年《著作权法》界定的信息网络传播行为权来界定信息网络传播行为。[5]

姚建军法官认为，信息网络传播是通过网络向公众传播作品的行为。网络传播行为要具有我国著作权法上的意义，应当具备两个要件：（1）向公众提供作品的行为方式必须是通过网络的方式；（2）该网络传播行为必须是“交互式传播”。对于第一个要件，只要作品在网上存在被公众浏览或下载的可能性就符合要求；对于第二个要件，获得作品的时间和地点由公众选定，而不是传播者指定，若公众只是被动接收则不是交互式传播。[6]

也有学者并没有直接界定信息网络传播行为，而只是根据信息网络传播权的规定，认为网络传播行为的构成条件有两个：（1）向公众提供作品；（2）使公众可以在选定的时间和地点获得作品。[7]

综上，严格遵守并忠于2001年《著作权法》的表述，所谓的信息网络传播行为，是指以有线或者无线方式向公众提供作品，使公众可以在其个人选定的时间和地点获得作品的行为。该行为具有如下特点。

（1）公众传播性。该行为必须是向公众提供作品的行为，即提供传播的作品必须置于不特定的人可以获得的状态。

（2）有线或者无线的传播方式。这是对该行为的传播方式进行了限

[1] 王迁．论“网络传播行为”的界定及其侵权认定［J］．法学，2006（5）：62.

[2] 王迁．论“网络传播行为”的界定及其侵权认定［J］．法学，2006（5）：63.

[3] 王迁．论“网络传播行为”的界定及其侵权认定［J］．法学，2006（5）：65.

[4] 王迁．论“网络传播行为”的界定及其侵权认定［J］．法学，2006（5）：69.

[5] 陈锦川．信息网络传播行为的法律认定［J］．人民司法，2012（5）：98-104.

[6] 姚建军．信息网络传播行为的构成要件——西安中院判决中影营销公司与西安小蚂蚁网络公司著作权侵权案［N］．人民法院报，2010-08-05（6）.

[7] 潘芳芳．关于侵犯信息网络传播权的行为认定［J］．黑龙江省政法管理干部学院学报，2013（6）：87.

定，也将信息网络传播的方式与其他传播方式，特别是传统的信息传播方式区分开来。这也说明信息网络传播行为与其他信息传播行为的重要区别在于传播方式。

（3）传播的有效性。信息网络传播行为必须是使公众能够获得作品的行为。不管通过什么方式进行传播，传播一定是使传播的内容到达受众，否则不能称为传播。如果为公众所提供的作品不能够被公众所获取，显然，传播的目的没有达到。向公众提供的作品，通过有线或者无线方式进行传播，必须是使公众能够通过有线或者无线方式获得。

（4）传播的交互性。信息网络传播行为必须是公众可以选择获取所提供的作品的时间和地点的行为。这对网络传播行为进行了进一步的限定，将该行为限定为网络交互式的传播行为。如果是单向的传播行为则不是信息网络传播行为。

三、重构信息网络传播行为

无论是《世界知识产权组织版权条约》还是《世界知识产权组织表演和录音制品条约》，都将公众通过网络获取上传作品的方式限制定在交互式传播上，而将非交互式传播排除在外。遵循国际条约，我国的《著作权法》规定的信息网络传播权也不例外，规定公众获取上网作品的方式只能是交互式传播。

然而，随着视频节目的网络传播兴起发展，对视频节目的网络传播有交互式网络传播和非交互式网络传播方式，其中，交互式网络传播的自主性很强，公众可以自主决定观看视频节目的时间、地点和播放的内容。[1]网络同步直播和网络定时播放是非交互式网络传播的两种传播行为方式。网络同步直播视频节目是以“点对多”单向同步向公众传播，公众不能决

[1] 李瑞钦．信息网络传播权制度适用的实践困境及其完善构建——从非交互式网络传播行为的侵权认定切入［J］．法律适用，2014（12）：60.

定播放视频节目的时间和内容，只能在同步直播的时间内观看。❶ 网络定时播放视频节目是指在事前安排好的特点时间观看特定内容的视频节目，公众没有播放时间和内容上的选择权。❷

随着网络传播技术越来越进步，网络直播、定时网络播放等非交互式网络传播越来越多，尤其在“三网融合”❸ 之后，这种传播行为更为常见，也越来越受到网络用户的欢迎。这种行为与广播行为非常接近，但又不是广播行为。

依据《著作权法》关于广播权的规定，广播权控制的广播行为有三种：(1) 无线传播或广播作品的行为；(2) 有线传播或转播广播作品的行为；(3) 公开传播广播作品的行为。❹ 第一种广播行为，首先将作品转化成电磁波便于以波的形式传播，然后通过发射装置将电磁波传送到远端去，最后由接收还原装置，将接收的电磁波还原为作品进行播放。第二种广播行为，是收到无线广播信号后，再通有线装置转播使用户能够接收到传播作品的行为。第三种广播行为最简单，无须通过有线或无线传播、转播，而是直接公开广播。广播行为有三个特征：(1) 广播行为是向公众传播作品的行为；(2) 广播行为是单向传播行为；(3) 广播行为是可能经历作品的传送、接收、播放等传播环节的行为。

所以，非交互式网络传播不适用我国《著作权法》第 10 条第 1 款第 11 项规定的广播权。虽然发生在网络之中，但又不是信息网络传播行为，

---

❶ 李瑞钦．信息网络传播权制度适用的实践困境及其完善构建——从非交互式网络传播行为的侵权认定切入 [J]．法律适用，2014 (12)：60.

❷ 田萌．“非交互式”网络传播行为法律规制研究 [J]．现代商贸工业，2012 (14)：149.

❸ 三网融合是指电信网、广播电视网、互联网在向宽带通信网、数字电视网、下一代互联网演进过程中，三大网络通过技术改造，其技术功能趋于一致，业务范围趋于相同，网络互联互通、资源共享，能为用户提供语音、数据和广播电视等多种服务。

❹ 顾威豪．非交互式网络传播行为的定性——由司法解释对“信息网络”的扩张看“网络传播行为”的扩张 [J]．中国版权，2013 (6)：57.

因为信息网络传播行为是交互式传播行为。[1] 于是，由于非交互式网络传播行为所引起的法律纠纷给司法适用造成困难。之所以出现这样的困境，前文曾述及，（1）《世界知识产权组织版权条约》和《世界知识产权组织表演和录音制品条约》对于向公众传播权的界定限定了其控制的传播方式仅为交互式传播，置广播组织的权利于不顾。[2]（2）2001 年我国修订《著作权法》时，虽然也规定了广播权，但追随《世界知识产权组织版权条约》和《世界知识产权组织表演和录音制品条约》的规定，将信息网络传播权控制的传播行为也仅限定在交互式的传播行为。

随着网络传播技术的发展，非交互式传播和交互式传播并存于网络传播，非交互式网络传播给信息网络传播权和广播权带来了难题，必须要有新的权利来控制非交互式网络传播。要么扩张现有的信息网络传播权或广播权，要么并合或重新设立涵盖现有的信息网络传播权或广播权的传播权，总之传播权的调整势在必行，学界主要有以下主张方案。

（1）扩张广播权。该方案使所有的“非交互式”传播行为都能够为广播权所控制，将“非交互式”网络直播和直接有线广播纳入广播范围。[3] 按照我国现有的法律，直接有线广播也受到广播权控制，但是受到一定的

---

[1] 学者们对非交互式网络传播行为是否构成我国《著作权法》意义上的“信息网络传播行为”有对立的观点：赞成者认为，定时播放的所谓定时，并没有改变传播的性质，属于网络传播权条例调整的范围。反对者认为，如果传播行为并未采用交互性传播手段，则即使通过网络向公众传播作品，也不构成网络传播行为。参见：汪涌，史学清．网络侵权案例研究［M］．北京：中国民主法制出版社，2009：3；王迁．论“网络传播行为”的界定及其侵权认定［J］．法学，2006（5）：63-64.

[2] 有论者认为，WTC 第 8 条规定“向公众传播的权利”控制以任何技术手段向公众传播作品的行为，或国家信息网络传播权的规定只是在立法上仅仅出现“交互式”传播而已。参见：李瑞钦．信息网络传播权制度适用的实践困境及其完善构建——从非交互式网络传播行为的侵权认定切入［J］．法律适用，2014（12）：62. 这里笔者需要指出的是，《世界知识产权组织版权条约》第 8 条规定“向公众传播的权利”时，有“使公众中的成员在其个人选定的地点和时间可获得这些作品”的表述。非交互式传播显然不可能，使公众可能在“选定的地点和时间可获得这些作品”。

[3] 王迁．我国《著作权法》中“广播权”与“信息网络传播权”的重构［J］．重庆工商学院学报·社会科学版，2008（9）：28.

限制，其纳入广播行为的前提是广播的作品是无线接收后由有线转播广播才能为广播权所控制，因此，扩张广播和广播权的外延，[1] 将直接有线广播行为作为广播行为，受广播权控制。

（2）重新界定信息网络传播权。该方案扩大此专有权的调整范围，将非交互式传播纳入其控制。具体定义用“向公众传播权”之意但不用其名。[2]

（3）设立“向公众传播权”。有学者提出，“信息网络传播权”和“广播权”都属于广义的“向公众传播权”，只不过作品传至公众是通过不同的技术手段，都是作品有形载体的所有权不发生转移或占有，向公众提供作品内容的权利。将“信息网络传播权”和“广播权”合并为“向公众传播权”，此权利规制传播行为的范围更广，无论经过什么方式、手段和途径的作品传播行为都能够被“公共传播权”所控制，才能更好地保护作者的权利。[3]

（4）改“信息网络传播权”为“网络传播权”。扩张“网络传播行为”，将“非交互式”网络传播行为纳入其中；设立“无线与有线传播权”涵盖“信息网络传播权”和“广播权”，“无线与有线传播权”控制“交互式”和“非交互式”网络传播行为。[4] 由此，“无线与有线传播权”仅是“网络传播权”的一部分，“交互式”和“非交互式”网络传播行为是网络传播行为，随着传播技术的进一步发展，出现的新传播行为也可纳入其中。

在“三网融合”已成趋势的今天，现有的信息网络传播权和广播权对

---

[1] 田萌．“非交互式”网络传播行为法律规制研究［J］．现代商贸工业，2012（14）：150.

[2] 焦和平．论我国《著作权法》上“信息网络传播权”的完善——以“非交互式”网络传播行为侵权认定为视角［J］．法律科学·西北政法大学学报，2009（6）：148.

[3] 刘春田．知识产权法［M］．第3版．北京：高等教育出版社、北京大学出版社，2007：79.

[4] 顾威豪．非交互式网络传播行为的定性——由司法解释对“信息网络”的扩张看“网络传播行为”的扩张［J］．中国版权，2013（6）：50.

于通过新手段进行的传播行为已越来越无法控制，进而产生一些诸如非交互式网络传播等现实无法解决的新问题。因此，调整或重新界定网络信息传播行为，不仅应考虑非交互式网络传播，还应当考虑新传播技术可能带来的新的传播方式。新传播技术的预测，又是一个超级难题，因此，界定传播行为应当去技术化，无论什么传播技术手段，都以“技术中立”的方式去界定。无论通过什么技术手段的传播行为都能够被著作权法规定的专有权所控制，使著作权法既能包容传播技术发展，还能保持法律逻辑的和谐统一。❶

从《〈著作权法〉第三次修订草案》对信息网络传播权的界定，也可以观察到信息网络传播行为的立法重构过程。

国家版权局于2012年3月31日发布的《〈著作权法〉第三次修订草案第一次征求意见稿》（以下简称《第一次征求意见稿》）第11条第3款第8项规定对“信息网络传播权”进行了重新界定，与《著作权法》第10条第12项界定的“信息网络传播权”相比增加了两点：（1）增加了“在信息网络环境下”；（2）增加了“直播、转播”。对于第一点增加，虽然明确了适用的环境，但作为一个限制性规定，可能封死其他环境下的传播，为将来包容新的传播技术手段埋下了隐患。对于第二点增加，直接解决了前述“直播、转播”等非交互式网络传播所引起的问题。与“信息网络传播权”相关的“广播权”被取消，增加了“传播权”，但从对“传播权”的界定看，若无适用“在信息网络环境下”的限制性规定，其内容已被“信息网络传播权”所完全涵盖。另外，根据《第一次征求意见稿》第11条第3款第6项规定，还保留了“放映权”，然而“放映权”也已被“传播权”涵盖。

国家版权局于2012年7月6日发布的《〈著作权法〉第三次修订草案第二次征求意见稿》（以下简称《第二次征求意见稿》）第11条第3款第7项规定对“信息网络传播权”的界定，取消了《第一次征求意见稿》增

❶ 王迁．我国《著作权法》中“广播权”与“信息网络传播权”的重构［J］．重庆工商学院学报·社会科学版，2008（9）：28.

加的两点，增加了“传播权”中规定的“以及通过技术设备向公众传播该作品的播放的权利”。由此看来，“信息网络传播权”已完全涵盖“传播权”的内容。另外，“放映权”也被取消。

《〈著作权法〉第三次修订草案第三次征求意见稿》（下文简称《第三次征求意见稿》）❶第11条第3款第7项规定对“信息网络传播权”界定时，取消了“信息”，变成“网络传播权”，其内容与《第二次征求意见稿》界定相同，也无法分割“传播权”。

国务院法制办于2014年6月6日发布的《〈著作权法〉第三次修订草案送审稿》（以下简称《送审稿》）第11条第3款第7项规定对“信息网络传播权”的界定恢复到了《著作权法》的界定。这实际上又将该权利限定在交互式网络传播，而非交互式网络传播，并将原广播、放映等传播纳入新设的“传播权”之中。从前几稿来看，“传播权”与“信息网络传播权”交叉、混同，涵盖的内容难以区分。❷综合前述的主张方案和《〈著作权法〉第三次修订草案》的规定，笔者认为，应当取消“放映权”和“广播权”，将其纳入适用范围更广的“传播权”，但“传播权”与“信息网络传播权”之间的纠缠表明二者关系本来就紧密，甚至不好区分，既然如此，《送审稿》就没有必要将两种权利再进行区分。从逻辑上讲，“信息网络传播权”也是传播权，传播权也是信息传播权，如果网络不作狭义的理解，网络则泛指一切网络，就会出现传播权就是信息网络传播权的结论。没有必要将非交互式的网络传播划归传播权控制，否则，名不符其实，应该称为“交互式信息网络传播权”。因此，“信息网络传播权”与传播权应当合并，重新界定，称为“信息网络传播权”“传播权”“向公众传播权”等都可以。以重新界定的权利为依据，对网络传播行为可定义为：以无线或者有线方式向公众提供作品，使公众可以在其个人选定的时间和地点获得作

---

❶ 国家版权局于2012年10月6日发布的《第三次征求意见稿》并没有对外公布，仅供内部讨论使用。

❷ 杨加明．网络著作权的立法保护及其完善——以《著作权法》第三次修订为视角［J］．四川理工学院学报·社会科学版，2017（3）：58.

品，以及通过技术设备向公众传播以前述方式提供的作品的行为。

第二节　信息网络传播行为与复制发行行为

侵犯著作权犯罪作为一种典型的法定犯，是以违反著作权法律法规为前提的。根据我国著作权法的规定，著作权人享有复制权和发行权，这是著作权人的专有权，控制复制发行行为，未经许可的擅自复制发行行为构成侵权，将被追究侵权责任，侵权严重，甚至可能被追究刑事责任。

随着信息网络传播技术的发展，网络时代的到来，数字技术使得大量的网络作品产生，并通过网络全球传播，信息网络传播冲击了传统的著作权法理论中的复制发行理论。信息网络传播与复制发行究竟是什么关系，必须界定清楚，这是事关刑法是否能够介入，为网络环境下的著作权提供保护的问题。根据1997年《刑法》第217条侵犯著作权罪的规定，并没有规制侵犯信息网络传播权的行为，据此，按照罪刑法定原则，在网络环境下，无论信息网络传播行为侵犯著作权的危害程度多大，都不可能受到刑罚处置。因此，对传统的复制发行权理论应当进行检讨和反思，并根据现实情况做出新的回应。同样，相关立法也应当做出调整应对。

一、信息网络传播行为纳入复制发行行为及论争

（一）司法（性）解释的应对

前文在第二章中曾述及，2001年《著作权法》新增了信息网络传播权，并予以刑法保护，但是对信息网络传播权的刑法保护规范是附属刑法规范，是否能够真正落到实处，还得看1997年《刑法》第217条的规定。由于信息网络传播权规制的是信息网络传播行为，1997年《刑法》第217条规定复制发行权规制的是复制发行行为，二者是不同的专有权利控制不同的行为，显然，新增的信息网络传播权并不能够在其被侵害时按照1997年《刑法》第217条规定的侵犯著作权犯罪进行处置。

2004年《关于办理侵犯知识产权刑事案件具体应用法律若干问题的解

释》将“信息网络传播”解释为刑法中的“复制发行”。由此，可依照1997年《刑法》第217条保护2001年《著作权法》新增的信息网络传播权。2005年《关于办理侵犯著作权刑事案件中涉及录音录像制品有关问题的批复》规定将录音录像制品的信息网络传播纳入其中，使得可根据《刑法》第217条第3项规定的“复制发行”，使录音录像制作权人的信息网络传播权的刑法保护得以落实。

2004年《关于办理侵犯知识产权刑事案件具体应用法律若干问题的解释》以及2005年《关于办理侵犯著作权刑事案件中涉及录音录像制品有关问题的批复》将“信息网络传播”解释为刑法中的“复制发行”，而2001年《著作权法》第47条规定的“复制”与“发行”之间用“、”隔开。那么1997年《刑法》第217条规定的“复制发行”究竟是指“复制”或“发行”或者“复制并发行”，还是仅指“复制并发行”，这也直接关系到网络著作权刑法保护是否可能落到实处。对此，2007年《关于办理侵犯知识产权刑事案件具体应用法律若干问题的解释（二）》第2条明确规定“包括复制、发行或者既复制又发行的行为”。这种解释在2011年《关于办理侵犯知识产权刑事案件适用法律若干问题的意见》第12条规定也得到进一步确认。为此，司法（性）解释从法律的角度应对了网络环境下著作权的刑法保护问题。

（二）司法（性）解释引起的论争

“两高”的司法解释将信息网络传播行为纳入复制发行行为的范畴，那么，复制发行行为的外延是否能将信息网络传播行为包含在内？对此也引起了理论和实务界的争议。大致可分为观点截然不同的两派。一方的观点与司法（性）解释相同，认为复制发行行为能够将信息网络传播行为包含在内；另外一方观点则与司法（性）解释相反，认为复制发行行为不能够将信息网络传播行为包含在内。[1]

---

[1] 陈志刚．论信息网络传播权的刑法保护——以知识产权犯罪司法解释为切入点［J］．湖南警察学院学报，2008（3）：135.

早在2000年出台《关于审理涉及计算机网络著作权纠纷案件适用法律若干问题的解释》之前，薛虹教授就认为，作品在网络传输的过程中发行与复制同时存在，传输是发行，发行是被传输的复制。❶《关于审理涉及计算机网络著作权纠纷案件适用法律若干问题的解释》之后，就网络环境下数字化作品的著作权保护问题，有学者意识到《关于审理涉及计算机网络著作权纠纷案件适用法律若干问题的解释》的规定模糊，应当辨明传播与复制发行在网络环境下的关系：如果传播就是复制发行则容易解决司法实践中网络上的侵犯著作权的问题；如果认为二者是并列关系，则会为司法解决该问题带来困惑与困难。其坚持网络传播是复制发行在网络环境的体现，支持其观点的理由有三：（1）复制的定义受到技术手段的影响，在网络环境下应当赋予复制新的内容；（2）法律应当原则，具有灵活性，不能太具体，否则无法适应高科技的发展；（3）如果将二者并列则不可能惩治网络侵犯著作权犯罪，对此类犯罪的刑法保护功能得不实现；最后建议今后的司法解释解决该问题。❷

在司法（性）解释之后，张明楷教授按照他所提倡的实质性解释观，坚持了对司法（性）解释的支持，认为如果按照《著作权法》解释来解释“发行”，那么经著作权人许可的网上侵犯著作权的行为都不能够按照侵犯著作权罪论处，造成处罚范围的不当缩小，不利于著作权保护。❸另有学者认为，网络传播行为是侵犯著作权罪中“复制行为”在网络中的异化。❹

王迁教授是坚持、坚决反对司法解释观点的代表人物。早在“两高”第一次司法解释之后，就发文反对将“网络传播”解释为刑法中的复制发行。其认为，根据各国著作权法定义的“发行”行为，网络传播行为不构

---

❶ 薛虹．网络时代的知识产权法［M］．北京：法律出版社，2000：14.

❷ 朱铁军，王静．论网络环境下侵犯著作权罪的几个问题［J］．网络安全技术与应用，2001（7）：59.

❸ 张明楷．刑法学［M］．第4版．北京：法律出版社，2011：735.

❹ 于志强．侵犯著作权罪中“复制发行”的网络异化及对策思考［J］．中州学刊，2012（1）：84-85.

成“发行”行为，因其不转移作品有形载体的占有和所有权，不受“发行权”的控制。但在客观上，网络传播产生了与传统的“发行”相同的结果。[1] 除非全国人民代表大会或其常委会修改《刑法》，将严重侵犯“网络传播权”的行为入罪，否则将《刑法》第217条规定的“复制发行”行为适用于“网络传播”行为，则违背罪刑法定原则，2004年《关于办理侵犯知识产权刑事案件具体应用法律若干问题的解释》对此涉嫌越权，也应受到法理上的质疑。[2]

在“两高”第二次司法解释之后，王迁教授再次发文认为，著作权意义上的“发行”不同于日常口语中的“发行”，不限于“总发行”或“第一次发行”，但作品有形载体所有权必须转移。“两高”的解释将著作权意义上的“发行”以日常口语中的“发行”代替，错误地将“网络传播行为”认为是《刑法》第217条中的“复制发行”或“复制或发行”，既涉嫌违反罪刑法定原则，还使《刑法》第217条与第218条之间产生冲突，[3] 因此“两高”应当立刻纠正司法解释的错误，还著作权意义“发行”的本来面目。[4]

在网络环境下，网络传播行为是否应当纳入复制发行行为，学者们所持的立场不同，观点各异，都有其合理的理论和现实依据。但是不管如何，面临的问题总得解决，寻求科学合理的解决方案是理论和实务工作者的不懈追求。为了更好地解决问题，有必要对比著作权法理论中的复制发行，厘清两者之间的关系。

---

[1] 王迁．论著作权法中发行行为的界定——兼评全球首宗BT刑事犯罪案［J］．华东政法学院学报，2006（3）：59.

[2] 王迁．论著作权法中发行行为的界定——兼评全球首宗BT刑事犯罪案［J］．华东政法学院学报，2006（3）：64.

[3] 王迁．论著作权意义上的“发行”——兼评两高对《刑法》“复制发行”的两次司法解释［J］．知识产权，2008（1）：65.

[4] 王迁．论著作权意义上的“发行”——兼评两高对《刑法》“复制发行”的两次司法解释［J］．知识产权，2008（1）：71.

二、网络环境下的“复制发行”行为

（一）著作权理论下的复制发行行为

1. 著作权理论下的复制行为

复制权是著作权的核心财产权，传统的著作权制度是建立在复制权基础之上的，复制权都有鲜明的技术特征，复制技术不断地推动复制权的发展变化，一部复制技术的发展史也就是一部著作权人不断扩张复制权的历史。[1] 由此可见，复制权在著作权制度中的重要地位，从某种意义上说，保护著作权就是保护复制权。人类社会进入数字化网络时代，著作权人的权利又当如何演变？为此，我们应当了解复制这一基本概念。

按照汉语词典的解释，复制乃仿造原件（多指艺术品）或翻印书籍等，实际上就是对现有作品的仿制，使原来的作品得以再现。

根据我国《著作权法》第10条关于复制权的规定[2]可见复制行为的方式和份数。对于复制行为的方式采取了“列举+等”的立法模式。明确列举了“印刷”“复印”等七种复制方式，然后用一个“等”字，说明列举的只是常见复制方式和手段。复制可以采用的方式有很多种，甚至可以说无法穷尽，随着复制技术的不断发展，复制的方式会越来越多，复制权规定中的“等”为将来出现新的复制技术预留了空间。

复制使作品再现必须具备几个条件：（1）要求被复制作品必须复制在一定的有形物质载体上，复制在有形物体上便于复制固化，不变形式，否则可能不会形成复制，而是演绎成为其他作品。比如表演、翻译、广播以及其他形式都可以表现作品，但是没有将作品按照原来的模样固化在有形载体上，相反还增加了其他创作性活动，因而这已经由于原来的作品演绎成为其他作品，并可能形成新的权利邻接权。（2）要求被复制的作品必须能够稳定、持久地再现。再现作品的载体被称为复制件（品）。

---

[1] 彭学龙．“复制”版权之反思与重构［J］．知识产权，2005（2）：23.

[2] 《著作权法》第10条第1款第5项，以印刷、复印、拓印、录音、录像、翻录、翻拍等方式将作品制作一份或者多份的权利。

复制权控制复制行为，只有复制权人或被授权者才可采用复制的方法实施复制作品的行为，否则构成侵权，甚至可能构成犯罪。

2. 著作权理论下的发行行为

发行权是著作权中的财产权，和复制权紧密联系，没有复制权也就没有发行权，没有发行权，复制权也就没有意义，因为无法实现著作权的财产权利。发行权阻止非法复制，从而保证著作权的财产权利的实现。

根据我国《著作权法》第10条第1款第6项关于发行权的规定[1]可见，构成著作权法上的发行须满足两个条件。

（1）发行的方式仅限于两种：一是出售，一是赠与。通过出售或赠与将著作原件或复制件提供给不特定的他人或者进入流通领域，从而满足社会公众的需要。应当注意的是，1991年《著作权法实施条例》第5条第5项对发行进行界定时，用了“出售、出租等方式”。由此可见，1991年《著作权法》中发行的方式包括出租，而且用“等方式”表明，发行的方式很多，不仅限于“出售、出租”。2001年修订后的《著作权法》列明的“赠与”当然属于原著作权法“等方式”之列，但删除了“出租”方式，同时排除了其他方式构成著作权法上的发行的可能，同时，在修订后的著作权法中将“出租”列为一项著作权的财产权。

（2）发行的对象包括两种：一是作品原件，二是作品复制件。作品原件是唯一，而作品复印件可以是一份，也可以是多份。无论是作品原件还是作品的复印件，在著作权法上都可以多次出售或赠与。但要注意的是，第一，无论是出售或赠与作品原件还是作品的复印件，都必须是合法的持有人而为；第二，出售或赠与都必须是合法的，否则都可能侵犯作品的发行权而被追究刑事责任。

2007年《关于办理侵犯知识产权刑事案件具体应用法律若干问题的解释（二）》对刑法中的“复制发行”[2] 再解释再度引发争议。反对者的依

---

[1] 发行权，即以出售或者赠与方式向公众提供作品的原件或者复制件的权利。

[2] 第2条第1款，《刑法》第217条侵犯著作权罪中的“复制发行”，包括复制、发行或者既复制又发行的行为。

据之一就是该解释造成《刑法》第217条规定的侵犯著作权罪与第218条规定的销售侵权复制品罪之间的冲突。因为销售侵权复制品的行为既构成侵犯销售侵权复制品的犯罪行为，也构成侵犯著作权的犯罪行为，也就是说，侵犯著作权罪已包含销售侵权复制品罪，从而使得销售侵权复制品罪没有存在的必要。

（二）调整网络传播行为，重构复制发行行为

网络时代的到来，伴随着网络环境下的复制不可避免地产生，网络中侵犯著作权的方式也应当突破传统著作权理论的束缚，既要保证不妨碍网络的发展，也要保证著作权人的权利，还要保证公众合理取得相关的信息。为此，应当厘清信息网络传播行为与复制发行行为之间的关系，重构复制发行行为，以提高保护网络著作权的水平。

1. 作品的数字化属于复制

在第一章曾述及，网络环境下的网络作品来源有两个，一个是在网络中产生的作品，另一个来源于对传统作品的数字化。数字化后的作品与原作品不仅是一一对应关系，而且能够再现原作品，只不过是数字化的方式复制。因此，从本质上说，作品的数字化与复制没有什么不同，作品的数字化就是复制行为。将传统作品的数字化过程认定为复制行为，也符合《伯尔尼公约》和《世界知识产权组织版权条约》的规定。

作品数字化是否属于复制权范畴，我国著作权法并没有明确规定，不过，将数字永久固定于数字媒介上，被中国法院和国家版权局认定为构成“复制”行为，为复制权所控制。[1] 2000年《关于审理涉及计算机网络著作权纠纷案件适用法律若干问题的解释》第2条明确规定保护传统作品数字化，实际上就是将数字化行为认定为复制行为。据此，传统作品数字化属于复制，原著作权人享有该复制权利，擅自将传统作品数字化的行为，侵犯了著作权，后果严重，可适用《刑法》第217条规定的侵犯著作权犯

---

[1] 王迁，［荷］Lucie Guibault. 中欧网络版权保护比较研究［M］. 托马斯·哈特，校订. 北京：法律出版社，2008：122.

罪定罪处罚。

2. 临时复制不是著作权法上的复制

临时复制也称为暂时复制，是指计算机内部储存器自动产生的复制件，消失于关机、重启、后续信息挤兑等。临时复制件是为了计算机中央处理器运算而产生，是短暂性、临时性的复制，是一种技术现象，在网络传输过程中不可避免。临时复制涉及著作权人及访问者的权益，如何在网络环境下平衡二者之间的利益，为全世界所关注，引发激烈讨论。著作权法上的“复制”是否包括临时复制是争议的焦点。

以传统著作权法上的复制为标准，临时复制不符合复制的构成要件，主要基于两点：(1) 临时复制不是作品在有形载体上的再现行为，不能形成有形的复制件。(2) 临时复制对作品的再现不是稳定和永久性的形态，是暂时的。从逻辑上，临时复制当然是属于复制的范畴，但是严格按照传统著作权法的复制理论，临时复制不属于传统著作权法意义上的复制范畴，如果将其纳入复制的范畴则需要作扩张解释。

有学者认为，从侵害的大小来看，暂时复制行为所造成的侵害不一定比复制行为所造成的侵害小，在电脑开机的状态下，暂时复制行为与正常复制行为没有区别，因此，刑法应当规制暂时复制行为。[1] 还有学者认为，在网络环境下，著作权人的权利应当与新技术相匹配，只有将临时复制纳入“复制”才能够弥补新技术发展带给著作权人的损失。但是在数字环境下，只有获得作品的复制件，才可能使用作品，严格控制复制意味着严格控制作品的获得，是一种严重的副作用。[2]

临时复制是否纳入复制的范畴，是否对复制作扩张解释，都有利有弊，这主要涉及著作权人和社会公众的利益，即对谁有利对谁有弊的问题，如果强调保护著作权人的权利，就应当作扩张解释，将临时复制纳入复制；如果倾向保护社会公众的利益，则应当对复制进行严格解释。这里的利弊得失必须控制在一定的范围内，过分强调一方利益的结果是双输的状态。

---

[1] 陶月娥．论网络著作权的刑法保护 [J]．社会科学辑刊，2006 (3)：249，251.

[2] 彭学龙．技术发展与法律变迁中的复制权 [J]．科技与法律，2006 (1)：31.

因此，宜在利益平衡原则的指导下，考虑本国的经济文化发展现状，平衡著作权人和社会公众之间的利益，对著作权进行适度的保护，以达到双赢的状态。就目前状况而言，如果扩张解释复制，虽然对著作权人的权利保护有利，但将严重地阻碍作品在网络中的传播，结果反过来也会侵害著作权人的权利，出现最不好的双输状态。如果不将临时复制纳入复制，虽然客观上有损著作权人的利益，但在主观上著作权人有此宽容度和承受的心理状态，也会促进作品在网络中的传播，结果反过来可能会给著作权人带来更多的利益，可能出现最佳的双赢状态。因此，笔者主张不将复制作扩张解释，临时复制不作为著作权法意义上的复制。

3. 信息网络传播行为不是著作权法上的复制行为

信息网络传播行为需要刑法介入调整规制，我国的司法（性）解释也正是为满足这一时代的要求而应时出台的。那么，是否应将侵犯信息网络传播权的行为作为构成侵犯著作权罪的行为方式之一进行规制？如果回答是肯定的，那么宜采取哪种模式来保护信息网络传播权？

（1）修订著作权法。当前我国即是试图通过司法（性）解释将网络传播解释为复制发行。在现有的法律制度下，该解释的缺陷明显，可以说反对者的理由充分，观点成立，司法（性）解释确实有越权之嫌。但这并不是说不能通过司法（性）解释将“信息网络传播行为”视为“复制发行行为”。也就是说，一是“信息网络传播行为”可纳入“复制发行行为”，二是可以以司法（性）解释的模式来实现，但前提是解释不得违背法律作出任性的解释，否则无效。除此之外，还必须满足两个前提，即修改《著作权法》，使《著作权法》的发行不仅仅限于出售与赠与，可修改为“出售、赠与等方式”。这样可使《著作权法》上的发行涵盖网络传播行为。❶ 这样即使没有明确列举网络传播行为是发行行为，也为司法（性）解释扫清了障碍。将发行不再界定为有形载体物的转移，因为传统复制技术必须以有

---

❶ 从世界各国立法例来看，各国对此规定差异很大，只有美国的发行涵盖了网络传播行为。参见：王迁．论著作权法中发行行为的界定——兼评全球首宗 BT 刑事犯罪案［J］．华东政法学院学报，2006（3）：59.

形物作载体才能保证原物品的再现，再现原作品才是复制与演绎的区分点，即使原有形载体本身并无多大价值，使其价值倍增的恰恰是再现原作品本身传递的信息内容。因此，不管是否转移载体，关键在于即使不转移载体也能够实现与转移载体所复制再现的相同效果和价值。因此应当打破传统著作权法理论对复制发行的藩篱，使发行与网络传播科学技术的发展相适应，重新构建复制发行，使网络传播行为能够纳入复制发行行为之中。当然这种模式也还存在一个问题，如何解决复制发行权与网络传播权之间的问题，确实还得费一番思量。

（2）修订刑法。直接将信息网络传播作为侵犯著作权的犯罪方式，或者直接新增加侵犯网络著作权罪。信息网络传播权是著作权中的一项重要财产权，是著作权法赋予著作权人在网络环境下的一项新权利。在网络环境下，日益严重的侵犯信息网络传播权的行为使得刑法有介入的必要。通过修订《刑法》将通过网络非法传播他人作品的行为明确规定为侵犯著作权罪的行为，或者直接新增加侵犯网络著作权罪。

从《著作权法》第三次修订意见稿来看，虽然解决了交互式网络传播和非交互式网络传播问题，但对于网络传播权与复制发行权的有效兼容统一问题尚待做出回应。不过《著作权法》的修订已几易其稿，耗时多年，最后能否成功尚难预料。通过修正《刑法》的方式解决网络传播权与复制发行权的兼容问题更加方便快捷。只要论证充分，采用目前我国常用的刑法修正案的方式可以非常方便、快捷、灵活地解决该问题。当然，无论是《著作权法》还是《刑法》，在没有对此做出修订之前，解决网络传播权与复制发行权之间的问题还得遵守司法（性）解释。

第三节　侵犯网络著作权犯罪的实行行为

侵犯网络著作权犯罪的实行行为是指未经许可，擅自直接通过网络上传他人作品可供公众浏览下载的后果严重的行为；大量的侵犯网络著作权的行为都是实行行为，刑法应当重点规制的也是实行行为，无论何种侵犯网络著作权的犯罪行为，都是以直接向网络上传作品为基础的。因此，本书主要讨论以下侵犯网络著作权犯罪的实行行为：（1）作品内容提供行为；（2）P2P 用户侵犯网络著作权的行为；（3）视频分享网站直接侵权的行为；（4）WAP 转码直接侵权的行为。其中，作品内容提供行为和 P2P 用户侵犯网络著作权的行为是典型的实行行为，视频分享网站和 WAP 转码包括直接和间接侵权行为，其直接侵权行为是实行行为。

WAP 转码偏向于实行行为，网页快照和链接是传统的帮助行为，随着技术的发展，也可能成为侵犯网络著作权的实行行为，而对于搜索引擎类侵权行为，要认定究竟是实行行为还是帮助行为，须遵循是否替代第三方网站内容作为判断的一般原则，具体规则是三方面的考察：（1）作品是否需要授权；（2）作品是否加工编辑；（3）作品是否永久复制。

一、作品内容提供行为

（一）作品内容提供行为的界定

作品内容提供行为是一种信息网络传播行为，是与网络服务提供行为相对的信息网络传播行为，是根据信息网络传播行为在信息传播中的作用不同所作的划分。在网络著作权的保护中，首先应当关注的严重侵犯网络著作权的行为当属作品内容提供行为，因而有必要对作品内容提供行为进行界定。

所谓作品内容提供行为，又称作品提供行为或内容提供行为，是指在信息网络传播过程中，将作品、表演、录音录像制品等上传至或者以其他方式置于向公众开放的网络服务器中的行为。❶

据此，无论是谁都可能未经允许，擅自通过网络向公众提供作品侵害网络著作权。但是，通常在认识上会下意识或潜意识地认为：侵害网络著作权，网络用户实施的是实行行为，而网络服务提供者实施的是帮助或教唆行为，即以网络传播者的身份角色为标准来判断实施侵害网络著作权的

❶ 孔祥俊．论信息网络传播行为［J］．人民司法，2012（7）：59.

行为是实行行为还是帮助行为。从 2013 年最高人民法院的《关于审理侵害信息网络传播权民事纠纷案件适用法律若干问题的规定》第 3 条第 2 款的规定来看，显然，判断实施侵害网络著作权的行为是实行行为还是帮助行为，与提供的网络传播行为方式有关，与网络传播者的身份角色无关。

内容提供行为侵犯网络著作权的主体可能是网络用户，也可能是网络服务提供者。特别是网络内容提服务供者（ICP）可能实施内容提供行为，而成为侵权责任，[1] 乃至刑事责任主体。[2] 不管是什么身份的行为主体，不管是网络内容服务提供者（ICP）还是其他网络服务提供者，只要作了内容提供的具体行为，就是网络内容提供服务者（ICP），也就可能成为刑事侵犯网络著作权的主体。

（二）作品内容提供行为界定的依据

首先，需要提及的是《世界知识产权组织版权条约》第 8 条。涉及信息网络传播行为的规定，一般都会追溯到《世界知识产权组织版权条约》。由于历史的原因，我国的信息网络传播概念源自《世界知识产权组织版权条约》第 8 条的规定，其中“向公众提供作品”源于“the making available to the public of their works”，[3] “making available”仅表明他人获得作品的“可能性”。[4] 所以，如何理解作品内容提供行为，可以从《世界知识产权组织版权条约》中寻找依据。有论者认为《世界知识产权组织版权条约》第 8 条虽然没有明确界定“提供作品”，但议定声明中从反面规定[5]可见其是以排除法的方式对“提供作品”的行为进行界定。[6]

---

[1] 在民事侵权责任追究中，出于经济性等方面的考量，多数权利人会选择对网络服务提供者究责，所以，在这个过程中，识别网络服务提供者的身份尤为重要。

[2] 如前文曾述及的“云霄阁”案。

[3] 孔祥俊．论信息网络传播行为［J］．人民司法，2012（7）：63.

[4] 王迁．网络版权法［M］．北京：中国人民大学出版社，2008：68.

[5] 仅为促成或者进行传播提供实物设施不致构成本条或者《伯尔尼条约》意义下的传播。

[6] 吴永祺．聚合平台深层链接：以“链接服务”掩饰“内容提供”［J］．电子知识产权，2016（8）：50.

其次，2001 年《著作权法》第 10 条。该条第 1 款第 12 项规定了信息网络传播权，其中“向公众提供作品”成为界定作品内容提供行为的直接法律依据，虽然该法也没有对作品内容提供行为进行明确界定。

再次，2006 年《信息网络传播权保护条例》。该条例第 2 条规定“向公众提供”，第 18 条规定了“擅自向公众提供他人的作品、表演、录音录像制品”的行为，其他各项规定是在此基础上的延伸性保护。

最后，2013 年《关于审理侵害信息网络传播权民事纠纷案件适用法律若干问题的规定》。该规定第 3 条第 2 款明确地规定了什么行为是提供网络作品、表演、录音录像制品的行为。

（三）判断作品内容提供行为的标准

对于网络传播行为是否是作品内容提供行为，是采用服务器标准还是用户感知标准，学界有争议。2013 年《关于审理侵害信息网络传播权民事纠纷案件适用法律若干问题的规定》第 3 条第 2 款采用服务器标准。

以服务器标准判断作品上传是否构成“作品内容提供行为”关键看作品是否放置在网络服务提供者提供的服务器上，无论用什么方式，只要将作品置于可供网络公众浏览或下载的服务器上，该行为就是作品内容提供行为。服务器标准的优点是标准非常清晰和便于认定，其缺陷有三点：(1) 服务器标准对提供行为的所有情形不能涵盖；(2) 可能因技术发展而使服务器标准丧失存在基础；(3) 把第三方将作品存储于服务器中的行为也纳入了其中。[1]

以用户感知标准判断作品上传是否是“作品内容提供行为”关键看用户的感觉，即网络用户是否感觉到作品是由网络服务提供者提供。即只要用户感觉到所浏览或下载的作品是由网络服务提供者所提供，而实际上作品并未储存在网络服务提供者所提供的服务器上，也认为该行为构成信息网络传播行为，该标准主观色彩强，具有不确定性。[2]

---

[1] 孔祥俊．论信息网络传播行为［J］．人民司法，2012（7）：67.
[2] 孔祥俊．论信息网络传播行为［J］．人民司法，2012（7）：63.

判断是否是作品内容提供行为，不管是采用服务器标准还是用户感知标准，都有其优缺点，相对于用户感知标准的主观不确定性，服务器标准更具有客观性，便于从客观上判断是否存在作品内容提供的事实，因而是作一个事实判断，也正是因为如此，所以在司法操作中才采取争议性小的服务器标准。孔祥俊教授还提出了一个法律标准，[1] 但该标准仍然是建立在服务器标准之上，以法律价值判断引导难以定性的情况。法律标准最终还是会回到客观标准上来，而客观标准的确立本身就包含法律的价值取向在内，所以不能把服务器标准看成一个单纯的技术标准。同理，如果脱离了客观标准，法律标准也无所适从。

二、P2P 用户侵犯网络著作权的行为

涉及 P2P 技术侵犯著作权的主体有 P2P 软件的用户和经营者。根据技术中立原则，单纯采用 P2P 技术的软件制作者不应当成为侵犯著作权的责任主体。一般经营者作为帮助犯或教唆犯承担刑事责任，但关于 P2P 软件的用户因上传、下载侵犯著作权产生的法律责任则备受争议。一般而言，P2P 软件的用户的上传、下载行为在不影响作品正常使用和无故损害著作权人的合法利益的情况下，可能属于法定的合理使用而不构成侵权，当然也就谈不上犯罪问题。但根据 2013 年《关于审理侵害信息网络传播权民事纠纷案件适用法律若干问题的规定》第 3 条第 2 款“……设置共享文件……使公众能……”。毫无疑问，P2P 软件的用户未经许可，擅自将他人的作品上传或放置于共享目录下的行为构成对著作权的侵犯。

（一）境外 P2P 用户侵犯网络著作权行为的刑法规制

P2P 软件既可上传也可下载，上传属于作品内容提供行为，所以未经许可而上传侵犯著作权的行为被世界各国立法禁止。而对于因为下载侵犯他人著作权的行为，各国的处理则有所差异。同样是未经许可的违法下载，

---

[1] 孔祥俊．论信息网络传播行为［J］．人民司法，2012（7）：67-68.

有的国家入罪，有的国家出罪。❶

在刑事立法的层面上，以美国为例展开研究。美国是互联网发达的国家，也是网络著作权问题最多的国家，作为曾经的最大盗版国家，如今已一跃成为著作权制度的引领者，制定《世界知识产权组织版权条约》和《世界知识产权组织表演和录音制品条约》时全世界都随着美国起舞，解决美国的版权问题。❷ 美国早期的 P2P 需要通过网络服务商的服务器，能够被网络服务商监管，升级后的 P2P 则去中心化，P2P 用户之间上传、下载无须通过网络服务商的服务器就可进行点对点传输。2005 年，《美国家庭娱乐暨著作权法案》规定，在 P2P 软件的“共享区”，即使个人将“预览版”电影置于其中供他人免费下载，如果明知是尚未进行商业发行的“预览版” DVD，也构成犯罪。❸ 美国不仅刑事打击 P2P 用户的上传侵权行为，也打击下载行为，在网络版权保护上采取了全世界最严厉的制裁，不仅影响世界各国的相关立法，也将为世界上对知识产权实行强保护战略的国家和地区所效仿。

在刑事司法的层面上，我国香港、台湾地区以及日本、美国都有对涉 P2P 软件的使用者定罪判刑的案例。首先如前文曾经提及的我国台湾地区 Kuro 案：2005 年 9 月 9 日，被告陈寿腾❹及其子 Kuro 创始人陈国华、陈国雄❺和会员陈佳惠被定罪判刑。再如香港地区的陈乃明 BT 侵权案：❻ 本案被告香港市民陈乃明于 2005 年 1 月 10 日、11 日，先后利用 BT 技术将 3 部

---

❶ 贺志军．我国著作权刑法保护问题研究［M］．北京：中国人民公安大学出版社，2011：140.

❷ 吴伟光．数字技术环境下的版权法——危机与对策［D］．北京：中国社会科学院研究生院，2008：35.

❸ 王迁．暴风雨下的安全港——美国《家庭娱乐与版权法案》评析［J］．电子知识产权，2005（5）：33，34.

❹ 陈寿腾是 Kuro 的总裁，Kuro 创始人被告陈国华和陈国雄兄弟之父，被判处 2 年监禁。

❺ 每人被判 3 年监禁，外加 300 万新台币的罚款。

❻ 本案被称为全球首宗 BT 计算机网络传输刑事犯罪案，被告以违反香港版权条例为由被判处 3 个月监禁。

电影非法发布在互联网上。2005 年 10 月 24 日被香港屯门裁判法院定罪判刑。❶ 另如前文也曾提及的日本“Winny”案：“Winny”是 P2P 软件，其作者金子勇于 2005 年 12 月 13 日被京都地方法院以违反著作权法为由定罪判刑，❷ 该软件的两名使用者也因此理由被定罪判刑。如 2006 年 9 月 United States v. McCausland 案❸成为美国首例个人使用 BT 下载的有罪判决案。❹ 这些 P2P 案件表明了从司法的层面对网络著作权的刑事保护。

（二）对 P2P 用户追究刑事责任案引发的思考

P2P 作为一种技术，具有中立性。P2P 软件具有“共享”功能，软件的使用者只需要将电脑中的作品放在 P2P 软件的“共享目录”之中，其他 P2P 软件用户就可通过该软件搜索下载置于“共享目录”中的作品。第一种行为涉及 P2P 平台上完整文件档案链接（源文件）的提供，如果用户通过 P2P 传递已超过著作权保护期进入公共领域的作品，显然有利于资源共享，可促进文化繁荣发展。但目前 P2P 用户共享的绝大多数都是受著作权保护的文字作品、音频或视频文件，这种利用显然是直接侵权行为，会导致著作权作品被反复下载并进一步传播，危害性相当严重，不仅要承担直接侵权的民事责任，还可能构成侵犯著作权罪。第二种行为下载的同时也在上传文件，构成直接侵犯著作权，可能承担刑事责任。

从最终承担的法律责任来看，我国台湾地区、美国和日本除了要求 P2P 用户承担民事责任外，有相当一部分还承担了刑事责任。但是美国对 P2P 用户无疑是最苛刻的国家。为打击侵犯著作权的行为，美国对网络终端用户都频频动用刑罚苛责，如前文曾提及的 2005 年帕尔文·哈利瓦案，P2P 用户承担的法律责任更严，如前文曾提及的 2006 年 United States v.

---

❶ 魏小毛．网络并非刑罚的真空地带［N］．中国知识产权报，2005-11-25（3）．

❷ 2009 年 10 月 8 日，大阪高等法院推翻了一审判决，裁定金子勇无罪。

❸ No. 06-CR-00040, guilty plea entered（W D. Pa.，Erie Sept. 12，2006）．转引自：贺志军．我国著作权刑法保护问题研究［M］．北京：中国人民公安大学出版社，2011：142.

❹ 该案被告格兰特·斯坦利被判入狱 5 个月，罚款 3 000 美元，5 个月家庭监禁，释放后接受 3 年的监控。

McCausland 案。2007 年的杰米·托马斯案，该案中原告索尼 BMG 等 6 家唱片公司指控被告杰米·托马斯未经许可从网上下载了 1 702 首歌曲，并通过 Kazaa 共享软件，将下载歌曲提供给更多网民下载。明尼苏达地方法院陪审团裁定托马斯的行为属于蓄意侵犯版权罪，判处她付出罚款 22.2 万美元。❶

但在我国现行的法律框架内无法进行 P2P 用户刑事责任的追究，除非能够证明 P2P 用户是“以营利为目的”实施地上传、下载侵权行为。刑责 P2P 用户似让人觉得苛严，其只不过是利用科学技术而已。技术中立，科技无罪，但是我们也要认识到，科学技术作为一种技术和手段，可以利用，科学技术没有任何责任，滥用科学技术，则是危害社会和他人的行为应当担责，所以，我国法律是否应对 P2P 用户的严重侵权行为追究刑责，值得关注和研讨。

三、视频分享网站直接侵权的行为

视频分享网站自 2005 年出现以来，在取得良好的经济效益的同时，也伴随着不断的相关著作权纠纷。尽管视频分享网站不断加强视频正版化，但视频侵权纠纷仍居高不下，且呈上升趋势。以北京市法院受理的一审网络案件为例，2006 年比 2005 年增长 28.79%，2007 年则是上一年的 3.71 倍，2008 年上半年又同比 2007 年增长 47.09%。❷ 视频分享网站如此严重侵犯影视作品著作权，不出重拳严厉打击，根本无法遏制视频分享侵权的不断蔓延和泛滥，对于侵权者反复多次或大规模实施侵权行为的，应当追究其刑事法律责任。❸

2009 年 9 月 15 日，“中国网络视频反盗版联盟”在北京启动，抵制网

---

❶ 新华社. 美国首次判决此类案件　网上下载音乐被罚 22.2 万美元［N］. 新民晚报，2007-10-06（A13）.

❷ 孙建红. 视频分享网站传播影视作品的著作权问题与思考［J］. 电子知识产权，2009（5）：54-55.

❸ 孙建红. 视频分享网站传播影视作品的著作权问题与思考［J］. 电子知识产权，2009（5）：58.

络侵权盗版行为，并宣布对优酷等主要视频分享网站侵犯国内 1 000 余部影视剧版权取证保全，以市场售卖价为依据，向优酷提出总计为 5 000 万~1 亿元的索赔，并保留追究相关责任人刑事责任的权利。❶ 此举引发学界热议。

有学者认为，在公法与私法之间存在一些法律上的空白，特别是在刑法与侵权法的结合处，有大量严重的侵权行为，未达到犯罪的程度，因而不能依法追究刑事责任，从而导致不能够通过严厉的惩罚来预防侵权，即使真正能够被处罚的是少数。❷

还有学者主张，针对屡禁不止的侵权行为，应当强化查处侵权人，特别是严厉打击冒充权利人授权或者其他非法授权的行为。应当进一步明确界分民事侵权和刑事犯罪，保证法律的威慑作用真正落到实处。❸

至今，笔者尚未发现一例网站因为视频分享而受到刑事指控，尽管有着不少呼吁或威胁要用刑事手段解决其侵犯著作权的问题。虽然从相关刑事立法来看，能够通过刑事解决已存在的视频分享问题，但在司法实践中，还是更偏好用民事或行政的手段解决视频分享所带来的侵权问题。视频分享网站冒着受到惩罚的危险依然顶风作案，显然侵权会给其带来更加丰厚的利润。高额的利益值得视频分享网站去冒险。如果视频分享网站侵权保持高增长的趋势，不排除追究视频分享网站刑事责任的时刻到来。

视频分享网站属于网络空间服务，与 BBS 一样，服务者提供给会员或网民上传视频分享的一个空间，网站一般不直接提供视频。当然也存在视频网站上传分享一些视频的情形，不过这类视频都是正版的，并且获得了授权。如果视频网站分享盗版或未经权利人许可分享的正版视频，都将构成直接侵权，从理论上都将面临受到刑事责任追究的可能。分享的视频无

---

❶ 辛苑薇．“最大规模反盗版联盟”起诉优酷［N］．21 世纪经济报道，2009-09-16(20)．

❷ 姚依哲．视频分享网站版权侵权认定［J］．人民司法，2011（3）：96.

❸ 左玉茹．拨开视频分享网站著作权纠纷迷雾［J］．电子知识产权，2008（10）：49.

论从数量还是质量上，都将随着技术的发展进步而不断提高，由此甚至替代正版视频而损害视频著作权人的利益，具体而言，包括视频的复制、发行和表演等专有权利可能受到侵害。

对于网站会员或用户所提供分享的盗版或未经允许而上传的正版视频，视频网站具有注意义务。只要尽到了注意义务，尽管直接侵害视频著作权的事实不会改变，但对于视频分享网站而言可因此而免责，不承担侵权民事责任，当然也谈不上承担刑事责任的问题。有的视频分享网站建立了事前审查机制，即网站会员或用户向网站上传分享视频时，网站要对视频进行审查，即网站在分享视频提供给公众之前，网站已然对视频审查，然后编辑和分享出来。如果视频分享网站审查后的视频是盗版或未经版权人许可仍然决定通过网站分享，那么网站对此构成直接侵权，因此造成严重后果就可能承担刑事责任。如果视频分享网站未对会员或用户上传的视频进行任何选择、取舍和编辑，除非该视频侵权性质显著，比如达到了“红旗”规则适用的程度，否则视频分享网站无须承担侵权责任，更谈不上刑事责任。

四、WAP 转码直接侵权的行为

WAP 转码是一种移动终端浏览转码技术，通过该技术可使 Web 资源在移动终端浏览器浏览。近年来 WAP 转码技术应用非常广泛，特别是为众多搜索引擎所广泛使用，引发了一些直接侵犯著作权的案件，存在可能承担刑事责任的风险。

WAP 转码构成侵权是刑法对 WAP 转码侵权行为规制的前提，WAP 转码侵犯著作权情节严重可入罪。讨论 WAP 转码的刑事责任问题，首先应当探讨 WAP 转码是否构成著作权侵权行为，只有在构成侵权的基础上才涉及是否需要刑法介入保护著作权的问题。

WAP 转码技术是转码技术的一种，作为技术本身是否存在不法？蔡骏诉深圳宜搜案❶的判决结果肯定了技术本身不违法。法院判决认为，虽然通过宜搜所提供的搜索框能够搜索到涉案小说，但小说仍然是在第三方网站上，是通过客户端实现链接，宜搜通过 WAP 技术进行了转码格式转换，从而实现手机上网。宜搜网站并没有对涉案小说进行永久复制，因而没有替代第三方网站提供内容。判决中有两点确立了利用 WAP 转码技术等技术手段是否构成直接侵权的标准：一是是否永久复制标准；二是是否实质替代对方标准。

技术中立，技术不违法，所以技术无罪。但是技术可予以利用，甚至滥用，无论是利用或滥用技术，在客观上都可能存在不法，因而侵权难免，甚至可能犯罪。WAP 转码技术可被网络服务商用来提供服务，这种服务可能会涉及影响他人的著作权，因而需要对该服务是否构成侵权进行判断，在构成侵权的基础上可进一步判断是否构成犯罪的问题。

第一，考察 WAP 转码技术抓取的作品。通过考察抓取的作品判断 WAP 转码技术抓取行为是否有合法的依据。

WAP 转码技术抓取的作品按照是否进入公共领域分为公共产品和非公共产品。对于进入公共领域的作品，WAP 转码技术无须授权可以抓取，而对于未进入公共领域的作品的抓取还需要取得授权，除非符合合理使用的条件，否则可能构成侵权。

搜狐诉“今日头条”案❷中，“今日头条”抓取信息内容是否构成侵权，理论界的分歧在于“今日头条”抓取的作品是否是进入公共领域的作品。“今日头条”为他人提供信息推荐服务，其抓取的信息就是利用了

---

❶ 本案中，原告蔡骏系小说《玛格丽特的秘密》的著作权人，他以被告宜搜科技利用其网站为手机网络用户提供该小说的在线阅读服务，侵犯了其信息网络传播权和获得报酬权为由提起诉讼，要求被告承担侵权责任。参见：深圳市福田区人民法院（2010）深福法知产初字第 70 号民事判决书。

❷ 本案中，搜狐诉称被告“今日头条”以转码方式展示其直接抓取复制使用搜狐网、搜狐网手机版以及搜狐新闻客户端里的文章、图片，将其转换成 XML 存放于自己服务器上，用户浏览新闻时，将 XML 内容通过 APP 渲染成新闻页面呈现给用户。

WAP 转码技术。其主打的内容是新闻,❶ 显然时事新闻属于公共产品，无须授权使用，以此作为不构成侵权的抗辩理由应该说是成立的。问题是如果新闻包含评论或注释等报道，则形成新的新闻作品，不能够作为单纯的新闻报道看待。如果属于此类信息内容，“今日头条”抓取则要考虑是否需要授权的问题，否则可能会涉及构成侵权的问题。当然如果“今日头条”如搜狐诉称的将未进入公共领域的作品渲染成为新闻，又非单纯提供引擎服务，而是叠加有信息内容的传播，毫无疑问可能构成直接侵犯网络著作权。

第二，考察 WAP 转码是否进行了加工或编辑。WAP 转码第三方网站的内容，提供的是搜索引擎服务，因而展现的是搜索链接，而不是直接提供第三方网站的内容。如果网络服务商对其所提供的内容作了筛选、过滤和选择，其所提供的内容直接构成内容提供行为，并承担内容提供行为的法律责任。显然，进行了加工编辑的 WAP 转码已不是单纯的搜索引擎服务，而是涉嫌参与直接提供侵权作品。

第三，考察 WAP 转码是否临时复制。前文探讨了临时复制与永久复制的法律意义不同。至少在当前临时复制未被作为著作权法上的复制来对待。如果网络服务商将第三方网站的内容转码过后永久复制并存储于其服务器，此时利用 WAP 转码技术获取的信息将替代原网站，当然侵犯了原网站的著作权。网络服务商在转码过程中，只能够提供引擎的引导服务，引导网络用户到提供内容的第三方网站，而不能直接替代第三方网站提供内容。在转码过程中，即使存在缓存的信息内容也应当及时删除，否则也可能涉嫌侵权。

在盛大文学诉百度案❷中，首先应当肯定的是，该案所涉及的作品不是进入公共领域的作品，在此前提下，被告百度公司之所以被上海市卢湾

---

❶ 根据 2010 年《著作权法》第 22 条第 1 款第 3 项规定，使用时事新闻报道，在指明作者姓名、作品名称，并且不得侵犯著作权人依照本法享有的其他权利的情况下，可以不经著作权人许可，不向其支付报酬。

❷ 上海市卢湾区人民法院（2010）卢民三（知）初第字 61 号民事判决书。

区人民法院判处构成侵权败诉，其根本原因在于其在转码过程中，涉及两个行为导致其侵权。

第一，百度对涉讼作品进行了加工编辑。百度公司在其二级域名“wap. baidu. com”中设立推荐专栏，将涉讼作品归类于“精品推荐”“最热榜单”，因而不是单纯的WAP转码服务。

第二，百度永久复制涉讼作品。百度不仅将诉讼作品完整复制在其网站上，还存储于其服务器上，网络用户通过第三方网站就能够获得完整的涉讼作品，事实上已实质性替代了其他网站提供作品内容的服务，显然这不是搜索引擎服务。

一审法院认为，百度公司既不属于法定许可，也不属于合理使用，不符合法定免责情形，因而构成著作权法意义上的复制行为，上载作品的行为，构成直接侵权，百度公司应当承担直接侵权责任，并承担由此给盛大文学造成的经济损失。

网络传播技术不断出现，伴随着新的网络传播行为发生，技术中立，但利用技术的行为必须受到法律的约束，不得侵犯他人网络著作权，否则侵权人将承担相应的法律责任，甚至刑事责任。

第四节　侵犯网络著作权犯罪的帮助行为

在侵犯网络著作权犯罪的实行行为的基础上展开对侵犯网络著作权犯罪行为的探讨，还有帮助行为，间接侵犯网络著作权，如网页快照和链接、擅自破坏技术保护措施等行为。其中，规避技术保护措施的行为是典型的帮助行为。WAP转码、网页快照和链接是搜索引擎类行为，既可能是实行行为，也可能是间接行为，WAP转码偏向于实行行为，网页快照和链接起始是帮助行为，随着技术的发展，也可能成为侵犯网络著作权的实行行为。

一、刑法规制帮助行为原理

（一）刑法应当规制侵犯网络著作权帮助行为

侵犯著作权的犯罪是对侵权行为的刑法规制。在著作权法理论中，可将侵权行为分为直接侵权行为和间接侵权行为，间接侵权行为是相对于直接侵权行为而言的，一般发生在共同侵犯著作权的案件中。对于一般的共同侵权的认定相对容易，比较复杂的是网络服务提供者与其他主体之间共同侵犯著作权人的网络著作权的问题。网络服务提供者提供信息存储空间或者搜索、链接服务，并未直接实施侵犯著作权人专有权利的行为，其侵权责任是以他人的直接侵权行为为前提，在侵权过程中，网络服务提供者的行为仅仅是帮助作用，因而在著作权侵权之中仅仅承担间接侵权责任。

没有网络服务提供者的帮助行为，直接侵权行为或许不会发生或者不可能完成，但是一旦提供帮助则可能通过网络对著作权人产生难以估计的损害。由此可见，网络服务提供者的帮助行为的社会危害性很大，总体而言，网络服务提供者的帮助行为的社会危害超过了直接实施侵权行为的危害性，或者说直接实施侵权行为的危害性是通过网络服务提供者的帮助行为在网络上无限放大的。也正因为如此，基于公共政策原因将这些帮助行为通过法律界定为侵权行为。同样也是基于相同的原因，刑法应当特别密切关注网络服务提供者的帮助侵权行为，并以适当方式进行规范调整，是否入罪需要考量。

在网络环境下，侵犯著作权的间接侵权行为主要包括教唆和引诱他人侵权及故意帮助他人侵权、“直接侵权”的预备行为与扩大侵权后果的行为两类。[1] 对于前者，是典型的共同侵权的行为，但在实施直接侵权的实行行为不构成犯罪的情况下，网络服务提供者与其他侵权主体则不可能构成共同犯罪，那么也会引起造成无限放大侵权损害的帮助行为是否构成犯罪的问题。对于后者，严格地讲，网络服务提供者与其他侵权主体则不构

[1] 王迁．网络版权法［M］．北京：中国人民大学出版社，2008：132.

成共同侵权，当然也不存在共同犯罪的问题。对于帮助扩大损害后果的行为，刑法当然应当规制，只是如何规制的问题。

（二）帮助侵犯网络著作权的责任构成

近代德国、日本刑法理论中有一句格言“违法是客观的，责任是主观的”，由此可见不管如何归责，客观上已存在一个违法的事实，这是不以人的主观意志为转移的，也不因为如何归责，以及是否追究责任而否认违法事实的存在。那么是否也可以套用此格言，认为著作权的“侵权是客观的，责任主观的”，即在侵犯著作权的行为中，侵权的客观事实与主观没有关系。但是只有侵权事实的存在，没有构成责任，也就意味着不承担任何责任，极端来讲，哪怕是道义上的责任都没有，那么最严厉的刑事责任则更是不知从何谈起了。那么主观是什么？正如英国曾经奉行的一句格言“魔鬼也不知道人打的是什么主意”，所以我们对此必须在客观上建立起一套可能不算行之有效，但至少是可以把握，具有可操作性的不算坏的标准，即归责任原则。过错责任原则是一般的侵权责任归责原则，行为人是否有过错决定行为人是否为其侵权行为承担法律责任，按照侵权责任法等立法规定，侵犯知识产权的行为属于一般侵权行为，适用过错责任原则归责。所以，过错对于认定网络服务提供者是否承担法律责任具有重要的意义。

网络服务提供者教唆和引诱他人侵权及故意帮助他人侵权，由于网络服务提供者是基于主观故意而为的侵权，应当承担共同侵权责任几无争议，因为网络服务提供者使没有意图侵犯著作权的人产生了侵权的意图，并为他人侵权提供了网络服务，或明知他人意图侵犯著作权而提供网络服务的帮助行为，使得侵犯著作权得以成功，并造成损失。有争议的是，网络服务提供者虽然客观上为他人侵犯著作权提供了帮助，但是如何确定，他是知道他人的网络传播行为是侵犯著作权的行为的。面对浩瀚的网络信息，是否应要求网络服务提供者需要事先知道传播的信息是否侵权，如无此要求，则尽管网络服务提供者有客观上的帮助侵权行为，即使造成了难以估量的严重后果，都没有网络服务提供者的责任。但如果对网络服务提供者有确知传播信息的合法性有要求，显然又是无法达到的要求，这一要求意味着网络服务提供者具有完全的信息审查义务，太过严苛的义务其结果是灾难性的，这不是单单阻碍信息网络传播的问题，最终会导致网络服务终结，给互联网事业造成毁灭性的打击，在社会高速发展的今天，也是无法接受的。所以对于网络服务提供者，既不该完全地放任自流，完全撇清与侵权的关系，也不应要求承担完全的审查义务。因此，网络服务提供者承担合适的义务是其过错的一个客观判断标准。

根据义务的要求程度不同，网络服务提供者负有的义务有审查义务和注意义务之分。不管是审查义务还是注意义务，都是认定网络服务提供者是否有过错需承担侵权责任的依据，但是二者要求的严格程度不同，所以二者所关联的确认是否担责的规则也有所不同。对于负有注意义务的网络服务提供者，尽到了应有的注意义务则无须承担责任，其适用的是“避风港”规则和“红旗”规则。即有证据证明网络服务提供者已知或应知侵犯网络著作权行为的存在，则其应当阻止进一步扩大侵权损害的后果。如没有阻止扩大损害，则自知道之日起就扩大的损害后果承担相应的责任，如果达到犯罪的程度则承担刑事责任。

对于“避风港”规则的适用实际上就是适用“通知—移除”规则，即网络服务提供者接到要求删除侵权作品的通知后删除侵权作品，阻止侵权损害后果进一步扩大就免除责任，相反，如果拒绝删除，则需要承担相应的法律责任。“红旗”规则是“避风港”规则的一个例外，即虽然网络服务提供者没有接到要求删除的通知，但是侵犯著作权的信息像红旗一样醒目地飘扬，作为网络服务提供者就不能像鸵鸟一样把头埋进沙子里视而不见。因此，网络服务提供者不能以没有接到要求移除的通知作为不承担责任的抗辩理由，不能躲进“避风港”，而是要承担法律责任。

对网络服务提供者负有审查义务的要求则更高一些，这就要求网络服务提供者必须负有事先审查义务。审查义务主要是对视频的审查要求，根据《互联网视听节目服务管理规定》第2条规定，提供视听节目服务活动的网络服务提供者负有审查义务，其对视频的审查义务意味着网络服务提供者必须对视频逐个进行审查，主要审查视频是否含有《互联网视听节目服务管理规定》第16条规定的10类内容。另外，对视频文件的著作权状况的审查则意味着要核实上传者是否为相关视频文件的权利人或是否被授权上传。[1] 如果没有履行审查职责，发现法律所禁止的内容不采取过滤、筛选、断链或屏蔽等措施，则均被认为具有过错而须承担法律责任，直至追究刑事责任。

二、网页快照帮助行为

网页快照，又称快照或网页缓存，快照属于网络搜索引擎类技术服务，目的在于帮助网络用户更加快捷方便地得到所想要的内容，而这些内容是事先备份缓存于搜索引擎的服务器，所以网络用户点击快照链就能直接访问。[2] 快照不同于一般的链接，网络用户点击快照并没有访问其想要访问的目标网站或网页，但能够更加方便快速地得到访问的目标网站或网页所提供的内容，即使被删除修改甚至失效的内容也能够从快照获得，所以使用率很高。快照是搜索引擎的功能之一，提供该服务几乎是搜索引擎的标配。网页快照有的快照网页中的内容，有的快照网页本身。[3]

快照与网络复制、系统缓存以及链接都为网络用户提供了其所需要的内容，但各自的目的不同，信息内容在网络传输过程中也有区别。首先，对于网络复制，其目的在于获得数字化作品的数字复制件，是数字化作品通过网络传输拷贝得以实现，作品的数字复制件可以永久保存。其次，对于系统缓存，与快照一样，都是属于缓存，复制网页或网页内容。其目的也在于为网络用户提供更方便快捷的服务，但其只是临时性复制，当然电脑断电关机时，复制网页或网页内容就不复存在，只有当目标网站的信息内容不能及时传输到网络用户时，系统缓存才为网络用户提供临时辅助服

---

[1] 王迁．视频分享网站著作权侵权问题再研究［J］．法商研究，2010（1）：90.

[2] 网页快照［EB/OL］．［2016－08－05］．http：//baike. baidu. com/link？url＝jQo29CeO0RZT5caGIqmNrSgfkIVMjodO1XOwX Q7－zqe_ aWINWXo0wEm0LizkXNGqa51Yr7g_ Ehx_ KjAHvtrPHq.

[3] 王迁．搜索引擎提供“快照”服务的著作权侵权问题研究［J］．东方法学，2010（3）：126.

务。而快照使复制网页或网页内容得以保存，并且内容还有更新。快照直接访问的是搜索引擎的服务器，而不是目标网站。最后，对于链接，其目的在于将网络用户引向目标网站，从而直接获取相关链接的内容，当然这种指引需要搜索引擎才能实现，与快照不同的在于网络用户所搜索的内容在目标网站的服务器内，并不缓存于搜索引擎的服务器。正是因为快照使复制网页或网页内容存储在搜索引擎服务器内，所以当快照未经著作权人许可作品时，如何定性网页快照行为，颇具争议，从刑法规制的角度看，网页快照行为是实行行为还是帮助行为，这些都是需要研究的问题。

根据2010年北京市高级人民法院《关于审理涉及网络环境下著作权纠纷案件若干问题的指导意见（一）（试行）》，快照行为属于信息网络传播行为。根据2013年《关于审理侵害信息网络传播权民事纠纷案件适用法律若干问题的规定》，快照行为可能是内容提供行为。据此，网页快照行为既可能是帮助行为，也可能是实行行为。

如何判断快照行为究竟是帮助行为还是实行行为？可从提供搜索服务的百度公司和搜狗公司被诉的裁判进行分析。先看百度公司被诉的两个案件：一个是2008年的“泛亚诉百度案”；❶ 另一个是“中音协诉百度案”，2008年一审，❷ 2010年二审，❸ 由于涉案快照的所有歌词都存储在百度公司的服务器内，所以网络用户并不需要选择点击歌词的来源网站，可以直接从百度网站获得，事实上，百度已替代来源网站提供歌词，既不符合法定免责，也不属于合理使用，因此法院判定百度快照行为是直接侵权行为。2013年的“丛文辉诉搜狗公司案”❹ 在终审中，法院认定涉案快照行为是信息网络传播行为，但基于其并没有实质性替代来源网页，所以是帮助行为，构成合理使用而免责。从这些代表性案件的认定判决中可见：首先，快照行为是信息网络传播行为。其次，快照行为构成直接侵权行为，不合

❶ 北京市高级人民法院（2007）高民初字第1201号民事判决书。

❷ 北京市海淀区人民法院（2008）海民初字第7404号民事判决书。

❸ 北京市第一中级人民法院（2010）一中民终字第10275号民事判决书。

❹ 北京市第一中级人民法院（2013）一中民终字第12533号民事判决书。

理且不能免责；快照行为构成帮助侵权行为，属于合理免责行为。最后，判定快照行为是实行行为还是帮助行为，关键在于快照是否实质替代了来源网页提供作品，如果已构成实质性替代，快照行为是实行行为，反之则是帮助行为。

搜索引擎提供快照本质上是提供帮助，帮助网络用户搜索相关目的网站的内容不因为网络拥堵而造成访问困难，作为一种技术安排措施，如果实质性替代了原目标网站，事实上给目标网站造成了实质性的损害，就侵犯了其拥有的复制和传播权，就此追究刑事责任则按照作品内容提供行为进行处理。如其并没有实质性地替代目标网站则是属于正常的网络服务提供行为或合理使用行为。如果搜索引擎提供快照的内容是侵权作品，则需要视作品的类别而分别处理，如果是视频图片等具有可视或视觉直接冲击效果的内容，则要履行一定的审查义务，如果是其他信息作品，则需要履行注意义务。不管是审查义务还是注意义务，由此帮助侵权则承担民事侵权责任，扩大的后果严重则需要承担刑事责任。

三、深度链接帮助行为

网络链接有浅层链接和深度链接之分。设链者在网站或网页中设置链接标志，网络用户通过点击链接，链接目标网站和网页，从而与被链接的网站或网页建立起联系。前者网络用户非常清楚哪个是设链的网站和网页，哪个是被链接的网站和网页；后者则由于并不经过被链接的网站的首页，而是直接跳转到被链接的网站中的具体内容页或非网页文件，网络用户有时不清楚被链接显示的内容是设链的网站和网页的内容还是被链接的网站和网页的内容。浅层链接是经常使用的链接行为，是帮助行为，一般不涉及著作权侵权，所以也谈不上相关刑事责任的问题。但深度链接的情况有些复杂，深度链接是帮助行为，几无争议，那么是否还可能是直接提供的实行行为，确实值得研究注意。

有的深度链接可通过网页上标注的信息判断出相关内容来源于被链接的网站，而有的设链者利用嵌入式框架技术将被链接对象的网址嵌入自己的网站或网页中。当网络用户点击嵌入框架内的链接时，被链接的内容直接显示在框架内，但被链接的网址并不显示，这样就使网络用户无法分清网站链与被链关系。如2007年“优度诉迅雷盗案”,❶ 被链的第三方网站的侵权影片可在迅雷嵌入框架内播放，但可能使网络用户认为该侵权影片为迅雷直接提供。

由于作品的提供者被深度链接隐藏，所以任何人都可以通过深度链接不受约束地向网络提供作品,❷ 引发更多的深度链接版权纠纷案。这些案件在处理中，法官们基本上达成共识，不认为深度链接的行为是对信息网络传播权的直接侵犯，所以深度链接的行为应当认定为间接侵权的帮助行为。❸ 客观上，在深度链接的帮助下，尽管被链接作品的范围不断地扩大，但是根据已为法院普遍适用于搜索引擎的“服务器标准”，深度链接的行为仍然只能认定为间接侵权的帮助行为。“服务器标准”因为网络技术的高速发展而受到质疑，提出采用“用户标准”。

在网络宽带技术普及应用的今天，侵权者无须通过其服务器中存储链接指向作品，只需通过深度链接就能够得到与其自身服务器储存的作品一样的效果，还可以节省相关储存的各种成本，网络用户基本感觉不到侵权作品的来源，误认为是设链网提供的作品。如果按照“服务器标准”，无可置疑，该深度链接行为是间接侵权的帮助行为，明显使人感到不合理。如果采用“用户标准”，则该深度链接行为是直接侵权的“提供”行为。如2013年的“张某网络视频侵权案”❹ 即为通过深度链接为网络用户免费提供观看其他网站拥有版权的影片，法院判张某构成侵犯著作权罪，获刑

---

❶ 上海市浦东新区人民法院（2007）浦民三（知）初字第69号民事判决书。

❷ 王野霏，赵红仕．深度链接类侵权纠纷的对策［EB/OL］．［2011-10-15］．http：//www.cipnews.com.cn/showArticle.asp？Articleid=5160.

❸ 杨小兰，杨加明．信息网络传播直接侵权行为简析［J］．社科纵横，2017（1）：114.

❹ 孙思娅．全国首例打击视频侵权网站案宣判［N］．中国新闻出版报，2014-02-12（3）．

6个月，罚金2万元。[1] 该案虽然采用"用户标准"，即认定张某深度链接影视是"提供"行为，构成直接侵权，但在裁判中还考虑了被告设链等诸多人为干预因素。无独有偶，2016年"乐视诉电视猫案"，一审判决认为"千杉公司的涉案行为，没有将涉案作品存储在其服务器上，但其行为显然是将他人的服务器作为其向用户提供视频资源的存储来源，达到了向用户提供视频资源的目的"，认定深度链接属于"提供"行为，构成直接侵权。[2]

深度链接与浅层链接虽然都是链接帮助行为，但前者毕竟与后者不同，虽然2013年《关于审理侵害信息网络传播权民事纠纷案件适用法律若干问题的规定》没有明确规定深度链接可能属于"提供"行为，并可构成直接侵权，但如何才能更合理保护权利人的合法利益，对此值得深入研究。从深度链接是否使设链的网站实质性替代被链接的网站来看，第一，根据"服务器标准"，深度链接行为并没有影响对被链接的网站的访问量，不会导致实质性替代。当然也只能认定为帮助行为。第二，根据"用户标准"，深度链接行为达到实质性替代的效果，根据2013年《关于审理侵害信息网络传播权民事纠纷案件适用法律若干问题的规定》第5条第1款的规定，可构成提供行为，但还必须结合设链者的主观恶性综合认定。如果因此而需要追究刑事责任则是按照犯罪的实行行为进行处置。

深度链接还存在一种帮助侵权的情形，如果深度链接设链的内容是侵权作品，则如对网页快照提供行为的处理一样，需要视作品的类别而分别处理，如果是视频图片等具有可视或视觉直接冲击效果的内容，则要履行一定的审查义务，如果是其他信息作品，则需要履行注意义务。不管是审查义务还是注意义务，由此帮助侵权则承担民事侵权责任，扩大的后果严重则可能需要承担刑事责任。

---

[1] 上海市普陀区人民法院（2013）普刑（知）字第11号刑事判决书。

[2] 北京市朝阳区人民法院（2015）朝民（知）初字第44290号民事判决书。

四、规避技术保护措施行为

网络传播技术的发展超出了人们的预期，发生在网络空间的违法和犯罪行为时时都在上演，侵犯著作权的行为也愈加泛滥，侵犯了著作权人的合法权益，给著作权人带来了巨大的损害。著作权人为了积极保护自己在网络环境下的正当、合法权益，迫于无奈，通过私力救济手段保护则成为一种选择，技术保护措施就是这种选择之一。[1] 也就是说，著作权人在其作品中加入某种技术手段，未获得著作权人许可的用户，不得接触、使用、传播该作品。常见的技术保护措施主要有电子水印、反复制设备、密码系统等。

在网络空间中，技术保护措施是一堵防火墙，防止未经允许不速之客的造访、觊觎甚至擅自拿走不该拿的东西。技术保护措施作为著作权的一种保护措施，就像门锁一样防君子，不防小人。有技术保护措施，就有反技术保护的措施，没有破不了的技术，只是破解的时间不同而已，唯有魔高一尺，道高一丈时方能暂时地压制。不过这个过程永远都是一个相对的、暂时的、动态平衡的过程。但是，一旦技术保护措施被破坏，失去保护的作品则可能被侵权人任意宰割，失去事前的防御性的保护则只能寄希望事后的公力救济，能够给予多大程度的救济，实在很难言说。

破坏规避技术保护措施的行为，为侵犯网络著作权打开了方便之门，所以其在客观上为其他侵犯网络著作权的人提供了帮助。这种帮助行为给著作权人、给社会公共利益带来了极大的损害，其社会危害性达到一定程度则仍然需要刑法的介入进行规制。

2001 年《著作权法》第 47 条第 6 项新增了对权利人的“技术措施”的法律保护。行为人故意避开或者破坏技术措施，或故意删除或者改变权利管理电子信息可能被追究刑事责任。2006 年《信息网络传播权保护条例》第 4 条规定，权利人可以采取技术措施保护信息网络传播权。根据第

---

[1] 秦亚东，崔艳峰．网络环境下著作权保护的利益平衡——以技术保护措施与合理使用的协调为视角［J］. 北京工业大学学报·社会科学版，2011（2）：61-65.

18条第2项规定，与技术措施相关的侵权行为可能被追究刑事责任涉及两个方面：一是在主观方面，侵权行为是故意的；二是在客观方面，侵权行为包括避开技术措施的行为和破坏技术措施的行为两种侵权行为。根据罪刑法定原则，规避技术保护措施的行为本身并不是刑法直接规制的行为，刑法究竟应当如何规制规避破坏技术保护措施的行为，还值得进一步思考。

第五节 定性侵犯网络著作权罪的量化要素

根据传统刑法理论，行为的社会危害性是犯罪的本质属性，界分罪与非罪的根本标准在于行为的危害程度，当行为的危害性达到一定的标准时，则性质发生变化，由侵权违法行为质变为犯罪行为。对于侵犯网络著作权的行为，无论是直接侵权的实行行为，还是间接侵权的帮助行为，根据量决定质的规律，可适用《刑法》第217条的“数额”和“情节”划出侵犯网络著作权行为罪与非罪的边界。

一、侵犯网络著作权犯罪的“数额”和“情节”

根据我国《刑法》第217条规定，“违法所得数额较大”，或有其他“严重情节”是区分侵犯著作权罪与非罪的条件之一，“违法所得数额巨大”，或有其他“特别严重情节”是升格法定刑的条件。由此可见，“数额”和“情节”是侵犯著作权定罪量刑的条件。“违法所得数额”计量侵犯著作权的犯罪侵害程度，“严重情节”等量等价反映犯著作权的犯罪侵害程度。二者在客观上都可以界分侵犯著作权罪。

2004年《关于办理侵犯知识产权刑事案件具体应用法律若干问题的解释》第5条对《刑法》第217条规定“违法所得的数额”和其他“严重情节”进行了解释，解释了具体多少违法所得就可能构成侵犯著作权罪，同时也从客观上细化了“严重情节”。“严重情节”涉及“非法经营数额”和“复制品数量”，也就是说达到一定的“非法经营数额”即为可能构成侵犯著作权罪，同样作品的复制品达到一定的“数量”也可能构成侵犯著作权罪。由此，“严重情节”细化为“数额”和“数量”。

从《刑法》第217条的规定和2004年《关于办理侵犯知识产权刑事案件具体应用法律若干问题的解释》第5条的解释，对“违法所得数额”和“严重情节”都可概括为“数额”和“数量”。通过“数额”和“数量”反映侵犯著作权的危害程度，等量等价计量侵犯著作权的罪与非罪，以及罪重与罪轻。通过这种可操作性强的量化标准表达罪质，也准确地表明侵犯著作权行为需要造成一个什么样的后果才构成犯罪。

由于网络的不断发展与日益普及，在网络环境下侵犯著作权的案件也越来越多，按照《刑法》第217条的规定和2004年《关于办理侵犯知识产权刑事案件具体应用法律若干问题的解释》第5条的解释，“数额”和“数量”已不能够完全反映网络环境下侵犯著作权的危害程度，2011年《关于办理侵犯知识产权刑事案件适用法律若干问题的意见》第13条又增加了“作品的实际被点击数”和注册会员的“人数”作为侵犯网络著作权的“严重情节”或“情节特别严重”的标准。作品被点击的“次数”以及注册会员的“人数”与“数额”和“数量”一样均作为客观评价侵犯网络著作权是否构成犯罪的条件。

从《刑法》第217条的规定到2004年《关于办理侵犯知识产权刑事案件具体应用法律若干问题的解释》第5条的解释，再到2011年《关于办理侵犯知识产权刑事案件适用法律若干问题的意见》第13条的规定，“严重情节”最终细化为“数额”“数量”“次数”和“人数”，并合“违法所得的数额”，所有的“数额”和“情节”都是可“数”的，只是计量单位不同而已，但都指向一个同样的标准，即这些“数额”和“情节”都用来等价等值计量侵犯网络著作权的罪质罪量。

综上，根据刑法理论，“数额”是侵犯网络著作权犯罪的构成要件之一，由“数额”来反映侵犯网络著作权行为的社会危害性程度，因此，侵犯网络著作权犯罪是数额犯。“数额”也可纳入“情节”之中，以“情节”作为区分罪与非罪标准的犯罪是情节犯。据此，以“严重情节”为标准，区分侵犯网络著作权罪与非罪，则侵犯网络著作权罪是情节犯。“严重情节”不仅是判断侵犯网络著作权是否构成犯罪的客观标准，也是侵犯网络著作权犯罪是否达到既遂的客观条件。侵犯网络著作权犯罪无论是作为数额犯还是作为情节犯都可通过可“数”的客观结果衡量侵犯网络著作权的罪质罪量。

二、现实与网络环境下共用的“数额”和“情节”

《刑法》第217条规定的“违法所得数额”和“严重情节”显然是针对传统现实环境下所设置的构成侵犯著作权罪的客观标准。2004年《关于办理侵犯知识产权刑事案件具体应用法律若干问题的解释》、2005年《关于办理侵犯著作权刑事案件中涉及录音录像制品有关问题的批复》和2007年《关于办理侵犯知识产权刑事案件具体应用法律若干问题的解释（二）》对其具体细化和量化，使其具有可操作性，尽管2001年《著作权法》已增设了侵犯信息网络传播权的刑事责任，但这三个司法解释中的“数额”和“情节”明显是按照传统现实环境下的侵犯著作权罪而作的细化和量化解释。2011年《关于办理侵犯知识产权刑事案件适用法律若干问题的意见》第13条明确规定的侵犯信息网络传播权行为定罪标准中，将“非法经营数额”和“复制品数量”解释为“严重情节”。由此可见，“数额”和“数量”在传统现实环境下和网络环境下均可作为计量侵犯著作权行为罪质罪量的具体细化和量化的客观标准。

（一）“数额”标准

“数额”包括“违法所得数额”和“情节”之一的“非法经营数额”，根据1998年《关于审理非法出版物刑事案件具体应用法律若干问题的解释》第2条规定的侵犯著作权犯罪的定罪起刑的标准，个人违法所得数额最低5万元或非法经营数额最低20万元；单位违法所得数额最低20万元或非法经营数额最低100万元；无论是从违法所得数额还是非法经营数额，单位的定罪量刑标准均是个人的5倍。

根据2004年《关于办理侵犯知识产权刑事案件具体应用法律若干问题的解释》第5条规定的侵犯著作权罪的定罪起刑的标准，个人违法所得数额最低3万元或非法经营数额最低5万元；按照第15条规定，单位的定罪量刑标准是个人的3倍。由此，单位违法所得数额最低9万元或非法经营数额最低15万元。相比1998年《关于审理非法出版物刑事案件具体应用法律若干问题的解释》规定的定罪起刑的标准，2004年《关于办理侵犯知识产权刑事案件具体应用法律若干问题的解释》降低了侵犯著作权的入罪门槛，提高了打击力度。

2011年《关于办理侵犯知识产权刑事案件适用法律若干问题的意见》第13条规定的侵犯网络著作权犯罪的定罪起刑的标准，非法经营数额最低5万元，沿用了2004年《关于办理侵犯知识产权刑事案件具体应用法律若干问题的解释》第5条关于个人非法经营数额最低标准，没有区分单位和个人非法经营数额，也没有规定违法所得数额。这意味着，在网络环境下，一是单位和个人侵犯著作权的能力没有实质性的差异，网络已使二者在现实环境下的差异消失，因而定罪起刑的非法经营数额标准没有必要区分；二是侵犯著作权构成犯罪，定罪起刑的标准与在传统现实环境下的标准一致，单位和个人的违法所得数额及其倍比关系与2004年《关于办理侵犯知识产权刑事案件具体应用法律若干问题的解释》规定保持一致。

“数额”是最具有可操作性的定罪起刑标准，但违法所得数额与非法经营数额之间的等值问题有争议。就个人而言，违法所得数额最低3万元与非法经营数额最低5万元是等值的。依据1998年《关于审理非法出版物刑事案件具体应用法律若干问题的解释》第17条解释，“违法所得数额”，是指获利数额，利润可能为正数、负数或零。非法经营数额有三种计算标准，标准不一样，数额有差异。不管是违法所得数额还是非法经营数额，因侵权给权利人造成了损失，损失的数额应该是权利人按照产品市场价值的合理利润额度，显然，损失的数额与违法所得数额以及非法经营数额都具有差异。如果单纯从由侵权给权利人造成损失要求法律给予规制，那么以侵权损失数额作为定罪起刑的依据更为正当合理。然而，侵犯著作权犯罪处于社会主义市场经济秩序罪体系之中，当然不能够仅以侵权损失数额为标准，但如果将违法所得数额和非法经营数额并列作为侵犯著作权犯罪定罪起刑的选择性标准，则更加全面合理。

（二）“数量”标准

“数量”标准是“情节”标准。根据2004年《关于办理侵犯知识产权刑事案件具体应用法律若干问题的解释》第5条规定，个人侵权复制品数量最低1 000张（份）为定罪起刑的标准，单位是个人的3倍标准。2005年《关于办理侵犯著作权刑事案件中涉及录音录像制品有关问题的批复》将录音录像制品按照前述标准定罪量刑，2007年《关于办理侵犯知识产权刑事案件具体应用法律若干问题的解释（二）》将复制品数量最低标准降到500张（份），按照单位与个人标准的倍差关系，单位复制品数量最低标准降到1 500张（份）。

“数量”的争议不在于“数”的合理性，而在于“量”的科学性。从三个司法解释将“量”解释为“张”或“份”来看，作为作品的载体因纸质媒介或光盘等媒介的不同，应当分别专用或特指其适用的“量”，否则依据“数量”难以科学地对侵犯著作权行为定罪起刑。

2011年《关于办理侵犯知识产权刑事案件适用法律若干问题的意见》第13条对侵犯网络著作权犯罪的定罪起刑的“数量”标准，在“数”上与2007年《关于办理侵犯知识产权刑事案件具体应用法律若干问题的解释（二）》的规定保持一致，在“量”上，根据网络传播环境改“张”或“份”为“件”或“部”。这里的“量”的科学性和合理性同样值得再研究和推敲。

三、网络环境下专用的“情节”

2011年《关于办理侵犯知识产权刑事案件适用法律若干问题的意见》专门针对网络环境下信息网络传播的特点，就侵犯网络著作权犯罪，新增了定罪起刑的标准。第13条将“严重情节”除了细化为非法经营的“数额”和传播他人作品的“数量”之外，还增加了作品被点击的“次数”以及注册会员的“人数”，通过“次数”和“人数”来区分侵犯网络著作权的罪与非罪。“次数”和“人数”适用网络环境下作品被点击的“次数”

主要针对开放式的网络传播计量侵权的程度；注册会员的“人数”主要针对相对封闭的网络传播计量侵权的程度。

第13条规定传播他人作品构成犯罪的“严重情节”，实际被点击数最低标准规定为5万次。5万次点击率的规定是否合理值得讨论，还受到质疑的是点击率是否能够客观真实反映侵权的受害程度。显然，我国立法假定了几个条件的成立：一是假定每人点击一次；二是假定每一次点击都成功传播。实际上点击率可能背离实际的侵害程度，实际侵害程度小于或等于点击“次数”的计量。如人为干扰点击率，最极端的可能出现1人点击5万次以上，或者通过软件瞬间点击超过5万次，这是其一；其二，即使点击了，在主客观上仍然存在打不开点击的内容，或尚未打开点击内容之前关闭点击内容的情况。

第13条还规定，“注册会员达到1 000人”是传播他人作品构成犯罪的“严重情节”。注册会员“人数”与侵权危害程度并不能够直接等值反映，却以此来作为定罪起刑的标准，其合理性理应受到质疑。首先，实行注册会员制，其宽严标准有差别，这也决定了其开放或封闭的程度不同，也会影响实际的侵权危害程度；其次，实行注册会员制，就是假定每一个会员都是实际侵权作品的受众，而作为计量损害的程度；最后，注册会员所能利用的作品，是要求全部或部分是侵权作品，或者极端的只要有侵权作品就可认为构成犯罪。

不管是作品被点击的“次数”还是注册会员“人数”，作为定罪起刑标准均容易操作，但公认的合理标准尚未形成，或许这个合理标准的还需要一个长期的心理接受过程。

2011年《关于办理侵犯知识产权刑事案件适用法律若干问题的意见》第13条细化的“严重情节”各自可独立区分侵犯网络著作权的罪与非罪，也可以联合适用。以“数”为标准，不同的量可因为“数”而联合共同计量侵权的危害程度。第13条第5项规定，如果数额或者数量没有达到第1~4项规定的标准，但是只要至少分别达到其中两项标准的一半，就可作为侵犯网络著作权的定罪量刑标准。

第六章 侵犯网络著作权的犯罪意志及“以营利为目的”

侵犯著作权罪是目的犯，因而该罪的主观罪过是直接故意。认识因素是明知，明知的内容因《刑法》第 217 条规定的 4 种不同行为方式而有所区别；意志因素是希望，是行为人积极追求危害结果发生的坚决态度，表明侵犯著作权意志的目的性、积极性和坚决性。营利是行为人侵犯著作权所期望实现的结果，为追求这一结果，行为人积极并且意志坚决。目的是意志的因素，因而目的影响意志，❶ 不同目的追求反映不同的主观意志。只有需要刑法去评价目的和意志因素时，讨论犯罪目的和意志才具有刑法意义。“以营利为目的”是构成侵犯著作权罪的必要要件，刑法应当对侵犯著作权的意志及“以营利为目的”进行评价。

随着网络信息传播技术的发展，著作权延伸至网络空间，加强对著作权的刑法保护力度势在必行，特别是要加强对网络条件下的著作权保护，为此亟须加快修订刑法，修订侵犯著作权罪，并作好有权解释。❷ 其中，“以营利为目的”这一主观限制要素“存”与“废”是修改的关注点。在网络环境下，传统现实环境下诸多客观条件束缚被突破，“营利”激励驱使不再是侵权行为人唯一的原动力，各种目的都能轻易实现，因此，侵犯著作权的意志无须原来如此坚决，并进而衍生出是否有必要对“以营利为目的”这一侵犯著作权的意志要素进行刑法评价的问题，侵犯著作权罪的

---

❶ 梅传强．论直接故意中的犯罪意志［J］．重庆大学学报·社会科学版，2004（3）：99-100.

❷ 黄桂兰．论网络信息著作权的刑法保护［J］．高校图书馆工作，2001（2）：19.

“以营利为目的”要件的存与废之争也因此而起。

在网络环境下，是否还需要“以营利为目的”作为构成侵犯著作权犯罪的主观必要要件是备受关注的焦点问题，现在讨论侵犯著作权罪的主观问题几乎都是讨论“以营利为目的”的存废问题，至今尚未有定论，因而有对该问题继续研究的必要。废止论有利于刑法全面保护网络著作权，但犯罪圈的过度扩大可能导致刑法过度保护传统现实环境下的著作权；保留论扩张解释“营利”也不能实现刑法对网络著作权全面保护，限制缩小了犯罪圈；折中论对刑法保护著作权，作了区分现实与网络不同环境的差别对待。从（加）重量刑情节论对侵犯著作权行为的规制，既过度扩大了犯罪圈，还过度加大了刑罚力度。前述诸论都没有处理好著作权在网络空间与传统现实环境下的刑法保护，无法应对网络技术发展对著作权制度以及刑法制度的挑战，要破解上述诸论的难题，需要另辟蹊径，针对现实环境与网络空间的具体不同，分别设置特有的主观要件，以实现网络著作权刑法的适度保护。

第一节　废止论：犯罪圈过度扩大

网络信息传播技术的发展，对著作权的侵犯延伸至网络空间，相较于传统的著作权侵权行为，增加了侵犯行为的新样态。侵权行为在网络环境下比传统现实环境下更加复杂化，对著作权人的利益侵犯也更加严重。

针对网络环境下侵害著作权的行为，刑法应当介入几无争议，定罪处罚的刑法依据是我国现行《刑法》第217条所规定的侵犯著作权罪。由于我国《刑法》第217条采用目的犯的立法模式，即构成侵犯网络著作权罪必须以“以营利为目的”这一主观要素作为构成条件，因此，对于网络环境下“非以营利为目的”的严重侵害著作权的行为无法进行刑法规制，势必造成网络环境下此类侵权行为的恶性膨胀。为了遏制网络环境下“非以营利为目的”的严重侵害著作权的行为，主张废除“以营利为目的”观点又随之出现。[1] 废止论主张废除“以营利为目的”，扩大网络著作权犯罪的适用范围，以满足网络环境下刑法保护著作权的需要。随着废止论的支持者不断增多，废止论者也逐渐成为多数派，似乎也成为主流观点。废止论将犯罪圈扩张到了整个网络空间，也覆盖了全部传统现实空间。因而，无论是在传统现实环境下还是网络环境下，严重侵犯著作权的“非以营利为目的”的行为也可能构成犯罪。

一、废止论及评析

（一）废止诸论

废止论者主要从法律体系、TRIPS 协议与世界其他国家和地区的立法、诉讼证明等视角进行论证，为废除“以营利为目的”提供依据，主要有以下诸论。

1. 法律体系协调论

该论着眼于著作权法与刑法相关规定的关系是否协调一致来分析，代表性的观点认为，刑法是著作权法的后置法，二者应当协调，但现行刑法规定侵犯著作权罪“以营利为目的”的主观要件与著作权法有冲突，[2] 缩小了著作权刑法保护的范围，因而这一主观限制条件应当取消，使法律体系内部之间协调。

2. 刑法条款协调论

此论对刑法内部条款之间的关系是否协调进行体系性考察，代表性观点认为，我国刑法侵犯商标权、专利权等犯罪行为没有特殊犯罪目的要求，

[1] 高铭暄，莫开勤．论侵犯著作权犯罪［J］．法制与社会发展，1996（1）：57；黄娟．完善侵犯著作权犯罪的立法建议［J］．中国律师，1996（6）：39；于群．论侵犯著作权罪的几个问题［J］．辽宁公安司法管理干部学院学报，2000（4）：44；朱铁军，王静．论网络环境下侵犯著作权罪的几个问题［J］．网络安全技术与应用，2001（7）：60.

[2] 邸瑛琪．试析侵犯著作权罪的法律冲突［J］．河南社会科学，2002（5）：32.

对侵犯著作权犯罪的此种要求则没有根据,❶ 因而《刑法》条款之间存在矛盾。❷

3. 与 TRIPS 协议协调论

该论对我国就 TRIPS 协议承诺的国际义务与国内相关立法是否协调进行考察，代表性的观点认为，“以营利为目的”限制违背了承诺的国际义务，与其他侵犯知识产权犯罪形成差别待遇,❸ 因而应当与 TRIPS 协议第 61 条相协调。❹

4. 国际趋势和潮流论

该论以其他国家或地区立法作为考察的视角，代表性的观点认为，我国对“以营利为目的”限制侵犯著作权入罪背离了著作权刑法保护的国际趋势和潮流。❺ 从其参考的对象来看主要有这样两个特点：（1）主要是发达国家或地区的刑法未对侵犯著作权罪作“以营利为目的”的限制，如美、德、法、日、英、意以及我国的港台地区。❻（2）主要针对网络环境下的“非以营利为目的”的严重侵犯著作权的行为。

5. 有利于诉讼证明论

该论从诉讼证明等视角来考察是否应当废除“以营利为目的”，因为这一主观要件无论是对于证明难度还是办案成本以及办案积极性都存在不

---

❶ 张志勋，黄淑彬 . TRIPS 协定与我国著作权的刑法保护问题 [J]. 南昌大学学报 · 人文社会科学版，2004（6）：74.

❷ 裴显鼎 . 刑法应当取消著作权犯罪的“以营利为目的”要件 [J]. 深圳大学学报 · 人文社会科学版，2006（5）：41.

❸ 唐稷尧 . 知识产权犯罪：利益背景与刑事控制 [J]. 中国刑事法杂志，2002（3）：40.

❹ 赵秉志 . 罪刑各论问题 [M]. 北京：北京大学出版社，2010：150-154.

❺ 任军民 . 论法国信息网络刑事保护对我国有关立法的启示 [J]. 知识产权，2006（5）：84-86.

❻ 赵国玲，等 . 计算机软件著作权犯罪的刑法规制 [J]. 中外法学，2001（2）：183.

利影响，[1] 增加了作恶者逃脱法网的概率，这是立法技术上的失策。[2] 因此，取消“以营利为目的”更加有利于打击网络环境下的侵犯著作权犯罪。

（二）废止论简评

1. 法律体系协调论简评

1990年《著作权法》规定侵犯著作权的法律责任只有民事、行政责任，而没有刑事责任，且在第46条第2项作了“以营利为目的”的限制性规定。1994年《关于惩治侵犯著作权的犯罪的决定》设立的侵犯著作权罪，开启了著作权的刑事保护，“以营利为目的”为该罪的构成要件。1997年侵犯著作权罪被纳入修订后的《刑法》中，加强了对著作权的刑事保护。2001年修订的《著作权法》第47条新增了侵犯著作权的刑事责任，2010年修订的《著作权法》第48条对侵犯著作权的刑事责任予以肯定和保留。无论民事、行政责任还是刑事责任，著作权法都无“以营利为目的”的限制性规定。从《著作权法》的立法变迁可以发现，著作权法律保护的加强与时代变迁相适应，特别是适应网络时代的需要。主要表现在两个方面：（1）取消“以营利为目的”的主观限制条件，加强著作权的民事、行政法律保护；（2）增加了著作权的刑事保护。

如果仅从现行《著作权法》第48条规定来看，所有的情形都可能追究刑事责任，但从罪刑法定原则出发，这种可能要成为现实，还有赖于刑法是否明确对其进行规制，否则不能形成一个完整的体系。《刑法》第217条只规定了四种侵害著作权的行为可能追究刑事责任，并且对这些行为还作了“以营利为目的”限制。[3] 这些限制虽然没有将著作权法规定的情形照单全收，但不能因此认为，刑法与著作权法存在冲突或不协调，更加不

[1] 赵国玲，刘东根．中国内地与澳门刑法中侵犯著作权犯罪之比较［J］．犯罪研究，2002（5）：14.

[2] 唐稷尧．知识产权犯罪：利益背景与刑事控制［J］．中国刑事法杂志，2002（3）：40.

[3] 王燕玲．论网络著作权犯罪之“以营利为目的”［J］．法学杂志，2012（2）：150.

能认为二者在此立法价值上存在不一致。❶ 这些限制恰好是刑法在著作权法前置规定的基础上进一步审慎选择的结果。正如有论者认为，刑法具有谦抑性，就其规制的范围而言，可与一般部门法同步缩小，而不可同步扩张。❷

2. 刑法条款协调论简评

对刑法条款协调论，持不同意见的学者主要从著作权与工业产权的区别、❸ 产生的程序和影响程度、❹ 立法沿革❺进行了有力的反驳。其实从立法例来看，对于同类犯罪，各罪是否需要特定犯罪目的为构成犯罪的要件，各不相同，并非必须统一。因而，侵犯著作权罪是否设置“以营利为目的”与其他侵犯知识产权犯罪没有“以营利为目的”的限制没有直接的关系，关键在于各罪是否应当设置该条件。

3. 与 TRIPS 协议协调论简评

对 TRIPS 协议第 61 条“商业规模的蓄意”的理解有分歧是问题争论的缘起。有废止论者认为“蓄意”就是故意，并不要求“以营利为目的”，因而“非以营利为目的”的严重侵犯著作权的行为也属于刑法规制的范畴，所以“以营利为目的”应取消。当然也有论者认为，我国刑法规定的精神与 TRIPS 协议规定一致，都是处罚故意犯罪。“具有商业规模”也是认定“以营利为目的”的应有之义。❻ 就 TRIPS 协议第 61 条“商业规模”的限定，可见其意蕴和指向性，涵盖了侵权行为的目的性，至少是不排斥

---

❶ 赵国玲. 知识产权犯罪调查与研究 [M]. 北京：中国检察出版社，2002：84.

❷ 郝方昉. 关于构成侵犯著作权罪应否需要“以营利为目的”的理性思考——兼评《关于办理侵犯知识产权刑事案件适用法律若干问题的意见》中的相关规定 [J]. 西南科技大学学报·哲学社会科学版，2011（5）：2.

❸ 刘春田. 知识产权法 [M]. 第 3 版. 北京：高等教育出版社、北京大学出版社，2007：37-38.

❹ 阎晓宏. 努力推进我国版权事业的发展——在中国知识产权研究会第五次全国代表大会暨学术报告会上的讲话 [J]. 知识产权，2008（4）：9.

❺ 贺志军. 我国著作权刑法保护问题研究 [D]. 武汉：武汉大学，2009：106.

❻ 黄太云. 知识产权与网络犯罪立法完善需认真研究的几个问题 [J]. 中国刑事法杂志，2007（3）：10.

“以营利为目的”的限定。既然在理解上有分歧和争议，我们则不能武断地认为“以营利为目的”的限制与TRIPS协议规定不相符合。

4. 国际趋势和潮流论简评

对于此论，必须认识到：(1) 这些发达国家和地区是否能够代表世界发展趋势或潮流值得商榷；(2) 发达国家已经完成包括知识产权在内的原始积累，对侵犯著作权刑法“过度”介入更符合其国家利益；(3) 国民整体知识产权保护意识较高，刑法“过度”介入不会超过国民的预期，社会能够承受其负面影响。当然也有人反思，认为《禁止电子盗窃法案》是对La Macchia案的漏洞反应过度，担心取消“以营利为目的”会使打击过宽。❶ 因此，取消“以营利为目的”适应网络环境的需要，对传统现实环境的影响不大。发达国家的立法对我们仅仅是借鉴参考的对象，但绝不是脱离我国经济、社会、文化、政治与法律发展的实际情况盲目照搬照抄并与之接轨，从而损害国家、社会和人民的利益。

5. 有利于诉讼证明论简评

侵犯著作权罪是目的犯，与所有的目的犯一样，既要证明主观故意，还要证明特定目的之存在。证明主观故意本身就难，证明特定目的则难上加难，无疑证明难度增加。如果因难证明而取消“以营利为目的”，那么立法中应当取消所有的目的犯，这样无疑也是荒谬的。因为要降低目的犯证明的难度，从对主观要素证明的意识、手段和基础事实❷入手是关键，因此，证据证明难度不能成为侵犯著作权罪“以营利为目的”限制的理由。

综上所述，废止论者上述废除“以营利为目的”的依据并不充分，理应受到质疑。

---

❶ 杨彩霞．网络环境下著作权刑法保护的合理性之质疑与反思［J］．政治与法律，2013（11）：63.

❷ 陈兴良．目的犯的法理探究［J］．法学研究，2004（3）：80.

二、废止论下著作权刑法保护可能过度

著作权侵权行为所侵犯的法益是复杂的，既包括国家的法益和社会的法益，也包括个人的法益。前者指国家对著作权保护和管理的秩序，后者指著作权人依法享有的著作权及相关权益。侵犯著作权罪在我国刑法规定的罪名体系中位于《刑法》第 3 章破坏社会主义市场经济秩序罪。据此，国家社会的法益与著作权人的法益两相比较，前者是主法益，处于优先重点保护地位，后者是次法益，这种法益的主次地位从该罪的立法模式也可以看出。该罪采用目的犯的立法模式，"以营利为目的"是作为区分罪与非罪的主观要件，凸显了刑法对国家法益和社会法益的优先重点保护，同时，附带保护著作权人的法益。显然，"非以营利为目的"所侵害的著作权人依法享有的著作权不能得到刑法的保护，其救济手段仅限于民事或行政方式。"以营利为目的"又成了著作权人的法益是否能够得到刑法保护的分界点。

在传统现实环境下这样限制无疑具有相当的合理性，而在网络环境下其不合理性则显而易见。"以营利为目的"的行为在两种环境下刑法都予以规制，具有一致性。而对于"非以营利为目的"著作权侵权行为的危害性，在传统现实环境与网络环境下则大不一样。在传统现实环境下，"以营利为目的"与"非以营利为目的"的侵权行为危害的差异性是客观存在的，这种客观存在的危害差异是由其所受到侵权方式的限制造成的。在传统现实环境下，侵犯行为的时间、金钱成本巨大，技术与质量、利益和风险都存在。"非以营利为目的"的侵权行为对国家社会的法益的冲击远非达到刑法必须介入调整的需要，而"以营利为目的"的侵权行为，利益的驱使为其提供了源源不断的动力。畅销书盗版侵权使得洛阳纸贵情形也有发生。但从某种意义上讲，在网络环境下，无论是对国家社会法益的侵犯还是对著作权人法益的侵犯，侵权行为的社会危害性"非以营利为目的"并不一定比"以营利为目的"小。这为废止论要求废除"以营利为目的"的正当性提供了依据。

传统现实环境与网络环境两种不同环境的差异，对“以营利为目的”与“非以营利为目的”侵权行为危害性的影响也有差异。两种迥异的环境对“以营利为目的”的侵权行为的危害性影响不大，但对“非以营利为目的”的侵权行为的危害性影响很大，因此，“非以营利为目的”的侵权行为在不同环境下影响的差异应被慎重对待。废止论虽然看到了两种不同环境之间的差异，但是无差别废除“以营利为目的”，无视“非以营利为目的”在不同环境下危害性的差异。如果说废除“以营利为目的”将侵犯网络著作权的犯罪圈扩至整个网络环境是必要的，这能够很好地满足网络环境下对网络著作权刑法保护的需要，但将传统现实环境下“非以营利为目的”的侵权行为置于刑法的威胁之下，突破传统现实环境的适用范围，打破了在传统现实环境下著作权刑法保护的原有平衡状态，使犯罪圈扩张过度，从而可能出现著作权的刑法过度保护。

第二节　保留论：犯罪圈限制缩小

为了满足网络环境下对著作权刑法的充分保护，废止论不仅将刑法之手伸进了网络空间，而且打破了传统现实环境下著作权刑法保护的既有形态，全面扩充了传统现实空间的适用范围，涉嫌刑法保护过度。针对废止论单纯地取消“以营利为目的”这一主观要件的限制，保留论则认为，即使不取消“以营利为目的”，刑法同样能够充分有效地保护网络环境下的著作权。

一、保留论及评析

（一）保留各论

前文曾述，无论是在传统现实环境还是网络环境下，刑法对“以营利为目的”的行为规制，并没有争议。问题的关键在于，在网络环境下，行为人不“以营利为目的”的行为同样存在给著作权人造成重大的损失，却游离于刑法之外的情形，刑法对此显得无能为力，不能够给著作权以刑法保护。

首先，针对废除论中的两个协调论。有学者认为，我国刑法重罪重罚的特点影响了犯罪构成要件的规定，规定“以营利为目的”体显了刑法对著作权的重点保护；与其他知识产权相比，著作权也需规定“以营利为目的”作为限制构成侵犯著作权罪的主观要素，凸显了刑法保护的最后性和严厉性。❶

其次，保持著作权刑法保护水平论。对此，有论者认为侵犯著作权罪是谋求经济利益的犯罪，否则即使损失重大也不大具有普遍意义和适用刑罚的意义，即使非刑事方式实现救济也不会实质上降低著作权的刑法保护水平。❷

再次，社会相当性论。行为的社会相当性是一项重要的违法阻却事由，行为是否违法应当做出行为的社会相当性判断，违法行为背离了社会相当性。在网络环境下，很多不“以营利为目的”的著作权侵权行为发挥了传播信息、作品的作用，促进了社会的进步，具有“社会相当性”，不具有刑事违法性，❸ 所以，刑法不应规制网络环境下非营利目的的著作权侵权行为。

最后，违背著作权立法目的论。从激励理论角度来看，没有“以营利为目的”就没有经济竞争关系，也就没有损害，因此以激励理论构建的著作权应当保留“以营利为目的”。❹ 如果取消了“以营利为目的”，利益失衡，传播交流受阻，知识无法全社会共享，违背著作权的立法目的。❺

---

❶ 卢建平．在宽严和轻重之间寻求平衡——我国侵犯著作权犯罪刑事立法完善的方向［J］．深圳大学学报·人文社会科学版，2006（5）：39.

❷ 曹刚，周详．论侵犯著作权罪——兼论相关刑法条文的修改［J］．电子知识产权，2005（9）：17.

❸ 葛磊．社会进步与法益保护的平衡——论网络环境下著作权刑法保护的有限扩张［J］．科技与法律，2007（2）：36.

❹ 高荣林．论侵犯著作权罪“以营利为目的”的哲学依据［J］．湖北警官学院学报，2009（1）：37.

❺ 高荣林．论侵犯著作权罪“以营利为目的”的哲学依据［J］．湖北警官学院学报，2009（1）：38.

（二）保留论评析

应该说该保留论在传统现实环境下还是站得住脚的，但在网络环境下则值得商榷。侵犯著作权主要谋求一定的经济利益的论点无论是在传统现实环境下还是网络环境下都占绝大多数，在传统现实环境下以此追求的比例更高，因为传统现实环境下“非以营利为目的”的侵权行为的成本太大，可谓“杀敌一千，自损八百”，甚至更高，很难想象不计成本“非以营利为目的”疯狂侵权行为的存在。而在网络环境下则不同，因为网络环境下为侵权人提供了小成本甚至零成本的条件，基于“非以营利为目的”也很容易给著作权人造成重大损失，这是其一。其二，也正因为网络环境下侵权的方便、快捷、容易，“非以营利为目的”的侵权行为占的比例容易提高。在“以营利为目的”和“非以营利为目的”的侵权中，一般而言，“以营利为目的”的侵权行为比例更高，但“非以营利为目的”的侵权行为的绝对数不可小觑。从此意义上讲，对此适用刑罚仍然具有意义，此侵权也并非其他非刑事责任方式所能够救济的。其三，在传统现实环境下，对“以营利为目的”的界定几无争议，但网络环境下，“以营利为目的”的内涵和外延也在变化。究竟是“以营利为目的”还是“非以营利为目的”，边界甚至模糊，如何界定也关系着是否能够全面有效地保护著作权，显然传统现实环境下界定的“以营利为目的”适用于网络环境则削弱了著作权的刑法保护。

如果说阻止传统现实环境下著作权刑法保护过度所带来的危险是保留论者的坚定主张，那么，实现网络环境下著作权刑法全面保护依然应是保留论者的必然诉求。

侵犯著作权侵权的直接目的在于获得经济利益，那么在网络和现实环境下都没有什么区别，但网络环境毕竟不同于传统现实环境，传统现实环境下侵犯著作权的“以营利为目的”在网络环境下已然变异，即在网络环境下，著作权侵权人虽然不能直接获得经济利益，但仍然可以间接获得利益。间接获利当然也是获利，不能排除，因此以间接获利为目的侵权行为也应认定为“以营利为目的”的行为。为此，丰富网络环境下“以营利为目的”的内涵和扩大其外延，则成为保留论者实现网络环境下刑法全面保护著作权的路径之一。这样的主张也得到了立法和司法的充分肯定和有力支持。

二、保留论下网络著作权的刑事司法保护

2004 年，“两高”的司法解释对《刑法》第 217 条规定的“以营利为目的”进行了扩张解释，将以刊登广告收费视为营利。第一，该解释将侵权人在网站植入广告或软广告等方式所直接或者间接收取费用视为“以营利为目的”，扩大了网络环境下侵犯著作权的“以营利为目的”的范围。第二，该解释虽然只明确列举了“以刊登收费广告”，但是用“等”为类似的间接方式纳入其中提供了进一步扩大解释的空间。第三，以刊登收费广告直接收取的广告费是间接营利，收取广告费之外的相关其他费用也是间接营利。由此可见，对“以营利为目的”的解释，已扩张得足够深入。即便如此，该扩张解释依然受到批评，批评不在于对网络环境下“以营利为目的”作了扩张解释，扩大了网络著作权刑法保护的范围，而在于这种扩张解释还远远不够，依然不能满足加强刑法对网络著作权保护的需要。❶ 当然，在网络环境下，侵犯著作权“以营利为目的”的变异形态不仅限于此。因此，对侵犯网络著作权“以营利为目的”的扩张解释也不会就此止步。

2011 年《关于办理侵犯知识产权刑事案件适用法律若干问题的意见》（以下简称《意见》）就侵犯著作权犯罪案件“以营利为目的”的认定的扩张解释即是对此所做的回应，其思路和采用的方式与 2004 年“两高”的司法解释保持一致，并在此基础上对“以营利为目的”的认定作了进一步的扩张解释。❷

首先，通过刊登收费广告或提供服务收取的费用属于《刑法》第 217 条中的“以营利为目的”。至于所收之费是通过直接收取还是间接收取则

---

❶ 刘芳．数字化环境下的著作权刑法保护［J］．宜宾学院学报，2006（10）：77.

❷ 杨加明．“以营利为目的”存废论下网络著作权的刑法保护［J］．海峡法学，2017（1）：57.

在所不问。这一解释肯定并承继了原有的司法解释，表现出了解释基础的连贯性和指导思想的一致性。该意见认定“以营利为目的”的四种情形，明确列举的三种情形之（一）（二）主要涉及收费广告直接或者间接收取费用属于“以营利为目的”，其中之（一）主要涉及刊登收费广告间接获利为目的，之（二）则是提供刊登收费广告服务间接获利为目的。由此也可见，虽然该意见比原来司法解释更细致和更具有可操作性，情形之（一）中，将收费广告限定在他人的作品中刊登，该广告收费属于“以营利为目的”。情形之（二）中，无论是“通过信息网络传播他人作品，或者利用他人上传的侵权作品”，只要“在网站或者网页上提供刊登收费广告服务”，该广告收费服务同样属于“以营利为目的”。

其次，增加了将网络中出现的通过“捆绑第三方作品”方式而收取费用认定为获利目的。软件捆绑是一种商业行为，因此收费营利是软件捆绑的商业追求。有的通过捆绑合作实现多赢，其本身并没有侵犯著作权，如常见的电脑、智能手机等预装的协议软件等。有的通过非法盗装软件获利，侵犯著作权。有的针对主体软件编写的附属软件，尽管附属软件不破坏主体软件，但不能脱离主体软件，只有与主体软件捆绑，复制、传播才具有价值，附属软件借此捆绑其他软件而获利，如深圳的珊瑚虫 QQ 案。❶ 有的通过在破解的正版软件后捆绑第三方软件，从而赚取第三方公司的推广费而获利，如 JUJU 猫宽带宝藏网侵犯微软公司著作权案。❷

再次，明确规定以会员制方式传播所收取的任何人费用，据此可认定行为人“以营利为目的”。如果会员利用该网络平台侵犯著作权人的权利，

---

❶ 该案中，被告人将自己设计的增强包和腾讯 QQ 软件一起打包供下载，并且将腾讯公司原软件内收广告费的各类插件替代，本身就已具有“以营利为目的”，毫无疑问，其涉嫌侵犯著作权罪。参见：于志刚．侵犯著作权罪中“以营利为目的”的网络异化——以珊瑚虫 QQ 案为视角［J］．昆明理工大学学报·社科（法学）版，2008（7）：67.

❷ JUJU 猫宽带宝藏网站发布的盗版 Windows 系统中捆绑第三方软件，自 2011 年以来，其赚取的推广费仅从与其合作的五家合作公司就达 1300 多万元。参见：辛均庆．捆绑第三方软件牟利千万——盗版 Windows 侵犯著作权案正移送检察机关审查起诉［N］．南方日报，2012-03-27（A8）.

网络服务提供者的教唆、鼓励和帮助行为属于《刑法》第 217 条“以营利为目的”的行为。

最后，在技术上采取概括性的规定作为兜底，将没有明确、穷尽列举的“其他利用他人作品牟利的情形”认定为“以营利为目的”。为以后再扩大适用范围提供了进一步扩张解释的空间。究竟哪些可以或应当属于“其他利用他人作品牟利的情形”呢？比如，赠送侵权复制品，确有必要探讨。

赠送侵权复制品毫无疑问是侵犯著作权的行为。赠送即免费赠予的行为。由此观之，单纯地仅就赠送侵权复制品行为本身来说，虽然说是侵犯著作权的行为，但很难说是牟利或营利行为。但赠送本身也不会单纯地为赠送而赠送，也具有一定的目的，否则单纯的赠送没有任何意义，也不可想象。因此，赠送侵权复制品行为往往附着有其他目的，只不过我们要考察的是，是否有以牟利或营利为目的。常见的如以免费赠送为噱头或诱饵，引诱他人实施与其捆绑的收费行为。此处所谓的免费并不是真正的免费，是附加有条件的。其附加以有偿服务为条件，只是一种促销的手段，与营利的有偿服务捆绑在一起而成为其中的一部分。其真正目的在于营利性的有偿服务，终极目的是营利，而免费赠送是为实现有偿服务的终极营利总目标的手段。因而，我们不能说所谓的免费赠送是免费的。

如果赠送侵权复制品，不与有偿提供下载合法著作权作品服务捆绑，那么该行为是否是“以营利为目的”？比如网络服务商或他人上传侵权作品，供免费下载、浏览。情况比较复杂，下面逐一分析。

第一，在侵权复制品中刊登广告，收取广告费，该种情形应当属于《意见》认定“以营利为目的”明确列举的三种情形之（一），主要涉及刊登收费广告间接获利为目的。根据情形之（一），无论是合法传播的作品还是非法传播的作品，只要在作品中刊登广告收费都是“以营利为目的”的行为，因而在侵权复制品中刊登广告收费、非法传播收费是间接获利。

第二，在侵权软件中捆绑加载小软件，收取小软件的推广费。与附赠式销售不同的是，附赠式销售中免费赠送的赠品是非法的，而被附着的主体作品是合法的；而此种恰好相反，即被附着的主体作品是侵权作品，而捆绑加载的小软件是合法的作品。与附赠式销售相同的是，两者都融为一体，并且因此而获得推广费的收益，其营利性自不待言。同时该情形也应当认定为属于《意见》认定“以营利为目的”明确列举的三种情形之（一）中“捆绑第三方作品等方式直接或者间接收取费用的”中情形的一种。

第三，单纯地提供免费下载、浏览侵权作品。侵权作品无论是网络服务商上传还是他人上传，侵权作品被免费下载、浏览没有直接收取广告费或推广费，仅就此观察，则无获利可言。但是我们看到，网络服务商意图通过该行为吸引更多人来点击浏览网站，从而提高其知名度，随着网站知名度的提高，网站的价值也日益增加，为网站广告的投放、网站的投资或融资或转卖等，都会带来增值，从而获得收益，甚至收益不菲。因此，极力扩张解释，尽最大可能扩大“以营利为目的”的适用范围，以此精神来看，将此类行为视为营利行为也不无道理，至少是可以接受的。

三、保留论下网络著作权的刑法保护不足

从上述认定“以营利为目的”的主体来看，焦点集中在网络服务商“以营利为目的”侵犯著作权，即网络服务商利用网站等平台，非法传播自己或他人非法上传的侵权作品，从而获利。对于非网络服务商，则可以通过别人下载或浏览需要付出网络币或现金支付等获利，而可以或应当认为具有“以营利为目的”。

无论是否为网络服务商，都可能出于网络共享、政治、泄愤等直接目的，直接或间接实施侵犯他人著作权的行为，该目的行为是否存在营利的间接目的？目的是行为人所期望达到的要求，满足行为的期求则目的得以实现，由此而获得利益，以此来理解则任何目的行为都可以理解为“以营利为目的”行为，如此极致的扩张解释可使“以营利为目的”事实上取消，保留论名存实亡，积极靠拢废止论。若依然遵循是否带来经济利益来考察，显然，对于非网络服务商则几无可能获得间接利益，因而不存在

“以营利为目的”，对于网络服务商，无论是直接或间接实施的侵犯他人著作权的行为，尽管可以基于直接的网络共享、政治、泄愤等目的，但客观上存在实现间接获利的可能，因而也存在“以营利为目的”。

从上述可以看到，非网络服务商的著作权侵权人，基于网络共享、政治、泄愤、猎奇或炫耀等目的，都不可能存在“以营利为目的”，但在网络环境下，客观上并不一定比“以营利为目的”的实施侵权行为的危害性小。[1] 因而，从犯罪的本质特性来看，这些行为具有严重的社会危害性，应当受到刑法调整，刑法应当介入，为这些行为所侵害的网络著作权提供保护，而不能缺失或缺席。但是，无论如何扩张解释和扩大“以营利为目的”的适用范围，但刑法的保护依然存在力所不逮的情形，对网络著作权空留无刑保护的盲区。

第三节 折中论：传统现实环境与网络环境二元区分与困惑

在废止论下，虽然刑法对网络环境下的著作权得以充分地保护，但是传统现实环境中具有过度保护的风险。在保留论下，虽然刑法对传统著作权保护维持原状，但是对网络环境下著作权的刑法保护则有遗漏和盲区。刑法对著作权的保护，废止论下的“过”与保留论下的“不及”，分别在传统现实环境和网络环境下显露无遗。不管对“以营利为目的”是“存”还是“废”，都无法同时满足两种环境下对著作权刑法保护的需要，显然也无法实现设置该制度的目的。很明显，出现这种顾此失彼的状态，在于我们对著作权的刑法保护是否需要“以营利为目的”为限制的考量，没有区分传统现实环境与网络环境，只是简单地作“存”与“废”选择的结

[1] 如 1994 年美国的 United States v. La Macchia 案件。该案中的被告，麻省理工学院的学生，21 岁的 La Macchia，将受版权保护的应用软件和电脑游戏上传 BBS 供他人免费下载，给版权人造成 100 多万美元经济损失。United States v. LaMacchia. From Wikipedia, the free encyclopedia.

果。折中论者则考虑到了网络环境与传统现实环境有别，并针对不同的环境对著作权的刑法保护是否以“以营利为目的”来限制作了区分，进而作出是“存”还是“废”的选择。

一、折中论及评析

（一）折中论

折中论是根据著作权适用环境的具体情况，进行“存”与“废”的利弊得失权衡之后的抉择，即在传统现实环境下，依然保留“以营利为目的”条件来防止刑法对著作权保护过度，而在网络环境下则废止“以营利为目的”的条件限制，实现在网络环境下刑法对著作权的充分保护。

可以说，折中论是有条件的保留论或有条件的废止论，即“以营利为目的”条件的“存”与“废”是以在传统现实环境下还是在网络环境下为前提条件。从某种意义上也可以说，折中论只是有条件的保留论，而非有条件的废止论。侵犯著作权的行为延伸至网络空间，刑法亦随之从传统现实空间扩张到网络空间以打击严重侵犯著作权的行为。如果认为，刑法对著作权保护传统上仅限于传统现实空间，并且受到“以营利为目的”的限制，那么在网络空间，这种保护方式不应当直接照搬适用，并摒弃“以营利为目的”条件的限制，从而消除其带来的弊端，以实现网络著作权刑法保护的目的。在网络环境下“以营利为目的”的废止是以在传统现实环境下“以营利为目的”的保留为前提条件的，因此可以说，折中论是有条件的废止论。如果认为，在网络环境下，刑法保护著作权是否需要设置“以营利为目的”条件来限制适用，则只存在设置或不设置的问题，而不存在“存”或“废”的问题。“废”须以“存”为前提，没有“存”的存在，则“废”亦无从谈起，因此从该意义上讲，折中论不是有条件的废止论。

折中论是极少数人的主张，将侵犯著作权的犯罪行为就传统现实和网络不同的环境分而论之，认为著作权犯罪的“以营利为目的”主观要件，在非网络环境下不应被排除，在数字网络环境下宜取消。在传统现实环境下，“以营利为目的”之所以应当保留在于：第一，是刑法保护的最后性所决定的；第二，是刑事立法的效益性原则要求；第三，提供了刑法的道德正当性根据；第四，犯罪的逐利性要求，控制犯罪需要以利益为轴心来设计。取消“以营利为目的”可使网络环境下不以“以营利为目的”的严重侵权行为纳入刑法规制，[1] 这样，有利于建立网络道德体系和弥补民事和行政法律手段的不足，也顺应国际立法的趋势。[2]

（二）折中论评析

单仅就传统现实环境下对著作权的刑法保护而言，折中论与保留论的依据大同小异，同样，单仅就现网络环境下对著作权刑法保护而言，折中论与废止论的理由相差无几，但我们并不能说折中论毫无意义。之所以呈现那样的状态，在于折中论本身是在对保留论和废止论考察的基础上扬长避短，趋利避害，根据不同的环境区别对待。正是折中论对传统现实环境与网络环境进行二元区分，使得刑法对著作权的保护满足不同环境下的需要，从而使得该论具有重大意义，值得我们重视。

对于侵权危害行为是否需要刑法介入救济保护，关键在于是否具有介入的价值，主要可从现实可能性、必要性和正当性等三个方面来考察。

对侵犯著作权的行为需要刑法的介入提供保护已无争议，而随着网络空间的形成与发展，同样为刑法的介入提供了现实可能性。但是刑法在什么时候介入、以何种方式与程度介入，则涉及介入的必要性和正当性。刑法作为保障法，其谦抑性决定其只能作为最后的救济手段而介入，否则其正当性或必要性必然受到质疑。“利益平衡是现代著作权立法的基本精

---

[1] 贺志军．我国著作权刑法保护问题研究［M］．北京：中国人民公安大学出版社，2011：185.

[2] 邵培樟．侵犯著作权犯罪之主观要件设置的反思与重构——数字网络环境下著作权刑法保护之有限扩张［J］．湖北社会科学，2014（4）：151-152.

神”,❶ 因此，刑法介入保护著作权同样要符合利益平衡的基本精神。而“以营利为目的”则成为搅动利益平衡的主观要素。是否需要“以营利为目的”以及如何解释这一要素，需要关注三种平衡，即作者利益与社会公共利益之间的平衡、社会进步与人权保障之间的平衡和著作权法保护与刑法保护之间的平衡。❷

在传统现实环境下，“以营利为目的”有限制刑法介入的功能，为刑法介入提供利益平衡的可能，而在网络环境下，“以营利为目的”主观条件阻碍刑法介入，则造成利益保护的失衡。在传统现实环境下保留“以营利为目的”与在网络环境下取消“以营利为目的”，则实现同样的目的——平衡各方利益，充分合理保障著作权。传统现实环境与网络环境下的不同的利益诉求则要求以不同的态度对待“以营利为目的”。按照同一标准则会使得传统现实环境与网络环境难以兼容，因而保留论和废止论无解，折中论则提供了另一解决问题的思路和方案。

二、折中论下网络著作权刑法保护的困境

侵犯著作权罪在刑法理论上属于典型的法定目的犯。而折中论虽然将传统现实环境与网络环境区分适用，但仍然如保留论和废止论那样，在侵犯著作权罪之下适用，由此则出现这样一种现象，即侵犯著作权罪的犯罪构成有两个：一个在传统现实环境下，“以营利为目的”是该罪的主观要件；另一个在网络环境下，“以营利为目的”不是该罪的构成要件。那么该罪是否还属于目的犯呢？

---

❶ 冯晓青．著作权法的利益平衡理论研究［J］．湖南大学学报·社会科学版，2008（6）：113.

❷ 郝方昉．关于构成侵犯著作权罪应否需要“以营利为目的”的理性思考——兼评《关于办理侵犯知识产权刑事案件适用法律若干问题的意见》中的相关规定［J］．西南科技大学学报·哲学社会科学版，2011（5）：5.

在我国现行刑法中，规定典型的法定目的犯的目的有单一式、❶ 选择式、❷ 开放式❸和包容式❹等方式，其中以单一式规定作为原则。❺ 显然现行《刑法》第217条规定的侵犯著作权罪对犯罪目的的规定属于单一式，即只规定了“以营利为目的”这一单一的犯罪目的，并且必须具备该目的才可成立侵犯著作权罪。在网络环境下，侵犯著作权罪既可能基于“以营利为目的”，也可能基于网络共享、政治、泄愤、猎奇、炫耀或其他个人目的。不管基于什么目的，如果刑法将这些目的都规定为该罪构成的主观要素，那么侵犯著作权罪依然是典型的法定目的犯，只不过对该罪犯罪目的的规定更多属于开放式。按照折中论，“以营利为目的”都不再作为该罪犯罪构成的主观要素，其他犯罪目的当然也不属于该罪犯罪构成的主观要素。

由上可见，侵犯著作权罪则不可能成为典型的法定目的犯，也不构成非典型的法定目的犯，即使非法定的目的犯也不构成。总之，折中论下的侵犯著作权罪不应属于目的犯，否则其已突破我们的固有理念和现有刑法理论。这种固有观念的突破，究竟是对僵化落后理念的突破，还是对日益积累、稳定固化理念的破坏？对现有刑法理论的突破，究竟是一种创新，还是一种“捣乱”？这些都需要我们去思考。

反映在立法上，也呈现一种“新”的立法样态，由此，现行《刑法》第217条规定可能会修改为这样：“在网络，或以营利为目的，在非网络有下列侵犯著作权情形之一……”或“以营利为目的，有下列侵犯著作权情

---

❶ 如《刑法》第175条规定只有具备转贷牟利这一单一的犯罪目的才可能构成高利转贷罪。

❷ 如《刑法》第152条规定必须具有牟利目的或者传播目的才可能构成走私淫秽物品罪。

❸ 如《刑法》第276条规定开放式的其他个人目的这一弹性较大的目的作为构成破坏生产经营罪的犯罪目的之一。

❹ 如《刑法》第239条规定的绑架罪，增加规定绑架他人作为人质的内含了原来规定以勒索财物为目的。

❺ 付立庆．中国刑法中的典型的法定目的犯——描述、追问与评价［J］．法学杂志，2006（1）：33.

形之一……”后增加一款，“在网络上有前款侵犯著作权情形之一……”。其科学性、合理性，以及在立法技术上是否可以如此处理等问题，还尚待进一步论证。

总之，折中论无论在理念上，还是理论上以及在立法上都给著作权刑法保护带来了新的困惑，也带来了思考，仍然需要我们继续探索。

第四节　从（加）重量刑情节论：刑法保护的错误选择

一、从（加）重量刑情节论及评析

（一）从（加）重量刑情节论

从重量刑情节论主张“以营利为目的”不应作为限制侵犯著作权罪成立的条件，而应作为从重量刑的情节。从重量刑情节论的早期主张者认为，取消“以营利为目的”对侵犯著作权罪成立的限制性规定，以满足网络、生物等高新技术发展与司法实践的需要，将“以营利为目的”作为从重量刑情节规定，以区别对待“以营利为目的”和“非以营利为目的”侵犯著作权罪，最终实现罪责刑相适应原则。[1] 从重量刑情节论受到废止论的影响，从犯罪构成要件上主张取消“非以营利为目的”，因而本质上与废止论没有区别，唯有不同的在于将“以营利为目的”作为侵犯著作权罪从重处罚的情节。

随着废止论与保留论的论争日益深入，网络空间与传统现实空间一元化的利弊得失日渐清晰，二元化区分则引起了注意，折中论也随之产生。网络、传统现实二元化空间下，优点突出的折中论在同一罪责体系下的缺陷同样明显。沉寂已久的从重量刑情节论近年再度重现，只不过从重量刑情节论已被冠之为加重量刑情节论，即将“以营利为目的”从侵犯著作权罪的构成要件变成加重量刑的情节。

---

[1] 田宏杰．论我国知识产权的刑事法律保护［J］．中国法学，2003（3）：153.

论者认为，与保留论、废止论、折中论相比，加重量刑情节论是实现著作权刑法保护的最佳方案。加重量刑情节论与保留论相比，能将“非以营利为目的”的著作权侵权行为纳入刑法打击范围，对“非以营利为目的”犯罪行为对应基本刑的量刑幅度，“以营利为目的”作为加重量刑的情节，则对应较重的量刑幅度，并与单纯的废止论相区别。[1] 而折中论将传统现实环境和网络环境分别适用“存”与“废”，同样面临保留论与废止论各自存在的情形。[2]

（二）从（加）重量刑情节论评析

这里首要质疑的是：“加重量刑情节论”替代“从重量刑情节论”是否妥当？

第一，二者虽然都将“以营利为目的”作为比“非以营利为目的”惩处更重的量刑情节，但具有质上的不同。加重处罚就是指依法在法定最高刑以上判处刑罚，不是无限制地加重，而是罪加一等，即在法定刑最高刑以上一格判处。从重处罚就是指在法定刑的限度内判处较重的刑罚。[3] 比如，对于拐卖人口集团的首要分子，或者拐卖人口情节特别严重的，根据1983年9月2日，第六届全国人民代表大会常务委员会的《关于严惩严重危害社会治安的犯罪分子的决定》，在《刑法》[4] 第141条规定，属于法定最高刑上加重。[5]

第二，1997年修订后的《刑法》明确把罪刑法定原则作为基本原则，因而法定量刑情节保留了从重处罚、从轻处罚、减轻处罚和免除处罚等四种量刑情节，废除了原来的“加重处罚情节”。

第三，在我国刑法分则条文中规定了诸多升格法定刑的情节，但并不

---

[1] 刘科，朱鲁豫．侵犯著作权犯罪中“以营利为目的”要素的规范阐释与完善方向［J］．中国刑事法杂志，2012（9）：58.

[2] 刘绍彬，张晓伟．著作权犯罪若干问题探讨［J］．上海政法学院学报·法治论丛，2016（2）：38.

[3] 何秉松．刑法教科书［M］．北京：中国法制出版社，1995：405-406.

[4] 指1979年《刑法》。

[5] 高铭暄．刑法学［M］．北京：法律出版社，1984：255-256.

能因此认定其是加重量刑情节。根据张明楷教授的观点，只有这些情节作为犯罪的构成要素，“使行为类型发生变化，进而导致违法性增加，并加重法定刑时，才属于加重的犯罪构成”，否则，“仅作为法定刑升格条件时，只能视为量刑规则”。[1] 作为加重的犯罪构成，本质上是构成他罪，与之相对的法定刑可视为他罪的基本法定刑，只不过与原罪的法定刑相比加重了。据此，在加重量刑情节论中，“以营利为目的”并没有改变侵犯著作权的违法类型，相对于“以营利为目的”而言，升格“以营利为目的”的法定刑并非因违法性增加，只能视为量刑规则，不属于加重的犯罪构成。假设“以营利为目的”为 A，所对应的法定刑为 B，“非以营利为目的”为 C，所对应的法定刑为 D。由于“以营利为目的”是加重情节，所以 A>C，又因为 B 是升格的法定刑，所以 B>D。其一，根据量刑规则，B 作为升格的法定刑，其升格的刑档比 D 至少升 1 档；而根据加重处罚情节，则 B 比 D 只能升 1 档。其二，根据量刑规则，B 无论比 D 升多少档，A 对应的是 B，适用的也是 B，与 D 无关；而根据加重处罚情节，B 比 D 只能升 1 档，且 A 对应的是 D，适用的是 B。

综上，笔者姑且暂不质疑是否应当将“以营利为目的”作为加重量刑的情节，但用“加重量刑情节论”替代“从重量刑情节论”确实值得商榷。

二、从（加）重量刑情节论下著作权刑法保护失度

从加重量刑情节论可以做出如下推论：第一，“以营利为目的”是加重量刑的情节，这一条件是加重量刑情节论立论的基石，否则该论与废止论无异；第二，“以营利为目的”比“非以营利为目的”主观恶性更大，因此对应设置的法定刑前者要重于后者，否则，前者也不能成其为加重量刑的情节，加重量刑情节论也不可能成立。那么，在侵犯著作权犯罪中，“以营利为目的”比“非以营利为目的”主观恶性更大吗？对此，我们也

[1] 张明楷．加重构成与量刑规则的区分［J］．清华法学，2011（1）：7.

无法苟同，因为无论从理论上还是事实上，二者的主观恶性可能相同，也可能前者比后者大，反之亦然。

在网络环境下，扩大侵犯著作权的犯罪圈，将“以营利为目的”的侵权行为纳入刑法规制，是废止论的目的所在。“以营利为目的”与“非以营利为目的”哪一个更恶，是一个动态的变量而非静止的恒量，断然认为“以营利为目的”一定比“非以营利为目的”主观恶性大，既不合理，也不科学，甚至很荒谬，非要增添加重量刑的情节，在网络环境下则没有多大意义，甚至没有任何意义。

在传统现实环境下，废止论过度扩大犯罪圈，将“非以营利为目的”的侵权行为置于刑法威胁之下，加重量刑情节论同样如此，使“非以营利为目的”的著作权侵权行为受到刑法评价，若“以营利为目的”则从重处罚。我们且不讨论所有“非以营利为目的”的著作权侵权行为应否置于刑法之下，那么，将部分“非以营利为目的”的著作权侵权行为纳入犯罪圈如何？

笔者认为，在《刑法》第217条的立法背景下，其立法原意本就试图设置“以营利为目的”来限制犯罪圈的扩大，将其他目的行为交给民事、行政等手段解决，这是其一；其二，由于该罪是缩短的二行为犯，因此，只要实施了《刑法》第217条规定的行为即可，是否需要去实施“以营利为目的”行为则在所不问；其三，“以营利为目的”并非比“非以营利为目的”恶，而是在传统现实环境下，该罪的逐利性决定了“以营利为目的”更能够鼓励行为人突破条件的限制去实施侵权行为，而即使更恶的“非以营利为目的”也很难突破现实条件的限制，否则可能“赔了夫人又折兵”。

如何消解由此不当扩大犯罪圈所带来的恶果，维持和平衡罪刑生态，有人提出通过在“形式上的强保护与实质上的弱保护”战略下解决，[1] 即尽可能扩大刑事保护的范围，但尽量走轻刑化和非刑罚化的道路。据此，

[1] 谢向英．“利用信息网络传播手段侵犯著作权罪”的罪罚适用及其完善［J］．成都理工大学学报·社会科学版，2012（2）：54.

仅就实质的刑罚处罚而言，或许能够达到将其作为犯罪构成条件所要的同等效果。既然在制度上关上一扇门的同时也打开了一扇窗，但谁能保证，司法实践中打开了的那扇窗不会成为那扇门，甚至成为比那扇门还要大许多的门，因为毕竟加重量刑情节论设置的“以营利为目的”的侵权行为的法定刑比“非以营利为目的”的侵权行为的法定刑要重。

综上，无论是从重量刑情节论还是加重量刑情节论，对著作权的刑法保护，不仅在传统现实环境下的保护过度，而且对在网络环境下的保护亦有不合理不科学之处，无法应对网络技术等升级发展对著作权刑法的适度保护所带来的冲击，因而不是改革与完善选择的方向。

第五节　另辟蹊径：分设主观要件

前述废止论、保留论、折中论和从（加）重量刑情节论中，废止论与保留论是对立的两种基本态度，其他两论都是在废止论与保留论的基础上所做的基本观点的修正。

废止论的优点在于能够满足网络环境下对著作权刑法保护的需要；废止论的缺点在于扩大了传统环境下侵犯著作权的犯罪圈，使刑法保护著作权过度，从而破坏了传统现实环境下著作权刑法保护的稳定性和合理性。保留论的优点在于维持传统现实环境下刑法对著作权的保护，其缺陷在于对于网络环境下著作权的刑法保护严重不足，因此必须进行修正，试图通过扩大解释达到目的，但无论如何扩大解释都无法满足对在网络环境下的著作权的全领域的刑法保护。废止论与保留论两者缺陷非常明显，试图通过一种标准同时解决网络环境和传统现实环境下的著作权刑法保护问题，这种对不同的环境不加区分地适用，结果只能是顾此失彼。

折中论看到了废止论与保留论对网络环境与传统现实环境不加区分的问题所在，因而对网络环境与传统现实环境作二元区分，很好地解决了废止论与保留论一元化网络环境与传统现实环境所带来的问题，但又产生了新的理论问题。（1）根据我国犯罪构成理论，一个罪只有一个犯罪构成，如果按照折中论，则出现侵犯著作权罪因为适用于传统现实环境和网络环境的不同，有两个犯罪构成，与我国的犯罪构成理论发生冲突；（2）按照折中论，在传统现实环境下，侵犯著作权犯罪是目的犯，而在网络环境下，侵犯著作权犯罪不是目的犯，这与我国目的犯理论也发生冲突。从（加）重量刑情节论不仅没有修正废止论所带来的犯罪圈过度扩大问题，反而越走越远，加大了对“以营利为目的”行为的惩处，加剧了刑法对著作权的过度保护，与折中论相比，是一种倒退。

总之，上述诸论都没有处理好著作权在网络环境与传统现实环境下的刑法保护，无法应对网络技术发展对著作权制度以及刑法制度的挑战。要破解上述诸论的难题主要需解决两个问题：（1）要破解废止论与保留论的难题，那么按照折中论将网络环境与传统现实环境进行区别对待；（2）要破解折中论的难题，那么就不能用侵犯著作权罪一并解决网络环境与传统现实环境的著作权刑法保护问题。也就是说，解决问题的方案，既要吸收保留废止论、保留论和折中论的合理之处，又要克服前三论的缺陷。无论如何应对解决，有一点是肯定的，即在“以营利为目的”的设置上必须将网络环境与传统现实环境进行区别对待，考虑刑法保护网络环境下的著作权时必须充分兼顾现实环境下著作权的刑法保护。

侵犯著作权罪本就是为了解决在传统现实环境下的著作权刑法保护问题而设置的，那么依然保留侵犯著作权罪来打击传统现实环境下的侵犯著作权犯罪行为则是最好的选择。据此，以“以营利为目的”限制现实环境下的著作权侵权行为入罪是一种合理的，也是最好的选择。

对于网络环境下刑法对著作权的保护，“以营利为目的”不再限制网络环境下的著作权侵权行为入罪是一种最合理的选择。显然，这在我国现有的刑法理论构架下需要重新设立一个罪才可能实现。

综上，只有保留以“以营利为目的”为必要要件的侵犯著作权罪和重设不以“以营利为目的”为构成要件的新罪，才可处理好著作权在网络环境与传统现实环境下的刑法保护，以更好地应对网络技术发展对著作权制度以及刑法制度的挑战。

结论　新罪论：网络著作权刑法保护的方向

一、设立新罪的必要性和可行性

第一，前文从以“以营利为目的”这一主观要素存与废的视角，提出解决网络环境和传统现实环境下的著作权刑法保护问题的方案，事实已经证明，前述诸方案都存在一些困境和难以破解的难题。解决传统现实环境下的著作权刑法保护问题，只需保留现有的“以营利为目的”侵犯著作权罪足矣。对于网络环境下的著作权刑法保护问题，不能“以营利为目的”作为构成犯罪的主观要件，由此只有重新设立一个罪才能更为合理地解决。通过设立新罪解决网络环境下的著作权刑法保护，同时保留侵犯著作权罪，兼顾了传统现实环境下刑法对著作权的保护，据此，在还没有找到更好的其他解决方案之前，在目前，通过设立新罪来解决网络著作权刑法保护的方案至少是最好的一个选择。

第二，通过设立新罪的方案将著作权刑法保护作网络环境和传统现实环境的区分，既吸收了折中论的优点，又克服了废止论和保留论的缺点。同时用不同的罪名解决不同环境下的著作权刑法保护问题，吸收了废止论和保留论的优点，也克服了折中论的缺点，从而破解了前述诸论解决网络环境和传统现实环境下著作权刑法保护的难题。

第三，通过设立新罪的方案为解决复制发行行为与网络传播行为之间关系的问题提供了一种新的思路。为了解决网络环境下著作权的刑法保护，我国司法解释将信息网络传播行为解释为《刑法》第 217 条规定的复制发行，从而引起的争议至今没有平息。但是如果不将信息网络传播行为解释为复制发行行为，那么对网络环境下侵害著作权行为无法通过刑法进行救济。网络环境下著作权的刑法保护问题必须要解决，但又没有理论对此能够给以一个比较合理的解释，在理论和现实的冲突下，理论暂时让位于现实，因而亟须一个新的方案来解决该问题。本方案中，由于在传统现实环境下适用侵犯著作权罪，因而从理论、立法和司法上都无须对复制发行行为作新的调整；设立新罪解决网络环境下著作权的刑法保护，则还原了信息网络传播行为的本意，无须再将信息网络传播行为解释为复制发行行为，使二者混为一谈。本方案既符合著作权法理论，也不违背刑法理论，还能平息原有持续不下的纷争，同时能够很好地解决司法实践中的现实问题。

二、新设侵犯网络著作权罪的合理性

究竟新设立一个什么罪比较恰当呢？对此曾有人认为，可以设立滥用网络罪来规制。首先，该主张主要针对“资源共享”目的等非恶意的“非以营利为目的”的行为，但这种故意滥用网络平台的侵权行为给著作权人造成的危害非常严重，需要刑法规制；其次，设立新罪的前提是原有的侵犯著作权罪无法包容规制此“非以营利为目的”的行为。[1] 设立该罪的主张给我们带来一些启示，提醒我们应当注意：第一，在网络环境下侵犯著作权的行为是利用或滥用网络平台的行为；第二，这种利用或滥用网络平台侵犯著作权的目的行为有“营利”和“非营利”之分，而“非以营利为目的”的行为又有恶意和非恶意之分；第三，在网络环境下，利用或滥用网络平台侵犯著作权，危害严重的行为应当受到刑法规制。

笔者认为，通过刑法规制网络环境下侵害著作权的行为，新设侵犯网络著作权罪比较科学合理。

首先，新设侵犯网络著作权罪比滥用网络罪更合理。虽然两者都是针对网络环境下侵犯著作权的行为进行规制，但是前者适用于整个网络空间，

---

[1] 朱铁军，王静．论网络环境下侵犯著作权罪的几个问题［J］．网络安全技术与应用，2001（7）：60.

而后者仅适用部分网络空间。原因在于两者与侵犯著作权罪的切分点不同。前者将传统现实空间与网络空间作二元区分，区别对待，后者以是否“以营利为目的”来分割网络空间。对于前者，“以营利为目的”已不再是该罪的必要要件，所以，不管何种目的行为都受其规制，包括恶意的非营利目的的行为，也包括非恶意的非营利目的行为，同时还可以保持侵犯著作权罪的稳定性。对于后者则不仅需要重新设立一个罪，而且必须对侵犯著作权罪进行调整，将其适用的空间从传统现实环境延伸至网络环境，使得网络环境下构成侵犯著作权罪也必须是“以营利为目的”，而网络环境下的“非以营利为目的”的行为则通过设立新罪来规制。这样就出现了同是网络环境下的侵犯著作权的行为，有的需“以营利为目的”才构成犯罪，有的即使不“以营利为目的”也构成犯罪，只不过一个构成此罪，一个构成彼罪。既然在网络环境下无论是否“以营利为目的”的侵犯著作权的行为都受到了刑法的规制，那又何苦如此割裂网络空间呢？另外，传统现实环境与网络环境的属性不同，定性定量的标准也有异同，后者尽管可以通过设立新罪顺利解决网络环境下的“非以营利为目的”的行为，却给调整过后的侵犯著作权罪在适用上带来麻烦。

其次，侵犯网络著作权罪与侵犯著作权罪联系紧密，不仅具有“亲缘”关系，而且结构相似，类同胞罪。

前述的废止论、保留论、折中论以及从（加）重量刑情节论等诸论都试图将网络环境下侵犯著作权的行为统一在侵犯著作权罪之下进行规制，由此可见二者之间的紧密程度。具体从《刑法》第217条规定来看，侵犯著作权罪的客观行为包括复制发行、出版、制作、出售等。其中复制发行本质上是信息传播行为，即通过将作品固定在某种载体上，然后通过某种方式将作品信息传播给受众。在传统现实环境下主要以纸质等有形物为传播媒介，通过售卖等方式传播，而在网络环境下则将作品数字化后通过网络媒介传播。非法复制发行侵犯了著作权人的利益，在传统现实环境下，“以营利为目的”的非法复制行为才为侵犯著作权罪所规制，而在网络环境下不管是否“以营利为目的”都要为刑法所规制。由于二者都是为著作权提供刑法保护，只不过分别适用于网络空间与传统现实空间而已，因此，新设罪之名与侵犯著作权罪既要表现二者之间的紧密关系，又要能够区分，设立侵犯网络著作权罪最合适不过。

再次，网络著作权这一称谓基本取得共识，因此将侵犯网络著作权犯罪的罪名命名为侵犯网络著作权罪更为科学合理。自20世纪90年代以来，网络技术迅猛发展，促进了信息传播的发展，深刻地影响着著作权制度，网络环境下的著作权纠纷也随之产生，也产生了网络著作权这一概念。[1]早1999年就有人明确地使用这一概念，[2] 2000年相关司法解释也使用这一概念，随后这一概念被越来越多的文献广泛使用。通过中国知网进行检索，自1999年至2016年7月19日，文献直接包含网络著作权的题名的如下：期刊学术论文320篇，其中2016年有16篇；中国会议学术论文9篇；报刊报道或学术文章96篇，其中2016年有3篇；各种年鉴摘编学术论文38篇；硕博学位论文100篇，其中博士论文2篇。另外，也专论著作涉及此，如《网络版权法》[3]《网络著作权判例》[4]《网络著作权研究》[5]等。也有人用“网络环境下的著作权”来表述同样的内容，或有时与网络著作权混用。网络著作权既是一个法律概念，也是一个法理概念，在理论和实务界基本取得共识，因而对网络著作权刑法保护，可将新设之罪命之为侵犯网络著作权罪。

最后，新设侵犯网络著作权罪符合国家知识产权保护战略。我国知识产权保护经历了由弱保护向强保护的一个转变过程。如果说，我们必须通过模仿与复制等“山寨”行为来满足国家在特定的历史时期的需要，那么对知识产权实行弱保护则是国家的战略选择。但永远的模仿永远无法超越，所以经过一定时期的积累，最终还是必须走向创新之路，走向强保护之路。

---

[1] 又称为网络版权，在我国台湾地区被称之为网路著作权。

[2] 孙建红．网络著作权——挑战与机遇并存［J］．中国电子出版，1999（3）：38.

[3] 王迁．网络版权法［M］．北京：中国人民大学出版社，2008：68.

[4] 程永顺．网络著作权判例［M］．北京：知识产权出版社，2010.

[5] 杨小兰．网络著作权研究［M］．北京：知识产权出版社，2012.

新设立侵犯网络著作权罪，加强了著作权的法律保护，亦加大了刑法保护的力度。

扩大犯罪圈只意味着加强了刑法保护的广度，取消“以营利为目的”，并不意味着降低犯罪门槛。犯罪门槛高低的设置是否科学合理还取决于刑法介入的深度，取决于如何解决个人利益与公共利益之间的冲突。著作权是著作权人的利益所在，法律对著作权的保护只能是适度保护，在某种程度上还必须满足社会公众对接近作品的需要。因此，法律必须要协调照顾好著作权人与社会公众各方的利益诉求，寻求合理的平衡点。过与不及都难达使命，过于保护著作权人的利益，虽然有助于激励创新，但抑制了社会效益的最大化；若对著作权人利益保护不足，则可能枯萎创作之源，也无法繁荣社会文化，促进社会进步。在传统现实环境与网络环境下，双方利益的平衡点是有差异的。“非以营利为目的”侵犯著作权的危害行为，在网络环境下可达到需要刑法介入调整的程度，而在传统现实环境下刑法介入则无必要。对于刑法调整“以营利为目的”侵犯著作权的危害行为，在网络环境下不仅犯罪目的更容易实现，而且侵害更深，危害更大，但人们对网络侵权的容忍度也更大，平衡点在哪里，需要综合考察。有可能出现个人与社会大众利益的平衡点，在网络环境下比在传统现实环境下更高，但绝不可能低，否则就失去了刑法介入的意义。因此，侵犯网络著作权罪的入罪门槛不低于甚至高于侵犯著作权罪。

新设的侵犯网络著作权罪的刑罚应当参照侵犯著作权罪配置，统一于侵犯知识产权的罪刑体系之中。根据现有《刑法》第 217 条规定，侵犯著作权罪的刑种配有有期徒刑、拘役和罚金刑，刑罚适用分两种情况：第一，“……处三年以下有期徒刑或者拘役，并处或者单处罚金”；第二，“……处三年以上七年以下有期徒刑，并处罚金”。在整个侵犯知识产权罪中，第 216 条规定的假冒专利罪和第 218 条规定的销售侵权复制品罪的刑罚仅规定了一种情况，即规定“……处三年以下有期徒刑或者拘役，并处或者单处罚金”。除此之外，其余 5 罪的刑罚规定都与侵犯著作权罪规定一样。因此，置于侵犯知识产权罪体系中的侵犯网络著作权罪，其刑罚也与该刑罚体系保持协调一致。

或许有人认为，由于侵犯网络著作权罪取消了“以营利为目的”的限制从而降低了入罪的标准，根据罪责刑相适应原则，其刑罚也应当较之侵犯网络著作权罪的刑罚更轻。前文已述，由于网络环境的自身特点，不仅不会导致降低侵犯网络著作权罪入罪的门槛，还有可能提高了其入罪的标准。又因为人们对传统现实和网络侵权的容忍度不一样，相对来说，网络侵权的容忍度更高。在智能化的网络平台上，人人都容易成为受害者，也容易成为加害者，因而对权利受到侵害的忍受和对侵害人的宽容成为一种无奈的习惯性选择。因此，根据罪责刑相适应的原则，侵犯网络著作权罪参照侵犯著作权罪配置刑罚正当合理。

有人认为，“在划定侵犯著作权罪的界限时必须充分考虑刑罚轻缓化的价值诉求和制度取向。”[1] 那么，侵犯网络著作权罪设置刑罚是否也应当考虑轻缓化呢？对此，笔者的回答是肯定的。作为一种价值选择，刑罚轻缓化，首先，不得违背罪责刑相适应原则。罪责刑相适应原则是我国刑法的基本原则，贯穿于刑事立法、司法和执法始终。因此，对网络著作权罪刑罚轻缓化考察时，无论是在制刑、量刑还是行刑方面都必须注意罪与刑之间的均衡。其次，必须要注意刑罚的体系性。即个罪刑罚的配置应与类罪刑罚体系协调一致，个罪刑罚不因轻缓而突兀于体系之外。因此，网络著作权罪刑罚轻缓化要与侵犯知识产权罪的刑罚体系有机结合。最后，在以上两前提之下注意两个方面：一是犯罪标准划定，刑罚轻缓化通过降低起刑点，配置轻刑种等来实现；二是刑罚体系划定，刑罚轻缓化则只能通过提高入罪标准来实现。显然，网络著作权罪刑罚轻缓化应通过第二种方式实现。

三、侵犯网络著作权罪的具体设置

网络环境下的著作权刑法保护问题最终要以新设立“侵犯网络著作权

---

[1] 侯艳芳，何亚军．侵犯著作权罪界限划定疑难问题探析［J］．法学杂志，2008（6）：155.

罪”来作结。

（1）网络作品是网络著作权的载体。网络著作权是一种特殊的著作权，是网络环境下的著作权。著作权获得刑法保护是网络著作权获得刑法保护的前提。网络著作权获得了三个层次的刑法保护：著作权法开启刑法保护之先河，刑法奠定刑法保护的基础；行政法规充实了犯罪构成的内涵，细化了刑法保护；司法解释实化和深化了刑法保护，加大了刑法保护的力度。著作权的刑法保护由弱保护转向强保护，与我国知识产权保护战略高度一致，在利益平衡的语境下，应当强化网络著作权的刑法保护。

（2）侵犯网络著作权的犯罪主体是一般主体，由凡是向公众擅自提供网络作品，供网络用户浏览下载的非法传播侵权的单位和自然人构成。主要可能成为犯罪主体的是网络信息内容的上传者，网络最终用户下载使用软件也可能构成犯罪主体，为信息传播提供服务的网络服务者一般可能构成帮助犯，但是网络内容服务提供者（ICP）可成为正犯，网络技术服务提供者（ISP）可正犯化。

（3）侵犯网络著作权的犯罪行为是网络传播行为，包括交互式和非交互式传播行为。虽然当前网络传播行为被解释为复制发行行为，但前者应当独立界定。网络传播行为包括直接侵犯网络著作权的实行行为和帮助行为、引诱行为、教唆行为以及后续扩大侵权损害的帮助行为。作品内容提供行为和 P2P 用户侵犯网络著作权的行为是典型的实行行为，规避技术保护措施的行为是典型的帮助行为，视频分享网站侵权行为、WAP 转码侵权行为、提供网页快照的行为和深度链接的行为既可能是实行行为，也可能是帮助行为，关键在于是否替代了第三方网站内容。非法经营的“数额”、传播他人作品的“数量”、作品被点击的“次数”以及注册会员的“人数”是计量侵害网络著作权程度的罪量因素。

（4）侵犯网络著作权的罪过形式是故意，“以营利为目的”是侵犯著作权罪的必要要件，但不是侵犯网络著作权罪的，因此需要重新设立有别于侵犯著作权罪的新罪。

如何设计增设侵犯网络著作权罪的刑法条款，能有机融入刑法体系。

笔者认为，不能直接通过修改《刑法》第217条进行增设，因为信息网络传播权是新罪所要保护和救济的客体，不同于原罪的所要保护和救济的复制发行权，但新、旧两罪都是为了更好地保护著作权，联系紧密，所以采用刑法修正案的方式，在刑法“第二百一十七条后增加一条，作为第二百一十七条之一”更为科学、合理。具体为：

第二百一十七条后增加一条，作为第二百一十七条之一：“未经著作权人许可，通过信息网络向公众传播他人文字作品、音乐、电影、电视、美术、摄影、录像作品、录音录像制品、计算机软件及其他作品，具有下列情形之一，情节严重的，处三年以下有期徒刑或者拘役，并处或者单处罚金；情节特别严重的，处三年以上七年以下有期徒刑，并处罚金：

（一）非法经营数额在五万元以上的；

（二）传播他人作品的数量合计在五百件（部）以上的；

（三）传播他人作品的实际被点击数达到五万次以上的；

（四）以会员制方式传播他人作品，注册会员达到一千人以上的；

（五）数额或者数量虽未达到第（一）项至第（四）项规定标准，但分别达到其中两项以上标准一半以上的；

（六）其他严重情节的情形。

实施前款规定的行为，数额或者数量达到前款第（一）项至第（五）项规定标准五倍以上的，属于情节特别严重。”

由此，该罪可界定为：侵犯网络著作权罪，是指未经著作权人许可，通过信息网络向公众传播他人文字作品、音乐、电影、电视、美术、摄影、录像作品、录音录像制品、计算机软件及其他作品，情节严重的行为。

新设的侵犯网络著作权罪与侵犯著作权罪既有区别，也有联系。

从表结-1可以看出侵犯网络著作权罪与侵犯著作权罪的关系：（1）两罪的犯罪客体都是著作权，但是，前罪主要侵犯的是信息网络传播权，后罪主要侵犯的是复制发行权。（2）两罪都是未经著作权人许可，非法利用了他人作品，情节严重的行为。但是，前罪实施的是信息网络传播行为，侵犯的是网络作品，适用于网络环境下；后罪实施的是复制发行作品的行为，侵犯的是传统作品，适用于传统现实空间。（3）自然人和单位都可成为两罪的主体，但是，前罪的主体主要是直接向公众提供作品的侵权人，网络最终用户和网络服务者也可能构成该罪主体。（4）两罪的罪过都是故意，但是，“以营利为目的”是后罪的主观构成要素，前罪正是为了排除该主观要素对网络环境下的著作权侵权行为入罪的限制才设立的。

表结-1　侵犯网络著作权罪与侵犯著作权罪关系

<table>
<tr><td colspan="4">罪名</td><td>侵犯网络著作权罪</td><td>侵犯著作权罪</td></tr>
<tr><td rowspan="2">犯罪客体</td><td colspan="3">相同</td><td colspan="2">著作权</td></tr>
<tr><td colspan="3">区别：保护的著作权</td><td>主要为信息网络传播权</td><td>主要为复制发行权</td></tr>
<tr><td rowspan="6">犯罪客观方面</td><td rowspan="3">相同</td><td>1</td><td colspan="3">未经著作权人许可</td></tr>
<tr><td>2</td><td colspan="3">非法利用了他人文字作品、音乐、电影、电视、美术、摄影、录像作品、录音录像制品、计算机软件及其他作品</td></tr>
<tr><td>3</td><td colspan="3">情节严重</td></tr>
<tr><td rowspan="3">区别</td><td colspan="2">1. 适用环境</td><td>网络空间</td><td>现实空间</td></tr>
<tr><td colspan="2">2. 侵犯的对象</td><td>网络作品</td><td>传统作品</td></tr>
<tr><td colspan="2">3. 规制的行为</td><td>信息网络传播行为</td><td>复制发行行为</td></tr>
<tr><td rowspan="4">犯罪主体</td><td colspan="3">相同</td><td colspan="2">自然人主体、单位主体</td></tr>
<tr><td rowspan="3">区别</td><td>1</td><td colspan="2">直接提供向公众传播网络作品的人</td><td>—</td></tr>
<tr><td>2</td><td colspan="2">网络服务者</td><td>—</td></tr>
<tr><td>3</td><td colspan="2">网络最终用户</td><td>—</td></tr>
<tr><td rowspan="2">犯罪主观方面</td><td colspan="3">相同</td><td colspan="2">故意</td></tr>
<tr><td colspan="3">区别：主观限制要素</td><td>—</td><td>以营利为目的</td></tr>
</table>

网络时代是网络科技发展的社会印记，意味着网络技术对社会的影响全面而深刻。网络技术的不断发展，持续地影响甚至改变着人们的生活和

生活方式，也伴生了新的社会关系，催生了新的权利和义务，需要法律来规范调整。网络技术为法律规范提供了新的内容和对象，反过来，法律也为网络技术提供规则和秩序，保证网络技术更好地为人类社会服务。在网络时代现阶段的我国，由于传统现实环境与网络环境的差异，决定了刑法应对著作权保护区别对待，所以，“以营利为目的”是否应成为构成犯罪的主观要素，则应因所处的环境不同而不同。对传统现实环境与网络环境不加区分的废止论、保留论和从（加）量刑重情节论注定不能胜任对著作权刑法保护的任务。以折中论的传统现实环境与网络环境二元区分为基础，设立新罪是著作权刑法保护改革与完善的方向，新设侵犯网络著作权罪，方能实现刑法对网络著作权科学、合理、充分、适度的保护。

参考文献

一、著作类

(一) 国内著作

[1] 司马迁. 史记 [M]. 北京：中华书局，1959.

[2] 高铭暄. 刑法学 [M]. 北京：法律出版社，1984.

[3] 赵秉志. 犯罪主体论 [M]. 北京：中国人民大学出版社，1989.

[4] 张明楷. 犯罪论原理 [M]. 武汉：武汉大学出版社，1991.

[5] 严存生. 法律的价值 [M]. 西安：陕西人民出版社，1991.

[6] 张文显. 法学基本范畴研究 [M]. 北京：中国政法大学出版社，1993.

[7] 何秉松. 刑法教科书 [M]. 北京：中国法制出版社，1995.

[8] 张文显. 二十世纪西方法哲学思潮研究 [M]. 北京：法律出版社，1996.

[9] 吴汉东. 著作权合理使用制度研究 [M]. 北京：中国政法大学出版社，1996.

[10] 刘茂林. 知识产权法的经济分析 [M]. 北京：法律出版社，1996.

[11] 陈兴良. 刑法的价值构造 [M]. 北京：中国政法大学出版社，1998.

[12] 马秋枫，江向阳. 计算机信息网络的法律问题 [M]. 北京：人民邮电出版社，1998.

[13] 郭良. 网络创世纪——从阿帕网到互联网 [M]. 北京：中国人民大学出版社，1998.

[14] 赵震江. 法律社会学 [M]. 北京：北京大学出版社，1998.

[15] 陈昌柏. 知识产权战略——知识产权资源在经济增长中的优化配置 [M]. 北京：科学出版社，1998.

[16] 付子堂. 法律功能论 [M]. 北京：中国政法大学出版社，1999.

[17] 卓泽渊. 法的价值论 [M]. 北京：法律出版社，1999.

[18] 张文显．法理学［M］．北京：高等教育出版社、北京大学出版社，1999.

[19] 高格．定罪与量刑：上卷［M］．北京：中国方正出版社，1999.

[20] 马克昌．犯罪通论［M］．第3版．武汉：武汉大学出版社，1999.

[21] 苏惠渔．刑法学［M］．北京：中国政法大学出版社，1999.

[22] 郑成思．知识产权文丛：第1卷［C］．北京：中国政法大学出版社，1999.

[23] 李步云．法理学［M］．北京：经济科学出版社，2000.

[24] 陈忠林．刑法学［M］．北京：法律出版社，2000.

[25] 张玉瑞．互联网上知识产权——诉讼与法律［M］．北京：人民法院出版社，2000.

[26] 郭卫华．网络中的法律问题及其对策［M］．北京：法律出版社，2000.

[27] 薛虹．网络时代的知识产权法［M］．北京：法律出版社，2000.

[28] 张文显．法哲学范畴研究［M］．修订版．北京：中国政法大学出版社，2001.

[29] 张玉堂．利益论——关于利益冲突与协调问题的研究［M］．武汉：武汉大学出版社，2001.

[30] 高铭暄．刑法专论［M］．北京：高等教育出版社，2002.

[31] 赵国玲．知识产权犯罪调查与研究［M］．北京：中国检察出版社，2002.

[32] 吴汉东，等．走向知识经济时代的知识产权法［M］．北京：法律出版社，2002.

[33] 蒋志培．入世后我国知识产权法律保护研究［M］．北京：中国人民大学出版社，2002.

[34] 张明楷．刑法学［M］．北京：法律出版社，2003.

[35] 冯晓青．知识产权法哲学［M］．北京：中国人民公安大学出版社，2003.

[36] 方兴东，王俊秀．博客：E时代的盗火者［M］．北京：中国方正出版社，2003.

[37] 鲍永正．电子商务知识产权法律制度研究［M］．北京：知识产权出版社，2003.

[38] 张新宝．互联网上的侵权问题研究［M］．北京：中国人民大学出版社，2003.

[39] 赵秉志，田宏杰．侵犯知识产权犯罪比较研究［M］．北京：法律出版社，2004.

[40] 沈宗灵，张文显．法理学［M］．北京：高等教育出版社，2004.

[41] 杨坚争．经济法与电子商务法［M］．北京：高等教育出版社，2004.

[42] 杜骏飞．网络传播概论［M］．福州：福建人民出版社，2004.

[43] 吴汉东，等．知识产权基本问题研究［M］．北京：中国人民大学出版社，2005.

[44] 陶鑫良，袁真富．知识产权法总论［M］．北京：知识产权出版社，2005.

[45] 公丕祥．法理学［M］．上海：复旦大学出版社，2005.

[46] 冯晓青．知识产权法利益平衡理论［M］．北京：中国政法大学出版社，2006.

[47] 林山田．刑法通论：下册［M］．台北：台大法学院图书部，2006.

[48] 刘春田．知识产权法［M］．3版．北京：高等教育出版社、北京大学出版社，2007.

[49] 吴汉东．中国知识产权制度评价与立法建议［M］．北京：知识产权出版社，2008.

[50] 王迁．网络版权法［M］．北京：中国人民大学出版社，2008.

[51] 邹忭，孙彦．案说信息网络传播权保护条例［M］．北京：知识产权出版社，2008.

[52] 汪涌，史学清．网络侵权案例研究［M］．北京：中国民主法制出版社，2009.

[53] 刘春田．知识产权法［M］．北京：中国人民大学出版社，2009.

[54] 刘科．中国知识产权刑法保护国际化研究［M］．北京：中国人民公安大学出版社，2009.

[55] 赵秉志．罪刑各论问题［M］．北京：北京大学出版社，2010.

[56] 奚晓明，孔祥俊．法官评述100个影响中国的知识产权经典案例［M］．北京：知识产权出版社，2010.

[57] 程永顺．网络著作权判例［M］．北京：知识产权出版社，2010.

[58] 贺志军．我国著作权刑法保护问题研究［M］．北京：中国人民公安大学出版社，2011.

[59] 张明楷．刑法学［M］．4版．北京：法律出版社，2011.

[60] 吴汉东，等．知识产权制度变革与发展研究［M］．北京：经济科学出版社，2012.

[61] 杨小兰．网络著作权研究［M］．北京：知识产权出版社，2012.

[62] 王迁．知识产权法教程［M］．4版．北京：中国人民大学出版社，2014.

[63] 高铭暄，马克昌．刑法学［M］．6版．北京：北京大学出版社、高等教育出版社，2014.

[64] 高铭暄，马克昌．刑法学［M］．北京：北京大学出版社、高等教育出版社，2016.

（二）国外著作

[1] ［德］马克思，恩格斯．马克思恩格斯全集：第1卷［M］．北京：人民出版社，1956.

[2] [德] 马克思．资本论：第1卷 [M]. 北京：人民出版社，1975.

[3] [美] 罗斯科·庞德．通过法律的社会控制/法律的任务：中译本 [M]. 沈宗灵，董世忠，译．北京：商务印书馆，1984.

[4] [英] 彼得·斯坦，约翰·香德．西方社会的法律价值：中译本 [M]. 王献平，译．郑成思，校．北京：中国人民公安大学出版社，1990.

[5] [美] 罗伯特·考特、托马斯·尤伦．法和经济学 [M]. 史晋川，董雪兵，等译．史晋川，审校．上海：格致出版社、上海三联书店、上海人民出版社，1991.

[6] [美] 迈克尔·D. 贝勒斯．法律的原则：一个规范的分析：中译本 [M]. 张文显，译．北京：中国大百科全书出版社，1996.

[7] [美] 尼葛洛庞帝．数字化生存 [M]. 胡泳，范海燕，译．海口：海南出版社，1997.

[8] [美] 本杰明·卡多佐．司法过程的性质：中译本 [M]. 苏力，译．上海：商务印书馆，1998.

[9] [美] 博登海默．法理学：法律哲学与法律方法 [M]. 邓正来，译．北京：中国政法大学出版社，2004.

[10] 王迁，[荷] Lucie Guibault. 中欧网络版权保护比较研究 [M]. 托马斯·哈特，校订．北京：法律出版社，2008.

[11] Simon Stokes, Tarlo Lyons. Digital Copyright: Law and Practice [M]. Oxford: Tottel Publishing Press, 2002.

[12] David Nimmer. Copyright Sacred Text, Technology, and the DMCA [M]. The Hague / London/ New York: Kluwer Law International Press, 2003.

[13] Ostergard, Robert L. The development dilemma: the political economy of intellectual property rights in thc international system [M]. New York: LFB Scholarly Publishing LLC, 2003.

二、论文类

（一）学位论文

[1] 蒋廷瑶．数字化环境下中国著作权的刑法保护 [D]. 北京：中国政法大学，2007.

[2] 吴伟光．数字技术环境下的版权法——危机与对策 [D]. 北京：中国社会科学院研究生院，2008.

[3] 贺志军．我国著作权刑法保护问题研究 [D]. 武汉：武汉大学，2009.

[4] 邵小平．著作权刑事保护研究［D］．上海：华东政法大学，2011.

[5] 牛巍．网络环境下信息共享与著作权保护的利益平衡机制研究［D］．北京：中国科学技术大学，2013.

[6] 吴蓉．网络著作权利益平衡研究［D］．上海：上海大学，2004.

[7] 吴丽萍．试论我国网络作品著作权的刑法保护［D］．长沙：湖南大学，2005.

[8] 孙伟伟．点对点与面对面：网络与传统媒体传播方式的比较［D］．武汉：华中师范大学，2007.

[9] 吴乐乐．社会转型期多元利益的立法协调机制研究［D］．郑州：郑州大学，2009.

[10] 朱丽丽．网络环境下侵犯著作权犯罪研究［D］．上海：华东政法大学，2009.

[11] 胡静．网络内容服务提供者著作权侵权责任研究［D］．武汉：华中科技大学，2010.

[12] 郭延风．网络著作权的刑法保护问题探讨［D］．上海：上海交通大学，2011.

[13] 王思维．网络环境下著作权犯罪新问题及刑法应对［D］．上海：华东政法大学，2011.

[14] 蒋颖．论网络服务提供商侵犯著作权犯罪的刑法适用［D］．上海：华东政法大学，2012.

[15] 刘涛．搜索引擎“网页快照”服务的侵权问题研究［D］．哈尔滨：黑龙江大学，2013.

[16] 李奇．论帮助行为的“正犯化”［D］．重庆：西南政法大学，2014.

[17] 李雯欣．论我国网络环境下著作权犯罪的立法完善［D］．大连：东北财经大学，2016.

[18] 文杰．网络著作权犯罪的司法困惑及解决途径［D］．长沙：湖南师范大学，2016.

（二）期刊论文

[1] 吴汉东，闵锋．简论知识产品的特点［J］．政治与法律，1987（2）.

[2] 沈宗灵．法、正义、利益［J］．中外法学，1993（5）.

[3] 黄韦．强化版权保护的有力武器——王化鹏谈关于惩治侵犯著作权的犯罪的决定［J］．中国出版，1994（12）.

[4] 牛建华．关于惩治侵犯著作权的犯罪的决定评述［J］．法律适用，1995（2）.

[5] 高铭暄，莫开勤．论侵犯著作权犯罪［J］．法制与社会发展，1996（1）.

［6］黄娟．完善侵犯著作权犯罪的立法建议［J］．中国律师，1996（6）．

［7］廖中洪．中美知识产权刑事保护的比较研究［J］．法律科学，1997（3）．

［8］董炳和．论数据库特别保护［J］．著作权，1998（1）．

［9］孙建红．网络著作权——挑战与机遇并存［J］．中国电子出版，1999（3）．

［10］陈永苗．网络作品的版权［J］．知识产权，2000（2）．

［11］姜颖．“微软”矛头直指最终用户［J］．中国质量万里行，2000（3）．

［12］于群．论侵犯著作权罪的几个问题［J］.辽宁公安司法管理干部学院学报，2000（4）．

［13］田发伟．崛起中的中国网络媒体——现代传播评论圆桌会发言摘要［J］．国际新闻界，2000（6）．

［14］田文英，孟娟．网络环境下的版权保护［J］．当代法学，2000（6）．

［15］付子堂．对利益问题的法律解释［J］．法学家，2001（2）．

［16］赵国玲，等．计算机软件著作权犯罪的刑法规制［J］．中外法学，2001（2）．

［17］黄桂兰．论网络信息著作权的刑法保护［J］．高校图书馆工作，2001（2）．

［18］冯刚．浅谈网页的知识产权保护［J］．著作权，2001（3）．

［19］杨光，杨强．网络服务提供者的抗辩依据——著作权制度应为网络服务提供者留下合理的生存空间［J］．科技与法律，2001（4）．

［20］李亮．网络媒体对传播领域的冲击［J］．浙江省政法管理干部学院学报，2001（5）．

［21］沈仁干．谈我国著作权法的修改［J］．知识产权，2001（6）．

［22］朱铁军，王静．论网络环境下侵犯著作权罪的几个问题［J］．网络安全技术与应用，2001（7）．

［23］郑成思．从“入世”及法学研究角度看中国两部法的修改［J］．中华商标，2001（11）．

［24］宋木文．完善我国版权保护制度的重要决策——我国著作权法修改的主要内容及其意义［J］．中国出版，2001（11）．

［25］李恩来．新著作权法对网络媒体的影响及其立法的不足［J］．Internet 信息世界，2001（12）．

［26］黄鸣奋．非线性传播与文学的历史发展［J］．福建论坛·人文社科版，2002（1）．

［27］王磊．论修改后的《著作权法》对网络作品的著作权保护［J］．新疆社科论坛，2002（1）．

［28］杨加明．犯罪主体概念之重构［J］.青海民族学院学报·社会科学版，2002（2）．

［29］唐稷尧．知识产权犯罪：利益背景与刑事控制［J］．中国刑事法杂志，2002（3）．

［30］邸瑛琪．试析侵犯著作权罪的法律冲突［J］．河南社会科学，2002（5）．

[31] 赵国玲，刘东根．中国内地与澳门刑法中侵犯著作权犯罪之比较 [J]. 犯罪研究，2002 (5).

[32] 钟强．新《计算机软件保护条例》中软件最终用户的法律责任 [J]. 社会科学，2002 (12).

[33] 曹诗权，郭静．论网络侵权 [J]. 云南大学学报·法学版，2003 (1).

[34] 马洪涛．浅谈我国著作权的刑法保护 [J]. 出版科学，2003 (1).

[35] 陆平辉．利益冲突的法律控制 [J]. 法制与社会发展，2003 (2).

[36] 吴汉东．知识产权的私权与人权属性——以《知识产权协议》与《世界人权公约》为对象 [J]. 法学研究，2003 (3).

[37] 田宏杰. 论我国知识产权的刑事法律保护 [J]. 中国法学，2003 (3).

[38] 冯晓青．利益平衡论：知识产权法的理论基础 [J]. 知识产权，2003 (6).

[39] 冯晓青．试论以利益平衡理论为基础的知识产权制度[J]. 江苏社会科学，2004 (1).

[40] 陈兴良．目的犯的法理探究 [J]. 法学研究，2004 (3).

[41] 李红艳．复活网络精神——浅析“博客”现象 [J]. 声屏世界，2004 (5).

[42] 张俊超．对博客应用于教育的现象学解读 [J]. 华中科技大学学报·社会科学版，2004 (5).

[43] 张志勋，黄淑彬．TRIPS 协定与我国著作权的刑法保护问题 [J]. 南昌大学学报·人文社会科学版，2004 (6).

[44] 彭学龙．“复制”版权之反思与重构 [J]. 知识产权，2005 (2).

[45] 侣连涛，薛发如．法利益平衡价值的法理探究 [J]. 昆明师范高等专科学校学报，2005 (2).

[46] 新华社．美国一大学生因从网上非法下载音乐被判有罪 [J]. 青少年犯罪问题，2005 (2).

[47] 孙晨钟．论博客传播方式的局限性 [J]. 江西财经大学学报，2005 (3).

[48] 任寰．论知识产权法的利益衡平原则 [J]. 知识产权，2005 (3).

[49] 王迁．暴风雨下的安全港——美国《家庭娱乐与版权法案》评析 [J]. 电子知识产权，2005 (5).

[50] 张斌．论现代立法中的利益平衡机制 [J]. 清华大学学报·哲学社会科学版，2005 (5).

[51] 曹刚，周详．论侵犯著作权罪——兼论相关刑法条文的修改 [J]. 电子知识产权，2005 (9).

[52] 罗晓霞，葛海．知识产权国际利益平衡机制之法理分析［J］．湖南农业大学学报·社会科学版，2005（10）．

[53] 李晓，张玉梅．关于办理侵犯著作权刑事案件中涉及录音录像制品有关问题的批复的理解与适用［J］．人民司法，2005（12）．

[54] 一米．信息网络传播权保护条例正在征求意见［J］．出版参考，2005（24）．

[55] 付立庆．中国刑法中的典型的法定目的犯——描述、追问与评价［J］．法学杂志，2006（1）．

[56] 彭学龙．技术发展与法律变迁中的复制权［J］．科技与法律，2006（1）．

[57] 常青．论软件最终用户侵犯著作权之刑事责任［J］．科技与法律，2006（2）．

[58] 纪强．公正、合理与共享——信息时代知识产权保护的利益平衡思考［J］．中州大学学报，2006（3）．

[59] 王迁．论著作权法中发行行为的界定——兼评全球首宗BT刑事犯罪案［J］．华东政法学院学报，2006（3）．

[60] 陶月娥．论网络著作权的刑法保护［J］．社会科学辑刊，2006（3）．

[61] 刘亚军，张念念．知识产权国际保护标准的解读与启示——以利益平衡为视角［J］．吉林大学社会科学学报，2006（4）．

[62] 裴显鼎．刑法应当取消著作权犯罪的“以营利为目的”要件［J］．深圳大学学报·人文社会科学版，2006（5）．

[63] 任军民．论法国信息网络刑事保护对我国有关立法的启示[J]．知识产权，2006（5）．

[64] 卢建平．在宽严和轻重之间寻求平衡——我国侵犯著作权犯罪刑事立法完善的方向［J］．深圳大学学报·人文社会科学版，2006（5）．

[65] 王迁．论“网络传播行为”的界定及其侵权认定［J］．法学，2006（5）．

[66] 周春慧．网络法律又添新兵——信息网络传播权保护条例出台［J］．电子知识产权，2006（7）．

[67] 钟瑛，李茂娟．信息网络传播权保护条例解读［J］．信息网络安全，2006（9）．

[68] 丛立先．作品的数字化与网络作品［J］．理论界，2006（10）．

[69] 刘芳．数字化环境下的著作权刑法保护［J］．宜宾学院学报，2006（10）．

[70] 郭寿康，万勇．信息网络传播权保护条例评介［J］．电子知识产权，2006（10）．

[71] 刘友华．利益平衡论：穿行于理想与现实之间——《知识产权法利益平衡理论》读后［J］．电子知识产权，2006（11）．

[72] 冯晓青．论利益平衡原理及其在知识产权法中的适用[J]．江海学刊，2007（1）．

[73] 葛磊．社会进步与法益保护的平衡——论网络环境下著作权刑法保护的有限扩张[J]．科技与法律，2007 (2)．

[74] 王永文，王阳元．十年磨一剑——集成电路产业历史回顾和发展规律探讨 [J]．中国集成电路，2007 (3)．

[75] 黄太云．知识产权与网络犯罪立法完善需认真研究的几个问题 [J]．中国刑事法杂志，2007 (3)．

[76] 巢乃鹏，徐扬．加强互联网上的马克思主义阵地建设 [J]．理论视野，2007 (6)．

[77] 袁小辉．试论博客著作权之保护 [J]．哈尔滨学院学报，2007 (9)．

[78] 王迁．论著作权意义上的“发行”——兼评两高对《刑法》“复制发行”的两次司法解释 [J]．知识产权，2008 (1)．

[79] 余文浩．浅议网络法律传播 [J]．边缘法学论坛，2008 (2)．

[80] 刘春霖．网络著作权侵权行为的认定研究 [J]．河北经贸大学学报·综合版，2008 (2)．

[81] 孟祥娟．论利益平衡的法律控制 [J]．理论探讨，2008 (2)．

[82] 冯晓青．知识产权法的利益平衡原则：法理学考察 [J]．南都学坛，2008 (2)．

[83] 单体禹．国内外 P2P 软件著作权侵权案件简介及特点[J]．信息网络安全，2008 (2)．

[84] 陈志刚．论信息网络传播权的刑法保护——以知识产权犯罪司法解释为切入点[J]．湖南警察学院学报，2008 (3)．

[85] 阎晓宏．努力推进我国版权事业的发展——在中国知识产权研究会第五次全国代表大会暨学术报告会上的讲话 [J]．知识产权，2008 (4)．

[86] 侯艳芳，何亚军．侵犯著作权罪界限划定疑难问题探析[J]．法学杂志，2008 (6)．

[87] 冯晓青．著作权法的利益平衡理论研究[J]．湖南大学学报·社会科学版，2008 (6)．

[88] 于志刚．侵犯著作权罪中“以营利为目的”的网络异化——以珊瑚虫 QQ 案为视角 [J]．昆明理工大学学报·社科（法学）版，2008 (7)．

[89] 王迁．我国《著作权法》中“广播权”与“信息网络传播权”的重构 [J]．重庆工商学院学报·社会科学版，2008 (9)．

[90] 左玉茹．拨开视频分享网站著作权纠纷迷雾 [J]．电子知识产权，2008 (10)．

[91] 王红梅．法学研究视域之下的利益平衡 [J]．经济与社会发展，2009 (1)．

[92] 高荣林．论侵犯著作权罪“以营利为目的”的哲学依据 [J]．湖北警官学院学报，2009 (1)．

[93] 王宇红，殷昕．论博客著作权 [J]．经济师，2009 (2)．

[94] 吉宇宽．图书馆与著作权人的权益对峙与化解 [J]．图书馆学研究，2009 (4).

[95] 兰晓为．网络著作权侵权主体——“网络服务提供者”之解读 [J]．大连海事大学学报·社会科学版，2009 (4).

[96] 王宇红，殷昕．博客著作权法律问题评析 [J]．图书馆理论与实践，2009 (5).

[97] 焦和平．论我国《著作权法》上“信息网络传播权”的完善——以“非交互式”网络传播行为侵权认定为视角 [J]．法律科学·西北政法大学学报，2009 (6).

[98] 孙建红．视频分享网站传播影视作品的著作权问题与思考 [J]．电子知识产权，2009 (5).

[99] 朱秋香，周小妹．网络媒体：虚拟背后的真实 [J]．新闻传播，2009 (8).

[100] 常凌翀．视觉传播时代的阅读困境与媒介素养 [J]．今传媒，2009 (12).

[101] 吴宗宪．知识产权刑法保护的基本理念 [J]．山东警察学院学报，2010 (1).

[102] 王迁．视频分享网站著作权侵权问题再研究 [J]．法商研究，2010 (1).

[103] 王迁．搜索引擎提供“快照”服务的著作权侵权问题研究 [J]．东方法学，2010 (3).

[104] 于志刚．网络犯罪与中国刑法应对 [J]．中国社会科学，2010 (3).

[105] 骆电．传统著作权法上创造性要求面临的挑战与回应 [J]．法律适用，2010 (5).

[106] 崔艳峰．网络环境下著作权保护与公共利益的平衡 [J]．重庆邮电大学学报·社会科学版，2010 (5).

[107] 张明楷．加重构成与量刑规则的区分 [J]．清华法学，2011 (1).

[108] 秦亚东，崔艳峰．网络环境下著作权保护的利益平衡——以技术保护措施与合理使用的协调为视角 [J]．北京工业大学学报·社会科学版，2011 (2).

[109] 牛静．视频分享网站著作权侵权责任分析 [J]．媒体时代，2011 (3).

[110] 姚依哲．视频分享网站版权侵权认定 [J]．人民司法，2011 (3).

[111] 罗东川．加强知识产权刑事司法保护的重要举措．下．——解读关于办理侵犯知识产权刑事案件适用法律若干问题的意见 [J]．中国版权，2011 (4).

[112] 崔丹妮．关于办理侵犯知识产权刑事案件适用法律若干问题的意见述评 [J]．电子知识产权，2011 (4).

[113] 刘璐．利益平衡——著作权法之精髓 [J]．湘潮月刊，2011 (5).

[114] 郝方昉．关于构成侵犯著作权罪应否需要“以营利为目的”的理性思考——兼评《关于办理侵犯知识产权刑事案件适用法律若干问题的意见》中的相关规定 [J]．西南科技大学学报·哲学社会科学版，2011 (5).

[115] 李娜．网络服务商（ISP）刑事责任的解构［J］．理论月刊，2011（6）．

[116] 杨小兰．网络传播与网络著作权［J］．南方论刊，2011（9）．

[117] 张辉．新媒介生态下网络新闻评论传播效果分析［J］．2011（11）．

[118] 孔祥俊．论网络著作权保护中利益平衡的新机制［J］．人民司法，2011（17）．

[119] 于志强．侵犯著作权罪中“复制发行”的网络异化及对策思考［J］．中州学刊，2012（1）．

[120] 王燕玲．论网络著作权犯罪之“以营利为目的”［J］．法学杂志，2012（2）．

[121] 谢向英．“利用信息网络传播手段侵犯著作权罪”的罪罚适用及其完善［J］．成都理工大学学报·社会科学版，2012（2）．

[122] 杨小兰．博客版权探析［J］．理论界，2012（2）．

[123] 吴汉东．《著作权法》第三次修改的背景、体例和重点［J］．法商研究，2012（4）．

[124] 陈锦川．信息网络传播行为的法律认定［J］．人民司法，2012（5）．

[125] 杨述兴．论作品与载体的关系［J］．知识产权，2012（6）．

[126] 李慧．中美版权刑事保护之比较［J］．知识产权，2012（7）．

[127] 孔祥俊．论信息网络传播行为［J］．人民司法，2012（7）．

[128] 刘科，朱鲁豫．侵犯著作权犯罪中“以营利为目的”要素的规范阐释与完善方向［J］．中国刑事法杂志，2012（9）．

[129] 田萌．“非交互式”网络传播行为法律规制研究［J］．现代商贸工业，2012（14）．

[130] 赵鹏．版权视野下网络内容服务与网络空间服务的义务设定［J］．中国证券期货，2013（2）．

[131] 潘芳芳．关于侵犯信息网络传播权的行为认定［J］．黑龙江省政法管理干部学院学报，2013（6）．

[132] 顾威豪．非交互式网络传播行为的定性——由司法解释对“信息网络”的扩张看“网络传播行为”的扩张［J］．中国版权，2013（6）．

[133] 杨彩霞．网络环境下著作权刑法保护的合理性之质疑与反思［J］．政治与法律，2013（11）．

[134] 顾威豪．非交互式网络传播行为的规制——浅谈《著作权法修改草案》中扩张“信息网络传播权”的必要性［J］．电子知识产权，2013（12）．

[135] 郑显华．TRIPs协议视角下的中国知识产权刑法保护［J］．人民论坛，2013（26）．

[136] 于志强．网络著作权犯罪的实证分析与司法应对——基于100个网络著作权犯罪案件的分析［J］．上海大学学报·社会科学版，2014（2）．

[137] 邵培樟．侵犯著作权犯罪之主观要件设置的反思与重构——数字网络环境下著作权刑法保护之有限扩张 [J]．湖北社会科学，2014 (4)．

[138] 李瑞钦．信息网络传播权制度适用的实践困境及其完善构建——从非交互式网络传播行为的侵权认定切入 [J]．法律适用，2014 (12)．

[139] 杨小兰．中国信息网络传播权立法的回顾与展望 [J]．当代传播，2015 (1)．

[140] 孔祥俊．当前我国知识产权司法保护几个问题的探讨——关于知识产权司法政策及其走向的再思考 [J]．知识产权，2015 (1)．

[141] 龚大春．论知识产权的刑法保护方略 [J]．福建法学，2015 (3)．

[142] 李杨．个人使用利益平衡问题的欧盟阐释进路及启示 [J]．苏州大学学报·哲学社会科学版，2015 (4)．

[143] 何怀文．版式设计的著作权法保护：排版劳动与审美表达——兼评吉林美术出版社诉海南出版社再审案 [J]．华东政法大学学报，2015 (5)．

[144] 胡云腾．谈刑法修正案（九）的理论与实践创新 [J]．中国审判，2015 (20)．

[145] 叶和申．论网络技术服务提供者与内容服务提供者的侵权责任差异 [J]．商，2015 (51)．

[146] 王翀．论知识产权法对利益冲突的平衡 [J]．政治与法律，2016 (1)．

[147] 刘绍彬，张晓伟．著作权犯罪若干问题探讨 [J]．上海政法学院学报·法治论丛，2016 (2)．

[148] 刘文杰．信息网络传播行为的认定 [J]．法学研究，2016 (3)．

[149] 于冲．帮助行为正犯化的类型研究与入罪化思路 [J]．政法论坛，2016 (4)．

[150] 郑旭江．知识产权刑法保护的变化因素与立法反思——以 TPP 协议的通过为线索 [J]．河北法学，2016 (6)．

[151] 吴永祺．聚合平台深层链接：以“链接服务”掩饰“内容提供” [J]．电子知识产权，2016 (8)．

[152] 杨加明．“以营利为目的”存废论下网络著作权的刑法保护 [J]．海峡法学，2017 (1)．

[153] 杨小兰，杨加明．信息网络传播直接侵权行为简析 [J]．社科纵横，2017 (1)．

[154] 杨加明．论信息网络传播权刑法保护的强化 [J]．重庆邮电大学学报·社会科学版，2017 (2)．

[155] 杨加明．网络著作权的立法保护及其完善——以《著作权法》第三次修订为视角 [J]．四川理工学院学报·社会科学版，2017 (3)．

[156] 逄锦温，刘福谦，王志广，丛媛.《关于办理侵犯知识产权刑事案件适用法律若干问题的意见》的理解与适用 [J]. 人民司法，2011 (5).

[157] 陈晨，刘砺兵. 论推定及其理性控制——以《关于办理侵犯知识产权刑事案件适用法律若干问题的意见》为切入 [J]. 法学杂志，2014 (2).

[158] [英] R. F. 沃尔，杰里米·菲利普斯. 版权与现代技术 [J]. 国外法学，1984 (6).

[159] [日] 北川善太郎. 网上信息、著作权与契约 [J]. 外国法议评，1998 (3).

[160] Ruanaidh. Cryptographic copyright protection for digital images based on watermarking techniques [J]. Theoretical Computer Science, 1999, 226 (1-2).

[161] Loren, Lydia Pallas. Technological Protections in Copyright Law: Is More Legal Protection Needed? [J]. International Review of Law Computers & Technology, 2002, 16 (2).

[162] RE Dimock, S Punniyamoorthy. Digital technology: its impact on copyright law and practice in North America [J]. Journal of Intellectual Property Law & Practice, 2006 (13).

[163] Roscoe Pound. A Survey of Social Interests [J]. Harvard Law Review, 1943, 57 (1).

[164] R Okediji. TRIPs Dispute Settlement and the Sources of (International) Copyright Law [J]. Journal of the Copyright Society of the USA, 2001, 49 (2).

[165] Irina D. Manta. The Puzzle of Criminal Sanctions for Intellectual Property Infringement [J]. Harvard Journal of Law and Technology, 2011, 24 (2).

三、其他类

（一）报告

[1] 顾昂然. 关于惩治侵犯著作权的犯罪的决定（草案）的说明——1994年5月5日在第八届全国人民代表大会常务委员会第七次会议上 [R]. 中华人民共和国全国人民代表大会常务委员会公报，1994 (5).

[2] 中国互联网信息中心（CNNIC）的《中国Internet发展大事记》，第1—40次《中国互联网络发展状况统计报告》.

（二）报纸文章

[1] 李径宇. 博客开放着的私人房间 [N]. 中国新闻周刊，2005-02-28.

[2] 魏小毛. 网络并非刑罚的真空地带 [N]. 中国知识产权报，2005-11-25.

[3] 刘旦. 全国首例网络传播侵权案 被告侵犯著作权获刑 [N]. 广州日报，2006-10-10.

[4] 美国首次判决此类案件网上 下载音乐被罚 22.2 万美元 [N]. 新民晚报, 2007-10-06.

[5] 王晓玥. 珊瑚虫版 QQ 作者一审被判三年 [N]. 北京商报, 2008-03-21.

[6] 胡嫚. 网络文学的盗版之痛 [N]. 中国知识产权报, 2008-11-19.

[7] 王晓玥. 腾讯将全面屏蔽非法 QQ 外挂 [N]. 北京商报, 2008-11-25.

[8] 付秋实. 软件盗版患得失 [N]. 金融时报, 2009-08-26.

[9] 辛苑薇. "最大规模反盗版联盟"起诉优酷 [N]. 21 世纪经济报道, 2009-09-16.

[10] 赖名芳. 全国"扫黄打非"办公布 8 起重点案件 [N]. 中国新闻出版报, 2009-09-17.

[11] 王斗斗. 全国著作权纠纷案四成"涉网"[N]. 法制日报, 2010-02-04.

[12] 姚建军. 信息网络传播行为的构成要件——西安中院判决中影营销公司与西安小蚂蚁网络公司著作权侵权案 [N]. 人民法院报, 2010-08-05.

[13] 李娜. 上半年全国法院新收著作权一审案件 16160 件同比增长 36.64% 涉网著作权纠纷增多审理难度大 [N]. 法制日报, 2011-07-23.

[14] 辛均庆. 捆绑第三方软件牟利千万——盗版 Windows 侵犯著作权案正移送检察机关审查起诉 [N]. 南方日报, 2012-03-27.

[15] 孙思娅. 全国首例打击视频侵权网站案宣判 [N]. 中国新闻出版报, 2014-02-12.

[16] 韩轩. 2016 是 VR 元年, 也是卒年? [N]. 北京日报, 2016-12-22.

[17] 窦新颖, 吕晓华. 网络著作权刑事保护热点问题备受关注 [N]. 中国知识产权报, 2014-01-10.

(三) 网络文章

[1] 习近平. 在中国科学院第十七次院士大会、中国工程院第十二次院士大会上的讲话 [EB/OL]. (2014 - 06 - 10). http://cpc. people. com. cn/n/2014/0610/c64094 - 25125594. html.

[2] 1969—2009 互联网简史 [EB/OL]. [2016-07-01]. http://wenku. baidu. com/view/b7299903Cc 175527072208d9. html.

[3] 淳于穗. 互联网发展历史 [EB/OL]. [2016-07-01]. http://blog. sina. com. cn/s/blog_ 49b693d40100fceo. html.

[4] 孙坚华. 博客论 [EB/OL]. http://tech. tom. com.

[5] 罗皓菱. 网络时代的麦哲伦——博客现象分析 [EB/OL]. (2005-12-06). http://news. xinhuanet. com/newmedia/2005-12/06/content_ 3881659. htm.

[6] 蒋志培. 我国网络版权司法保护的回顾与展望 [EB/OL]. [2016-08-08]. http://www. Chinaiprlaw. cn/index. php? id=3515.

[7] 言咏. 从重典严法到契约精神 [EB/OL]. (2014-06-27). http://www. eeo. com. cn/2014/0627/262600. shtml.

[8] 王四新. 为何互联网平台责任越来越严 [EB/OL]. [2016-11-05]. http://tech. sina.com.cn/i/2008-10-31/18142549385. shtml.

[9] 黄乐欣. 国内首例 P2P 侵权案备受关注 [EB/OL]. [2012-01-12]. http://www.ycwb.com/gb/content/2005-10/27/content_ 1007654. htm.

[10] 郭懿美. 海峡两岸三地网络著作权侵害案例研究——以 P2P 应用为中心 [EB/OL]. (2006-08-11). http://www. fj. xinhuanet. com/news/2006-08/11/content_ 7760837. htm.

[11] 王野霏, 赵红仕. 深度链接类侵权纠纷的对策 [EB/OL]. [2011-10-15]. http://www. cipnews. com. cn/showArticle. asp? Articleid=5160.

[12] 王冉. 一个"奥酷拉思"的未来——为什么我相信 VR 会改变娱乐业以及这个世界 [EB/OL]. [2015-10-05]. 36 氪微信号: wow36kr.

(四) 其他

[1] 北京市海淀区人民法院 (1999) 海知初字第 18、第 21、第 57 号民事判决书.

[2] 北京市海淀区人民法院 (2008) 海民初字第 7404 号民事判决书.

[3] 北京市朝阳区人民法院 (2008) 朝民初字第 13556 号民事判决书.

[4] 北京市第一中级人民法院 (2004) 一中民初字第 428 号民事判决书.

[5] 北京市第一中级人民法院 (2005) 一中民初字第 5761 号民事判决书.

[6] 北京市第一中级人民法院 (1999) 一中知终字第 185 号民事判决书.

[7] 北京市第一中级人民法院 (2010) 一中民终字第 10275 号民事判决书.

[8] 北京市第二中级人民法院 (2007) 二中民初字第 02621 号民事判决书.

[9] 北京市第二中级人民法院 (2009) 二中民终字第 00010 号民事判决书.

[10] 北京市高级人民法院 (2007) 高民初字第 1201 号民事判决书.

[11] 北京市高级人民法院 (2007) 高民终字第 1184、第 1729 号民事判决书.

[12] 上海市普陀区人民法院 (2013) 普刑 (知) 字第 11 号刑事判决书.

[13] 上海市浦东新区人民法院 (2007) 浦民三 (知) 初字第 69 号民事判决书.

[14] 上海市卢湾区人民法院 (2010) 卢民三 (知) 初第字 61 号民事判决书.

［15］深圳市福田区人民法院（2010）深福法知产初字第70号民事判决书.

［16］George W. Paton. A Text - book of Jurisprudence［Z］. 3rd ed. by D. P. Derham (Oxford, 1964).

［17］Richard Stallman, Reevaluating Copyright: The Public Must Prevail［Z］. Oregon Law Review, 1996: 75.

［18］United States v. LaMacchia［Z］. From Wikipedia, the free encyclopedia.

［19］Lehman and Bruce A, Intellectual Property and the National Information Infrastructure: The Report of the Working Group on Intellectual Property Rights［Z］. September 1999.

后　　记

网络传播技术还在不断地发展，还会带来更多新问题需要我们去解决，会不断地挑战和冲击我们现有的法律制度，迫使我们去改革、去创新。十年前我们很难想象网络传播会给我们带来这些问题，会给法律制度带来如此大的冲击，使我们去发现、去思考、去解决。今天我们也无法预测网络传播技术未来究竟会带给我们什么？或许会给我们带来难以想象的幸福和愉悦，也可能会给我们带来无休无止、难以名状或忍受的折磨。不管怎样，明天的太阳还会照常从东方升起，尽管那不再是曾经升起的太阳，但我们应当去迎接、拥抱和面对。生活还在继续，我们或许不经意间发现了问题，又不经意间解决了问题，也许我们拿着放大镜也找不到问题的所在，也许我们拿着望远镜也苦苦探索不到解决问题的真谛。有时候真希望像哲人那样去思考人生，有时候也真希望像傻子一样呆傻地过着与世无争的生活。不过希望归希望，作为法律人应当去观察、关注、分析、研究相关法律现象、法律问题，职责所在，应竭力完成历史所赋予的神圣使命。因此，本书不是，也不应是该问题研究的终结，而仅仅是一个暂时的小结，网络传播给我们带来的法律制度问题还需要继续研究。

本书选题源自国家社科基金项目网络著作权研究（12BXW050），若能为立法、司法提供有益的建议，或予他人研究以启示，或作为他人批驳的靶子，亦不失为其起到了应有的作用。尽管书中可能还存在论证不够充分，或有的观点还经不起反复推敲以及时间的检验而不尽令人满意信服，但毕竟是笔者历尽艰难而竭力完成的作品，并且在写作过程中得到了老师、同学、朋友和家人的倾力支持，没有他们的关心、呵护和帮助，文稿难以完成，所以，在欢迎和感谢对本书批评和指正的同时，也敝帚自珍。

本书得以最终完成，首先得益于恩师王利荣教授的悉心指导。从论文的选题、框架结构，甚至遣词造句，从初稿到定稿，几经反复，离不开恩师详尽的指导，倾注着恩师的心血。正当进入论文写作阶段，我遇到了生平未曾有过的困难，使得论文的写作时断时续，难以为继，在难以兼顾的情况下曾萌生过终止写作的念头。恩师给予了我极大的鼓励和帮助，支撑着我最终完成了论文写作。为了学生，恩师可谓操碎了心，缘遇恩师，三生有幸！恩师师恩，铭诸五内！每当在家恩师全身心投入指导学生之时，恩师的先生韩雪风教授默默地为我们提供了各种美味佳肴，让我们有福品食，韩老师宽厚仁慈的长者风范以及高深的修养也身教于我们，借此表达我对韩老师的感谢，祝您和恩师健康长乐！

行文至此，要深深地感谢刑法学科组的梅传强教授、朱建华教授、李永升教授、石经海教授、袁林教授、高维俭教授和陈伟教授！感谢导师们的无私教导！授业解惑，启发点拨，拓宽了我的学术视野，在探究学术的道路上，将我扶马上又再送上一程。

已先后获得博士学位的贺洪波、李海良、娄永涛、张飞飞、王雪峰、李仲民、冯玉东、常宇刚、安素洁、梅文娟和张孟东等同窗博士，以及还有与我并肩共度时艰的王小军，在校期间的各种讨论对论文的写作研究有着诸多的启发，同寝室的林贵文博士对论文选题给予了建议，并在论文写作中提供了诸多帮助，谢谢各位同窗好友！

师出同门的王莉、马梅凤、马党库、谢玲和邱可嘉等师姐妹、师弟对拙文所涉问题的质疑有助于论文的完善，敬雪华老师东奔西走，尽心竭力提供许多帮助与方便。西南政法大学的陈小彪副教授、重庆邮电大学的刁胜先教授、四川理工学院的陈于后教授曾对拙文部分问题提出建议。教研室同事张敏副教授对论文中的统计分析给予了专业指导。在论文写作过程中，还得到重庆大学的齐爱民教授、重庆邮电大学的代金平教授、曹华教授的帮助，特别是西南大学的张步文教授为拙文的写作提供了全方位的支持和帮助，在此一并向各位良师益友致谢！

特别要感谢我的爱妻杨小兰，没有她的鼎力支持，文稿肯定也无法完成。近三年来，她承担了大量的教学和科研任务，并更多地分担了教育孩子的重任。在儿子小升初的重压以及青春叛逆期袭来时，她的精心教育让我们看到了一个阳光、暖心、孝顺的儿子。在此期间，岳父、岳母病危反复住院，在一次次病危通知的惊吓中，我们频繁奔波于成都与自贡之间，爱妻也几次累倒在床，尽管如此，但凡能够为我写作挤出更多的时间，创造较好的写作环境，她都以柔弱的身躯替我分担。妻贤如此，无憾终身！

最后，向拙文引用和参考所有文献的作者致谢！向对拙文悉心评阅和批评指正的各位专家致谢！

岁月静好，那是有人替你负重前行！笔者深以为然。鞠躬深谢！